全国交通技工院校汽车运输类专业规划教材

汽车电器与空调系统检修

(汽车维修专业用)

主编　潘承炜
主审　裘玉平

人民交通出版社

内 容 提 要

本书是全国交通技工院校汽车运输类专业规划教材之一，主要介绍了汽车电器常见作业项目共计21个，包括：汽车维修电工岗位常识，铅蓄电池的检修，全车无电、启动机不转、充电指示灯常亮、前照灯不亮、转向灯不亮、电喇叭不响、冷却液温度表和燃油表指针不动、刮水器与洗涤器不工作、电动车窗不能升降、电动门锁不工作、空调鼓风机不转、空调不制冷等故障的检修，车速-里程表精度的检测，组合开关、中央控制盒、全车线束的更换，倒车雷达的安装，空调制冷剂的检查与加注等内容。

本书是交通技工院校、中等职业学校的汽车维修专业核心课程教材，也可作为汽车维修专业技术等级考核及培训用书和相关技术人员的参考用书。

图书在版编目(CIP)数据

汽车电器与空调系统检修／潘承炜主编. — 北京：人民交通出版社，2013.11

ISBN 978-7-114-10999-7

Ⅰ.①汽… Ⅱ.①潘… Ⅲ.①汽车—电气设备－车辆修理－中等专业学校－教材②汽车—空气调节设备—车辆修理—中等专业学校－教材 Ⅳ.①U472.41

中国版本图书馆 CIP 数据核字(2013)第 269573 号

书　　名：	汽车电器与空调系统检修
著 作 者：	潘承炜
责任编辑：	李　斌
出版发行：	人民交通出版社股份有限公司
地　　址：	(100011)北京市朝阳区安定门外外馆斜街 3 号
网　　址：	http://www.ccpress.com.cn
销售电话：	(010) 59757973
总 经 销：	人民交通出版社股份有限公司发行部
经　　销：	各地新华书店
印　　刷：	北京市密东印刷有限公司
开　　本：	787×1092　1/16
印　　张：	22
字　　数：	498 千
版　　次：	2014 年 1 月　第 1 版
印　　次：	2017 年 8 月　第 3 次印刷
书　　号：	ISBN 978-7-114- 10999-7
定　　价：	45.00 元

(有印刷、装订质量问题的图书由本社负责调换)

交通职业教育教学指导委员会

汽车(技工)专业指导委员会

主 任 委 员：李福来
副主任委员：金伟强　戴　威
委　　　员：王少鹏　王作发　关菲明　孙文平
　　　　　　张吉国　李桂花　束龙友　杨　敏
　　　　　　杨建良　杨桂玲　胡大伟　雷志仁
秘　　　书：张则雷

Foreword 前言

　　教育部关于全面推进素质教育深化中等职业教育教学改革的意见中提出"中等职业教育要全面贯彻党的教育方针,转变教育思想,树立以全面素质为基础、以能力为本位的新观念,培养与社会主义现代化建设要求相适应,德智体美劳全面发展,具有综合职业能力,在生产、服务、技术和管理第一线工作的高素质劳动者和中初级专门人才"。根据这一精神,交通职业教育教学指导委员会在专业调研和人才需求分析的基础上,通过与从事汽车运输行业一线行业专家共同分析论证,对汽车运输类专业所涵盖的岗位(群)进行了职业能力和工作任务分析,通过典型工作任务分析→行动领域归纳→学习领域转换等步骤和方法,形成了汽车运输类专业课程体系,于2011年3月,编辑出版了《交通运输类主干专业教学标准与课程标准》(适用于技工教育)。为更好地执行这两个标准,为全国交通运输类技工院校提供适应新的教学要求的教材,交通职业教育教学指导委员会汽车(技工)专业指导委员会于2011年5月启动了汽车运输类主干专业系列规划教材的编写。

　　本系列教材为交通职业教育教学指导委员会汽车(技工)专业指导委员会规划教材,涵盖了汽车运输类的汽车维修、汽车钣金与涂装、汽车装饰与美容、汽车商务等四个专业26门专业基础课和专业核心课程,供全国交通运输类技工院校汽车专业教学使用。

　　本系列教材体现了以职业能力为本位,以能力应用为核心,以"必需、够用"为原则;紧密联系生产、教学实际;加强教学针对性,与相应的职业资格标准相互衔接。教材内容适应汽车运输行业对技能型人才的培养要求,具有以下特点:

　　1. 教材采用项目、课题的形式编写,以汽车维修企业、汽车4S店实际工作项目为依据设计,通过项目描述、项目要求、学习内容、学习任务(情境)描述、学习目标、资料收集、实训操作、评价与反馈、学习拓展等模块,构建知识和技能模块。

　　2. 教材体现职业教育的特点,注重知识的前沿性和全面性,内容的实用性和实践性,能力形成的渐进性和系统性。

　　3. 教材反映了汽车工业的新知识、新技术、新工艺和新标准,同时注意新设备、新材料和新方法的介绍,其工艺过程尽可能与当前生产情景一致。

4. 教材体现了汽车专业中级工应知应会的知识技能要求,突出了技能训练和学习能力的培养,符合专业培养目标和职业能力的基本要求,取材合理,难易程度适中,切合中技学生的实际水平。

5. 教材文字简洁,通俗易懂,以图代文,图文并茂,形象直观,形式生动,容易培养学员的学习兴趣,有利于提高学习效果。

《汽车电器与空调系统检修》教材根据交通职业教育教学指导委员会交通运输类主干专业教学标准与课程标准"汽车电器和空调检修"课程标准进行编写。它是交通技工院校、中等职业学校的汽车维修专业的专业核心课教材。其功能在于培养汽车维修专业的基本职业能力,达到本专业学生应具备的汽车电器与空调系统检修的知识和技能要求。

本书由杭州技师学院潘承炜担任主编,浙江交通技师学院裘玉平担任主审。参加编写有:河北省交通职业技术学校张美华(项目二、三、四、五),江苏汽车技师学院魏垂浩(项目六、七、八、九、十),杭州技师学院潘承炜(项目十一、十二、十三),广东省交通运输高级技工学校梁锦清(项目一、十四、十五、十六、十七),广东省交通运输高级技工学校樊永强(项目十八、十九、二十、二十一)。本书在编写过程中,得到了部分汽车修理厂家和汽车4S店的支持,在此表示感谢。

由于编者经历和水平有限,教材内容难以覆盖全国各地的实际情况,希望各地教学单位在积极选用和推广本教材的同时,总结经验及时提出修改意见和建议,以便再版时修订改正。

交通职业教育教学指导委员会
汽车(技工)专业指导委员会
2013年2月

Contents 目录

项目一　汽车维修电工岗位常识 ·· 1
　课题一　汽车电路图的识读 ·· 1
　课题二　汽车维修电工常用的检测仪器设备 ·································· 9
项目二　铅蓄电池的检修 ·· 20
项目三　全车无电故障分析 ·· 34
项目四　启动机不转故障的检修 ·· 47
项目五　充电指示灯常亮故障的检修 ·· 71
项目六　前照灯不亮故障的检修 ·· 85
项目七　转向信号灯不亮故障的检修 ·· 108
项目八　电喇叭不响故障的检修 ·· 119
项目九　冷却液温度表、燃油表指针不动故障的检修 ······························ 129
　课题一　冷却液温度表指针不动故障的检修 ·································· 129
　课题二　燃油表指针不动故障的检修 ·· 136
项目十　车速-里程表精度的检测 ·· 143
项目十一　组合开关的更换 ·· 151
项目十二　刮水器与洗涤器不工作故障的检修 ···································· 160
　课题一　刮水器的刮水片拆装和洗涤器喷嘴的更换 ···························· 160
　课题二　刮水器开关、洗涤器电动机的检查 ·································· 170
项目十三　电动车窗不能升降的检修 ·· 179
项目十四　电动门锁不工作故障的检修 ·· 198
项目十五　中央控制盒的更换 ·· 219
项目十六　全车线束的更换 ·· 238
项目十七　倒车雷达的安装 ·· 255
项目十八　空调制冷剂的加注与检查 ·· 268
项目十九　空调鼓风机不转的检修 ·· 292
项目二十　空调压缩机的更换 ·· 306
项目二十一　空调不制冷故障的检修 ·· 319
参考文献 ·· 341

项目一　汽车维修电工岗位常识

汽车维修电工是一个比较复杂的工作岗位,该岗位的工作要求是会识读汽车电路图,熟悉汽车电路各系统的结构和原理、故障诊断与排除方法,会查阅相关的汽车维修资料,并能熟练使用汽车电路检测仪器,准确、快速找到故障所在,按规定的维修工艺完成工作任务。同时,还应注意安全生产和节能环保,维持好工作场所的清洁卫生。

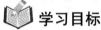 学习目标

完成本项目学习后,你应当能:
1. 掌握汽车电路图识读技能;
2. 熟悉汽车维修电工常用电路检测仪器设备的使用方法;
3. 知道汽车维修电工在工作中的安全注意事项。

 建议学时:6学时。

课题一　汽车电路图的识读

汽车电路图通常由汽车电器电路符号及标识构成。

由于汽车电路图具有通用性,构成电路图的图形符号和文字符号,不是随意的,每个国家它有相对统一的国家标准。要看懂电路图,必须了解图形符号和文字符号的含义,掌握电路图识读的基本知识。

一、图形符号

图形符号是用于电气图或其他文件中表示项目或概念的一种图形、标记或字符,是电气技术领域中最基本的工程语言。图形符号分为基本符号、一般符号和明细符号三种。

1. 基本符号

基本符号不能单独使用,不表示独立的电器元件,只说明电路的某些特征。如:"—"表示直流,"～"表示交流,"＋"表示电源的正极,"－"表示电源的负极,"N"表示中性线。

2. 一般符号

一般符号用以表示一类产品和此类产品特征的一种简单符号。如:⊛表示指示仪表的一般符号,☒表示传感器的一般符号。一般符号广义上代表各类元器件,另外,也可以表示

没有附加信息或功能的具体元件,如:一般电阻、电容等。

3. 明细符号

明细符号表示某一种具体的电器元件。它是由基本符号、一般符号、物理量符号、文字符号等组合派生出来的。如:⊛是指示仪表的一般符号,当要表示电流、电压的种类和特点时,将"＊"处换成"A"、"V",就成为明细符号。Ⓐ表示电流表,Ⓥ表示电压表。

另外,对标准中没有规定的符号,可以选取标准中给定的基本符号、一般符号和明细符号,按规定的组合原则进行派生,以构成完整的元件或设备的图形符号,但在图样的空白处必须加以说明,见表1-1。将天线的一般符号和直流电动机的一般符号进行组合,就构成了电动天线的图形符号。

电动天线的组合示例　　　　　　　　　　　表1-1

图形符号	说　明	图形符号	说　明	图形符号	说　明
 Y	天线的一般符号	 Ⓜ	直流电动机的一般符号	 Ⓜ̌	电动机天线的派生符号

4. 图形符号的使用原则

(1)首先选用优选图形。

(2)在满足条件的情况下,首先采用最简单的形式,但图形符号必须完整。

(3)在同一份电路图中同一图形符号采用同一种形式。

(4)符号方位不是固定的,在不改变符号意义的前提下,符号可根据图面布置的需要旋转或成镜像放置,但文字和指示方向不得倒置。

(5)图形符号中一般没有端子代号,如果端子代号是符号的一部分,则端子代号必须画出。

(6)导线符号可以用不同宽度的线条表示,如电源线路(主电路)可用粗实线表示,控制、保护线路(辅助电路)则可用细实线表示。

(7)一般连接线不是图形符号的组成部分,方位可根据实际需要布置。

(8)符号的意义由其形式决定,可根据需要进行缩小或放大。

(9)图形符号表示的是在无电压、无外力的常规状态。

(10)图形符号中的文字符号、物理量符号,应视为图形符号的组成部分。当用这些符号不能满足标注时,可按有关标准加以补充。

(11)电路图中若采用未规定的图形符号,必须加以说明。

5. 特殊图形

由于目前国际上还没有汽车电气设备图形符号、文字符号的统一标准,各个汽车生产厂家对某些汽车电器所采用的图形符号、文字符号有所不同,但应符合行业标准规定,如要表示导线连接的形式采用图1-1所示,交点为实心。

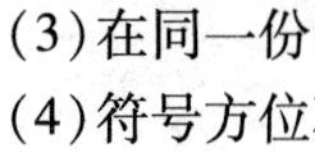

图1-1　导线连接表示形式

又如汽车上安装的硅整流发电机和电压调节器,有的调节器是采用内装式,有的采用外装式;即使同一结构形式,不同的车型所采用的电路图形符号可以有所不同,如图1-2、图1-3所示。

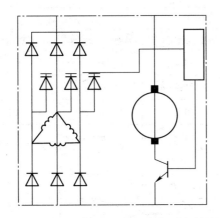 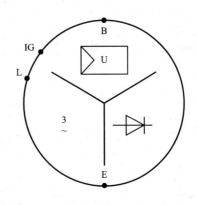

图 1-2　国产某型号轿车硅整流发电机图形符号　　图 1-3　国产某型号轿车硅整流发电机图形符号

点火开关的表示方法有两种,一种是挡位连通表,另一种是挡位连画图。挡位连通表用表格表示接线柱和挡位之间的连接关系,如图 1-4 所示;上海桑塔纳则采用挡位连画图表示,如图 1-5 所示。

	1	2	3	4
Ⅲ	○—	—	—○	
0				
Ⅰ	○—	—○		
Ⅱ	○—			—○

	AM	ACC	IC	ST
LOCK				
ACC	○—	—○		
ON	○—	—○	—○	
START	○—		—○	—○

图 1-4　点火开关挡位连通表

通过上述示例可知,汽车电路图形符号目前还没有统一的标准,国产汽车制造企业大都采用电气技术行业标准,而合资汽车制造企业大都沿用国外的原标准,所以在识图过程中应不断地总结经验,找出不同的电路中采用的图形符号有哪些相同点和不同点,这样可以提高读图速度。

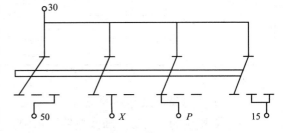

图 1-5　上海桑塔纳轿车点火开关挡位连画图

二、电路图的识读

电路图识读要掌握的内容主要包括认识汽车导线颜色和读图方法两方面。

1. 汽车导线颜色

在汽车电路图上,通常依据导线外表的颜色,标记相对应颜色的字母缩写,来对不同导线进行区别。不同的国家、不同的汽车生产厂商所采用的颜色文字、字母标记是不相同的,见表 1-2。

不同汽车生产厂商所采用的导线颜色文字、字母标记表　　　　表1-2

颜色	英文	汽车生产厂商					
		中国	日本(丰田汽车)	美国	本田、现代汽车	奥迪、大众汽车	雪铁龙汽车
黑	Black	B	B	BLK	BLK	sw	MR
白	White	W	W	WHT	WHT	ws	BA
红	Red	R	R	RED	RED	ro	RG
绿	Green	G	G	GRN	GRN	gn	VE
深绿	DarkGreen			DK GRN			
浅绿	Light Green		Lg	LT GRN	LT GRN		
黄	Yellow	Y	Y	YEL	YEL	ge	JN
蓝	Blue	BL	B	BLU	BLU	bl	BE
浅蓝	Light Blue		Sb	LT BLU	LT BLU		
深蓝	Dark Blue			DK BLU			
粉红	Pink	P	P	PNK	PNK		
紫	Violet	V	PU	PPL	PUR	li	VI
橙	Orange	O	Or	ORN	ORN		
灰	Grey	Gr	Gr	GRY	GRY	gr	GR
棕	Brown	Br	Br	BRN	BRN	br	
棕褐	Tan			TAN	TAN		
无色	Clear			CLR			
褐							RS
橘黄							OR
栗							MR

2. 读图方法

1) 上海大众轿车线路图的识读

图1-6所示为上海大众轿车电路图示例。

(1) 全车电气系统正极电源分三路,标号"30"的称为常电源线,直接与蓄电池相连接,不论汽车处于停车或发动机处于熄火状态时均有电,电压均为电源电压12V。"30"常电源线主要是在发动机熄火时向需要用电的电气设备供电,如停车灯、制动灯、报警灯、顶灯、冷却风扇电动机等。标号"15"的为小容量电器电源线,它要在点火开关接通以后才能通电。标号"X"的是在汽车起步时方能接通的大容量电器的电源线,如供启动机使用。

(2) 搭铁线,标号"31"的为中央线路板内搭铁线。

(3) 从图上可知,J17为继电器(电子控制)。

项目一 汽车维修电工岗位常识

(4) S 代表熔断丝,下脚标号代表该熔断丝在中央线路板上的位置。如 S5 表示该熔断丝处于中央线路板第 5 号位,额定电流为 10A。熔断丝的容量可从它的颜色来判断:红色为 10A,蓝色为 15A,绿色为 30A,黄色为 20A。

(5) D13 为中央线路板接头,说明该蓝/黑色导线连接于中央线路板 D 线束第 13 位插头上。以此类推,P3 即在 P 线束第 3 位插头上。导线上标有的数字表示线的截面积,如 0.5、1.0、1.5 分别表示该线截面积为 $0.5mm^2$、$1.0mm^2$、$1.5mm^2$。

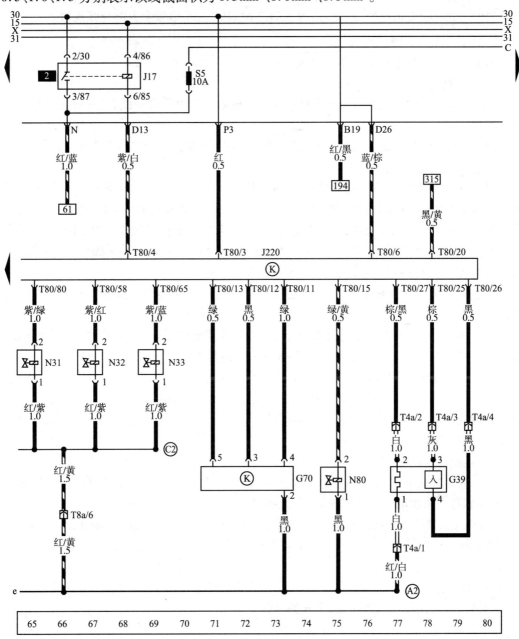

图 1-6 上海大众轿车电路图示例

(6) T80/4 表示插接器端子,T80,发动机线束、发动机右线束与发动机控制单元插头连接(80 针,在发动机控制单元上),即插接器 80 个接线端子的第四个端子位置。以此类推,T80/6 表示插接器 80 个端子的第六个端子位置。

(7) J220,电器元件符号,发动机控制单元。

(8) N31、N32、N33,电器元件符号,发动机第 2 缸、3 缸、4 缸喷油器。

(9) ⊗,发动机线束内的正极连接线;⊖,发动机右线束内的正极连接线。

(10) 61 194 315 表示此导线与线路图下端第 61、194、315 编号上方的导线连接。

2) 日本车系电路图识读

图 1-7 所示为日本车系电路图示例。

[A]:系统名称。

[B]:表示继电器盒,无阴影表示且仅显示继电器盒号以区别接线盒。例:① 表示 1 号继电器盒。

[C]:当车辆型号、发动机类型或规格不同时,用( )来表示不同的配线和插接器。

[D]:表示相关系统。

[E]:表示用以插接两根线束的(阳或阴)插接器的代码。该插接器代码由两个字母和一个数字组成,插接器代码的第一个字符表示指示带阴插接器的线束的字母代码,第二个字符表示带阳插接器的线束的字母代码,第三个字母表示在出现多种相同的线束组合时,用于区分线束组合的系列号(如 CH1 和 CH2)。符号(⌣)表示阳端子插接器,插接器代码外侧的数字表示阳插接器或阴插接器的引脚编号。

[F]:表示零件(所有零件用天蓝色表示)。此代码与零件位置图中所用的代码相同。

[G]:接线盒,圈内的数字是接线盒号,旁边为插接器代码,如:3C 表示它在 3 号接线盒内部。接线盒用阴影标出,以便将它与其他零件清楚地区别开来。

[H]:表示配线颜色。配线颜色用字母表示:B 表示黑色,W 表示白色,BR 表示褐色,L 表示蓝色,V 表示紫色,SB 表示天蓝色,R 表示红色,G 表示绿色,LG 表示浅绿色,P 表示粉色,Y 表示黄色,GR 表示灰色,O 表示橙色。第一个字母表示基本配线颜色,第二个字母表示条纹的颜色。

[I]:表示屏蔽电缆。

[J]:表示插接器引脚的编号。阳插接器(从右上到左下依次标出编号)和阴插接器(从左上到右下依次标出编号)的编号系统各异。

[K]:表示搭铁点。该代码由两个字符组成:一个字母和一个数字。该代码的第一个字符表示指示线束的字母代码第二个字符表示在同一线束有多个搭铁点时作区别用的系列号。

[L]:页码。

[M]:表示熔断丝通电时的点火开关位置。

[N]:表示配线接点。

3) 美国车系电路图的识读

美国车系电路图示例如图 1-8 所示。

项目一　汽车维修电工岗位常识

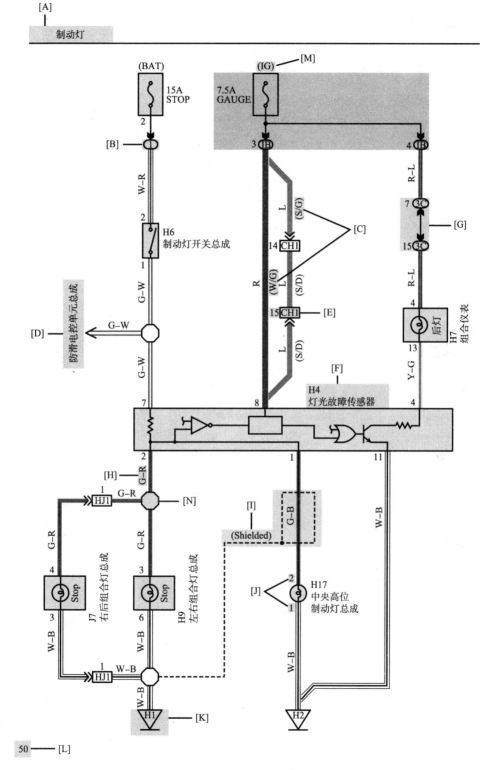

图1-7　日本车系电路图示例

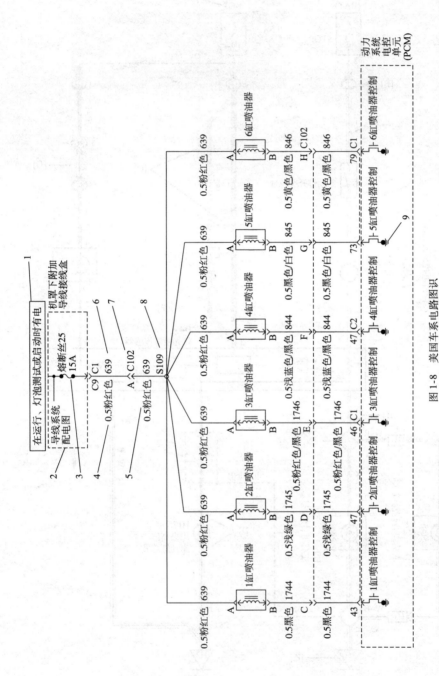

图1-8 美国车系电路图识

1-电源类型:电源分为常电,运行时有电,在运行、灯泡测试或启动时有电;2-导线接线盒;3-熔断器符号;4-导线面积,单位为mm^2;5-导线颜色;6-导线编号;7-插接器编号;8-连接点编号;9-搭铁符号

课题二　汽车维修电工常用的检测仪器设备

汽车维修电工在检查汽车电路时,常用的检测仪器设备有汽车专用万用表、诊断仪和试灯等几种。

一、汽车专用万用表

汽车专用万用表是在普通数字万用表的基础上,增加一些适合汽车某些特性参数测试功能,使之更加适合汽车检测与故障诊断。

下面以汽车检测专用的 DY2201 数字万用表使用为例(图1-9)进行说明。

1. 面板按钮(开关)

面板按钮主要由 Power(电源开关)按钮、Duty(占空比选择按钮)按钮、Hold(数据保持选择)按钮和功能选择旋转开关等组成。

2. 测试表笔连接插孔

测试插孔:使用黑色表笔插入 COM 插孔,进行所有的测试。红色表笔插入不同测试孔用来测试电流、电压、温度、电阻等。

其中:

(1)20A、mA:电流测试插孔。

(2)COM:公用测试孔。

(3)VΩ%℥:电压、电阻、闭合角和转速测试孔。

(4)TEMP:温度测试插孔。

(5)PNP/NPN:晶体管测试插孔。

警告:

①10A MAX FUSED:最大保护电流10A;

②700V AC、1000V DC:最大输入。

图1-9　DY2201 数字万用表

3. 万用表的常用操作

1)电压测试(图1-10)

功能选择旋转开关可以选择 AC(交流电压)或 DC(直流电压)测试模式。

(1)将黑色表笔插入 COM 插孔。

(2)将红色表笔插入VΩ%℥插孔。

(3)连接红色表笔到被测元件电压的正极。

(4)连接黑色表笔到被测元件电压的负极。

(5)将功能选择旋转开关转动至 AC 或 DC 测试模式。

 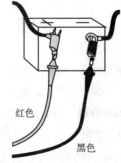

图1-10　电压测试图示

(6)选择测试电压量程位置。通常要先估算被测量对象的电压,然后选择与之相近的量程,但所选的量程必须大于被测电路电压。例如测试汽油车电路电压时,选择的量程为直流电压20V挡位,而测量柴油车电路则要选择直流电压200V挡位。

(7)在屏幕上观察读数。

2) 电阻测试(图1-11)

关闭测试电路的电源,将被测量电阻从电路中独立出来。

(1)将黑色表笔插入COM插孔。

(2)将红色表笔插入VΩ%⇌插孔。

(3)旋转功能选择开关至(Ω)测试位置。

(4)选择与被测量电阻相近的量程。

(5)分别连接红色和黑色表笔至需要测试元件的两端。

(6)在屏幕上观察读数。

值得注意的是,当所选择的量程越大,其准确度误差就越大,例如在常温(25℃)测量发动机冷却液温度传感器电阻时,选用20k、200k量程分别测得的结果27.5k和27k,误差为500Ω。

3) 连续性(导通)声响 Audible Continuity ⋅») 和二极管 ⊶ 测试(图1-12)。连续性测试一种通过测试电阻快速判断电路是否导通的重要方法。

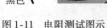

图1-11 电阻测试图示

图1-12 连续性导通与二极管测试图示

◇**特别提示**:测试电阻时应切断测试电路的电源。

(1)将黑色表笔插入COM插孔。

(2)将红色表笔插入VΩ%⇌插孔。

(3)转动旋转功能选择开关至⋅»)测试位置。

(4)如果连接红色表笔和黑色表笔至需要测试电路的两端,被测电路电阻小于50Ω(不同的万用表,导通的电阻各有差异)时将有声响。如果电路完好导通,电阻值很小时,显示屏上显示的数值接近0;如果电路开路,将没有任何声响,屏幕显示"1."。

(5)如果连接红色表笔到二极管(+)正极,黑色表笔到二极管(-)负极,然后调换红色表笔和黑色表笔再次测量。当第一次测量读到低的数值,更换表笔后将读到高的数值,说明二极管完好。反之,在两个方向测试时,将会读到同样的数值或者读到"1.",说明二极管坏。

4）测量占空比（图1-13）

占空比是开"ON"和关"OFF"信号所占的时间比率,一个50%占空比的波形会具有50%的高电平时间和50%的低电平时间。占空比对于检查电磁阀、继电器、开关信号、喷油嘴等非常有效。

(1)将黑色表笔插入COM测试插孔。

(2)将红色表笔插入VΩ%测试插孔。

(3)连接红色表笔至测试元件的信号端。

(4)连接黑色表笔至汽车搭铁。

(5)旋转功能选择开关至Duty位置。

(6)在屏幕上观察读数。

5）温度测试（图1-14）

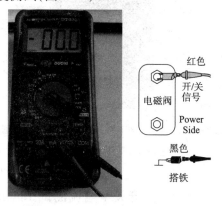
图1-13　电磁阀的占空比测试图示

图1-14　温度测试图示

◇**特别提示**:为了避免损坏仪器,一定要远离高温热源（当接触高温物体表面时,会缩短温度探头的使用寿命）。将电热偶分别与TEMPR的插孔＋和－连接。

(1)旋转功能选择开关至℃温度测试位置。

(2)将电热偶与测试物体的表面紧密接触或置于被检测温度的空间。

(3)在屏幕上观察读数（当电热偶开路或未插入插座,显示屏显示的是环境温度）。

6）转速测试（图1-15）

(1)将黑色表笔插入COM插孔。

(2)将红色表笔插入VΩ%插孔。

(3)连接红色表笔至点火线圈的负极接线端。

(4)连接黑色表笔至搭铁。

(5)旋转功能选择开关至TACH×10RPM测试位置。

(6)选择量程。如测量4缸发动机时选择4CYL挡位,测量6缸发动机时选择CYL挡位。

(7)在屏幕上观察读数。

7）测试闭合角（图1-16）

(1) 将黑色表笔插入 COM 插孔。
(2) 将红色表笔插入 VΩ%⇌ 插孔。
(3) 连接红色表笔至点火线圈的负极接线端。
(4) 连接黑色表笔到搭铁。
(5) 旋转功能选择开关至 Dwell 闭合角测试位置。
(6) 选择量程。如测量 4 缸发动机时,选择 4CYL 挡位;测量 6 缸发动机时,选择 CYL 挡位。
(7) 在屏幕上观察读数。

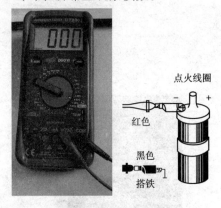

图 1-15　发动机转速测试图示

图 1-16　发动机点火闭合角测试图示

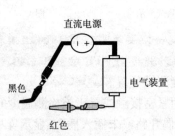

图 1-17　电路电流测试图示

8) 测试电流

如图 1-17 所示,旋转功能选择开关至电流测试 10A 或者 mA 位置,选择 AC 或 DC 电流测量,断开测试电路的电源开关。

(1) 将黑色表笔插入 COM 测试插孔。
(2) 将红色表笔插入 10A 或 mA 测试插孔。
(3) 连接红色表笔至被测量电气装置的负极接线端。
(4) 连接黑色表笔至电路的负极或搭铁。
(5) 量程选择(与电压测量时的量程选择方法相似)。
(6) 接通电路电源开关。
(7) 在屏幕上观察读数。

二、汽车诊断仪

汽车诊断仪(俗称解码器)是专用于汽车电控系统故障检测仪器,它通过与汽车电控系统的控制模块进行数据交流,以读取汽车故障码和数据流等。

汽车诊断仪的种类有很多,有各种车型专用诊断仪,如大众/奥迪汽车 5054A 专用诊断仪、IT2 丰田汽车专用智能诊断仪等;也有通用车型诊断仪,如元征 X431 诊断仪、博世 KT600 综合智能诊断仪等。

下面以 KT600 综合智能诊断仪的使用方法为例进行说明。

KT600 综合智能诊断仪是集多种功能于一体的新型诊断设备。该产品包含大多数原厂通信协议及控制局域网(CAN)的通信协议,可扩充性强;配备超大容量的 CF 卡,可随意扩充升级程序,实时保存诊断结果;带有精密的微型打印机,可实时打印诊断报告;彩色大屏幕,触摸屏操作,非常直观明了;VGA(视频图形阵列)实时输出;实时检测点火系统、传感器、执行器等波形,为准确判断汽车故障提供有力支持。

1. 功能简介

(1) 汽车故障诊断。

(2) 五通道汽车专用示波器。

(3) 数据波形显示/存储/对比。

(4) 打印功能。

(5) VGA 输出功能。

(6) FRID 钥匙诊断。

(7) 汽车英汉词典。

(8) 行车记录仪。

(9) 温度压力检测(选配)。

(10) 振动异响测试分析(选配)。

2. 整机组成

KT600 的主机主要包括四大部分:诊断、示波、打印机和电池。外壳上嵌入保护胶套,防止磨损。此外,KT600 还配备有进行汽车诊断和网上升级所需的附件,如测试延长线、电源延长线、汽车鳄鱼夹、点烟器接头、14V 电源、CF 卡、CF 读卡器,以及各种测试接头。

(1) KT600 的主机正面视图如图 1-18 所示。

(2) 下接口视图,如图 1-19 所示。

(3) 上接口视图,如图 1-20 所示。

3. 初次使用 KT600

1) 主机供电

KT600 主机供电有 5 种方式:

(1) 交流电供电。找到机箱内 KT600 标准配置的电源适配器,其中一端连接在仪器的电源供电口中,另一端接至 100~240V 交流电插座。

(2) 汽车蓄电池供电。找到机箱内 KT600 标准配置中的电源延长线和汽车鳄鱼夹,其中一端连接在仪器的电源供电口中,另一端接至汽车蓄电池。

(3) 点烟器供电。找到机箱内 KT600 标准配置中的电源延长线和汽车点烟器,其中一端连接在仪器的电源供电口中,另一端接至汽车点烟器。

(4) 通过诊断座供电。

(5) 主机本身电池供电。

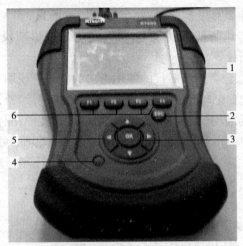

图1-18 主机正面视图及各键功能

序号	项目	说明
1	触摸屏	6.4″ 640×480LCD触摸式真彩屏
2	ESC	返回上级菜单，退出
3	OK	进入菜单、确认所选项目
4	⏻	电源开关
5	[▲][▼][▶][◀]	方向选择键
6	F1 F2 F3 F4	多功能辅助键

注：F_1 - F_4 多功能辅助键，功能非常强大，其具体功能视当前操作界面而定，并分别与操作界面下方的四个软按键对应。

图1-19 下接口视图

CH1-示波通道1；CH2-示波通道2；CH3-示波通道3；CH4-示波通道4；CH5-触发通道

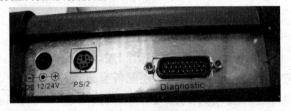

图1-20 上接口视图

DC12/24-主机供电端口；PS/2-内含标准RS232串口及5V电源输出；Diagnostic-诊断测试端口

2) 开机

连接好主机电源后，按下KT600左下角的电源开关按钮，屏幕先出现下载条，请等待后进入启动界面。进入主界面后，可以看到KT600提供的四大任务模块：汽车诊断功能、系统设置功能、示波器分析功能和辅助功能，如图1-21所示。用户可以通过点击触摸屏幕上的各功能的操作界面，进行相应功能操作。

图1-21 KT600主界面

4. 汽车测试功能

1) 测试条件

(1) 打开汽车电源开关。

(2) 汽车蓄电池电压等级为12V或24V。

(3) 节气门应处于关闭状态。

(4)点火正时和怠速应在标准范围,发动机冷却液温度和变速器油温达到正常工作温度(冷却液温度为 90～110℃,变速器油温为 50～80℃)。

2)选择测试接头和诊断座

KT600 配备有多种测试接头,应根据诊断界面提示选择相应的测试接头。

3)设备的连接

(1)一套可用的 KT600 及其配件。

(2)确定诊断座的位置、形状、以及是否需要外接电源。

(3)根据车型及诊断座的形状选择相应的接头。

(4)将测试延长线的一端插入 KT600 的测试口内,另一端接测试接头。

(5)将连接好测试延长线的测试接头插到车辆的诊断座上。

◇**特别提示**:请一定要先连接好主机、测试延长线和测试接头,再把测试接头连接到诊断座上,否则,会容易导致连接过程中因导线短路造成诊断座熔断器烧毁。

4)进入诊断系统

连接好仪器,接通电源,启动 KT600 进入主菜单,选择汽车诊断模块,进入 KT600 汽车诊断程序以车型车标图形为按钮的界面,如图 1-22 所示。

界面菜单功能简介如下:

序号	项目	说明
1	车系选择	国产车系/美国车系/欧洲车系/日本车系/韩国车系/OBDII,请根据被测车辆正确选择
2	维修帮助	包含了"音响解码功能"、"演示教程"、"资料库"、"电路图"、"KT 系列注册升级指导"、"防盗系统"、"遥控器系统"和"维修手册"(包含故障码分析、数据流分析、基本设定与调整技巧、控制单元编码技巧、第二、三代防盗系统匹配)
3	ESC	触摸按钮,退出,返回上级菜单
4	⇧⇩⇦⇨	触摸按钮,方向选择
5	OK	触摸按钮,确认选择
6	选择车型	请根据被测车型正确选择(车型图标会根据你使用的频率自动排列)

选择相应车型图标进行车辆故障测试,如点击车系下的奥迪大众图标,屏幕显示该车型的诊断信息,V05.55-03.04 为当前仪器内该车型的诊断车型版本,如图 1-23 所示。

图 1-22 KT600 以车型车标图形为按钮的界面

图 1-23 点击奥迪大众车系图标显示

选择系统栏进入下一级操作,如01-发动机,如图1-24所示。

系统测试功能包括读取车辆电控单元型号、读取故障码、清除故障码、读取动态数据流、基本设定、控制器编码、元件测试、各种调整匹配、自适应值清除、系统登录、防盗钥匙匹配等。下面以发动机系统的读取故障码和清除故障码为例进行说明。

(1)读取车辆电控单元型号,如图1-25所示。

此项功能可以读取被测试系统电控单元信息,包括版本号、CODING号、服务站代码以及相关信息。一般更换车辆电控单元时,需要读出原电控单元信息并记录,以作为购买新电控单元的参考,对新的电控单元进行编码时,需要原电控单元信息。

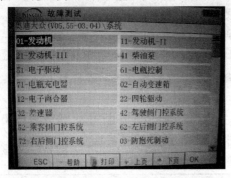
图1-24 选择01-发动机系统诊断

图1-25 读取车辆电控单元型号

有些车型存在多屏信息,按任意键或点击屏幕会显示下一屏信息,按ESC键返回上一级。

(2)读取故障码。此功能可以读取被测试系统ECU存储器内的故障码,帮助维修人员快速查找到车辆故障引起的原因。在系统功能菜单中选择02-读取故障码,系统开始检测电控单元随机存储器(ROM)中存储的故障记忆内容,测试完毕后屏幕显示测试结果,如图1-26所示。

通过滚动条滚动屏幕查看所有故障信息,若所测试系统无故障,则屏幕显示"系统正常"字样,选择ESC键返回上一级菜单。

(3)故障码清除。系统功能选择菜单中05-清除故障码,进入操作界面,如图1-27所示。

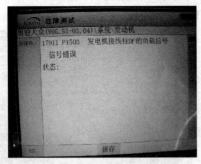
图1-26 故障码显示

图1-27 清除故障码界面

此功能可以清除被测试系统ECU内存的故障码,一般车型请严格按照常规顺序操作:先读取故障码,并记录(或打印),然后再清除故障码,试车、再次读取故障进行验证,然后进行车辆维修,清除故障码,再次试车确认故障码不再出现。

当前硬性故障码是不能被清除的,如果是氧传感器、爆震传感器、混合气修正、汽缸失火之类技术型故障虽然能立即清除,但在一定周期内还会出现,必须完全排除故障后方能彻底清除故障码。

三、试灯

试灯是一种让被检测电路的电流流过(或感应)测试仪的灯泡(或发光二极管)电路的一种简单仪器。常见的汽车电路试灯有简单的试灯和感应试灯。

1. 简单的试灯

最简单的试灯如图1-28所示,它由一个灯泡和两根导线组成。为了使用方便,在两导线的端子分别可焊接上一个鳄鱼夹和一头磨尖的钢针。鳄鱼夹主要用于夹紧导线端子或搭铁处,钢针尖端用于方便插入被检测的导线或导线的连接端子。

对电路进行简单检查时,应用试灯十分方便。以查找短路电路的步骤为例进行说明,如图1-29所示。

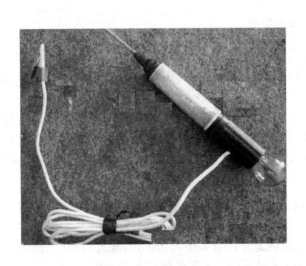

图1-28 简单的试灯　　　　图1-29 用试灯检查短路线路

(1)拆下熔断器的熔断丝并断开熔断丝的所有负载。
(2)在熔断丝的位置连接测试灯。
(3)在如下情况下测试灯亮时:
①点火开关接通。
②点火开关和SW1接通。
③点火开关、SW1和继电器接通(连接继电器)和SW2切断(或断开SW2)。
(4)查看测试灯时,断开并重新连接插接器。

测试灯仍点亮的插接器和测试灯熄灭的插接器之间有短路。

(5)沿车身轻微晃动故障线束以准确找出短路部位。

2.感应试灯

感应试灯是利用电磁感应的原理,当试灯的感应勾环感应到被检测电路的磁场(当导线有电流流动时,会产生磁场),磁场变化的结果会产生一个感应电压信号,触发感应试灯内部的驱动电路,使指示灯发光。图1-30所示为感应试灯。

感应试灯使用方法简单,它不仅具备简单试灯的检查功能(配备有鳄鱼夹和测试笔),也可以用感应勾环快速检测电路,检测方法如图1-31所示。

图1-30 感应试灯

图1-31 用感应试灯检测电路

四、汽车维修电工安全操作基本注意事项

(1)工作前应备齐工具并检查是否完整无损,技术状态是否完好。

(2)就车进行电路、电器维修作业时,应注意保持车辆漆面光泽无伤痕,装饰地毯及座位要使用保护垫布和座位套,确保清洁。

(3)在装有微机控制系统的汽车上进行工作时,除有必要,千万不要触动电子控制部分和各个接头,以免防止意外损坏其内部装置的电子元件。当确需连接或断开电子系统与任何一个单元之间电气配线进行作业时,务必将点火开关关闭,并拆下蓄电池负极接线夹,以免造成控制器元件损坏。

(4)装卸汽车发电机和启动机时,应将汽车电源总开关断开,切断电源后进行,未装电源总开关的,卸下的导线接头应包扎好。

(5)需要启动发动机检查电路时,应注意车底有无他人在工作,预先打招呼、拉驻车制动器、挂空挡,然后启动发动机。不熟练人员及学员不得随便启动发动机。

(6)汽车内线路接头必须接牢并用胶布包扎好。穿孔而过的线路要加橡胶护套。

(7)装蓄电池时,应在底部垫以橡皮胶料,并在确保蓄电池在架上固定牢靠。

(8)蓄电池电缆线应安装可靠。

(9)配制电解液时,应将硫酸轻轻加入蒸馏水内,同时用玻璃棒不断搅拌以达到迅速散热的目的。

(10)蓄电池维修时,装配间应有良好的通风设备和防火设备,防止铅中毒及火警发生。蓄电池充电工作间空气要流通,室内及存放蓄电池的地方在4m内严禁烟火。

(11)蓄电池充电时,应将蓄电池盖打开;电解液的温度不能超过45℃,检查时应佩戴防护眼镜。

(12)应在通风良好处进行空调的维修作业。拆卸空调时应先回收制冷剂和油,避免制冷剂与明火及灼热金属接触,否则,制冷剂会分解为有毒气体。

(13)添加或回收制冷剂操作时应戴上防护眼镜,谨防制冷剂溅入眼内或溅伤皮肤。

(14)搬运制冷剂钢瓶时,应严防振动、撞击、避免曝晒,同时应储放在安全通风、干燥的库房内。

(15)应在电源断开规定时间后方可进行拆卸安全气囊线路。检测时,必须按照安全气囊系统诊断要求进行,切不可随意用万用表测量气囊点火器的电阻,以免误爆。

(16)如果要将汽车暴露在温度超过93℃或200℉的环境中(如在进行烤漆作业时),必须事先把安全气囊系统部件(气囊(充气装置)模块、感传诊断模块)拆下来,以避免部件被损坏或使安全气囊意外的爆开。

(17)不要使用从其他汽车上拆下来的安全气囊系统。

(18)当使用电焊时,应按规定程序断开蓄电池负极电缆,并拆开安全气囊插接器。

(19)安全气囊拆下放置时,应将缓冲垫(软面)朝上,且要远离水、机油、油脂、清洁剂等。

项目二　铅蓄电池的检修

蓄电池必须能满足启动发动机的需要,即短时间(5~10s)内可供给启动机强大的电流(一般为200~600A,有的柴油机达1000A);同时在发电机不发电或电压较低的情况下能向发电机磁场绕组、点火系统以及其他用电设备供电。由此可见蓄电池性能的好坏直接影响发动机能否正常启动、正常运转,因此,应对蓄电池进行定期检修,保障发动机正常启动和运转。

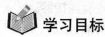
学习目标

完成本项目学习后,你应当能:
1. 叙述铅蓄电池作用、类型和结构特点;
2. 规范地检测铅蓄电池液面高度与添加蒸馏水;
3. 检查铅蓄电池的存电量;
4. 规范地对铅蓄电池进行补充充电。

建议学时:10学时。

一、资料收集

1. 蓄电池的作用

蓄电池的作用:启动发动机时,向启动系统和点火系统供电;在发动机低速运转、发电机不发电或电压较低的情况下向发电机磁场绕组、点火系统以及其他用电设备供电;当发动机中高速运转、发电机正常供电时,将发电机多余电能转化为化学能储存起来;当发电机过载时,协助发电机向用电设备供电;稳定电源电压,保护电子设备。

2. 蓄电池的结构

1)普通铅蓄电池的构造

如图2-1所示,普通铅蓄电池主要由极板、隔板、壳体、电解液、联条、极桩等组成。壳体一般分隔成3个或6个单格,每个单格均盛装有电解液,插入正、负极板组便成为单体电池。每个单体电池的标称电压为2V,将3个或6个单体电池串联后便成为1只6V或12V蓄电池总成。

图2-2所示为单格蓄电池内部结构。

2)免维护蓄电池的结构

(1)免维护蓄电池的组成。免维护蓄电池主要由极板、隔板、壳体、极桩、荷电状态指示器(内置式密度计)、电池盖、防酸隔爆片、联条及对焊件等组成。

项目二 铅蓄电池的检修

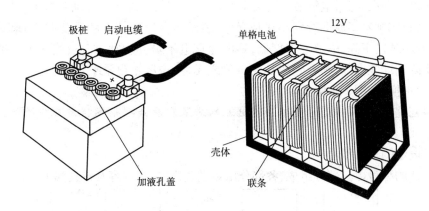

图 2-1 铅蓄电池的构造

极板：采用放射型、中极耳铅钙合金板栅，上面附着铅膏，电池失水极少，大电流放电及充电接受能力好。

隔板：采用进口 PE 袋式隔板，孔率高，孔径小，电阻低，有利于电池大电流放电。

电池槽：聚丙烯注塑成型，强度好，表面光洁美观，耐冲击及抗振动结构设计。

端子：高强度铝合金加工，抗机械损伤，导电性好，适合于大电流放电。

荷电状态指示器：显示蓄电池存电状态。

电池盖：具有酸液回流及排气功能，最大限度减少失水，延长电池的使用寿命。

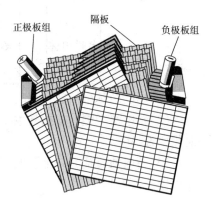

图 2-2 单格蓄电池内部结构图

防酸隔爆片：过滤酸雾，防止溢酸，保护环境，阻止明火进入电池内，安全可靠。

联条及对焊件：采用高导电铝合金铸造及焊接，穿壁焊技术，大电流启动性能好。

(2) 蓄电池荷电状态指示器

免维护蓄电池采用的是无加液孔封闭型外壳，无法用吸管式密度计测量电解液密度。特在其内部装一只如图 2-3 所示的蓄电池荷电状态指示器，又称内置式密度计，来指示蓄电池的技术状况。

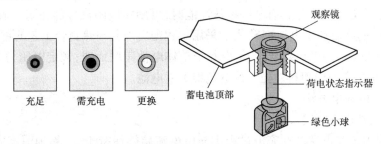

图 2-3 蓄电池荷电状态指示器(内置式密度计)示意图

内置式密度计可分为三部分，上部是螺塞，用于固定。中部是透明塑料管，连接上下部，测量液面高度。下部是球笼，内装有带颜色的测量电解液密度的小球，小球可上下浮动。当蓄电池存电充足,电解液密度大于1.22g/cm³时,小球向上浮动到极限位置,经过光线折射,从顶部观察镜就会看到小球是绿色,表示蓄电池的技术状况良好;如果看到的是黑色,表示小球已下降,电解液密度低,蓄电池存电不足,应及时充电;当测量电解液密度的小球下降到球笼底部,则看到的是浅黄色或无色,说明蓄电池电压很低,已无法正常工作,应予以更换,如图2-3所示。

◇**特别提示**:不同类型的免维护蓄电池其内装密度计在不同状态下所显示颜色有所不同。

3. 蓄电池的规格型号

蓄电池的型号由三部分组成,各部分用短横线连接,其内容及排列如下:

(1)	(2)	(3)	(4)	(5)
串联单体电池数	蓄电池类型	蓄电池特征	额定容量	特殊性能

(1) 串联单体电池数。用阿拉伯数字表示。

(2) 蓄电池类型。根据其主要用途划分,如启动用蓄电池代号为"Q",摩托车用蓄电池代号为"M"。

(3) 蓄电池特征。如干荷电蓄电池,用"A"表示;免维护蓄电池,用"W"表示。产品特征代号见表2-1。

蓄电池的产品特征代号　　　　　　表2-1

序号	产品特征	代号	序号	产品特征	代号	序号	产品特征	代号
1	干荷电	A	5	防酸式	F	9	气密式	Q
2	湿荷电	H	6	密闭式	M	10	激活式	I
3	免维护	W	7	半密闭式	B	11	带液式	D
4	少维护	S	8	液闭式	Y	12	胶质电解液	J

(4) 额定容量。指20h放电率(简称20h率)额定容量,单位为A·h(安·时),用阿拉伯数字表示,在型号中可省略不写。

(5) 特殊性能。在产品具有某些特殊性能时,可用相应的代号加在末尾表示。如"G"表示薄型极板的高启动率电池,"S"表示采用工程塑料外壳与热封合工艺的蓄电池。

例如:6-QAW-100S蓄电池,是由6个单体电池串联而成,额定电压为12V,额定容量为100A·h的启动用塑料外壳干荷电免维护蓄电池。

4. 蓄电池的充电方法

1) 蓄电池常规充电法

(1) 恒定电流充电法。在充电过程中充电电流始终保持不变,称为恒定电流充电法,简称恒流充电法或等流充电法。在充电过程中由于蓄电池电压逐渐升高,充电电流逐渐下降,为保持充电电流不致因蓄电池端电压升高而减小,充电过程必须逐渐升高电源电压,以维持充电电流始终不变,图2-4所示为恒流充电特性曲线。

恒流充电的优点：充电电流可任意选择，有益于延长蓄电池寿命，可用于初充电和去硫化充电。恒流充电的缺点：充电时间长，且需要经常调整充电电流。

（2）恒定电压充电法。在充电过程中充电电压始终保持不变，称为恒定电压充电法，简称恒压充电法或等压充电法。由于恒压充电从开始至后期，电源电压始终保持一定，所以在充电开始时充电电流相当大，大大超过正常充电电流值。但随着充电的进行，蓄电池端电压逐渐升高，充电电流逐渐减小。当蓄电池端电压和充电电压相等时，充电电流减至最小甚至为零。图2-5所示为恒压充电特性曲线，与恒流充电法相比，其充电过程更接近于最佳充电曲线。

采用恒压充电法的优点：充电速度快，充电时间短，充电电流会随着蓄电池电动势的上升，而逐渐减小到零，使充电自动停止，不必人工调整和照管。

恒压充电的缺点：充电电流大小不能调整，所以不能保证蓄电池彻底充足电，不能用于初充电和去硫化充电。这种充电方法一般只适用于无配电设备或充电设备较简陋的特殊场合，例如，汽车运行过程中，蓄电池就是以恒压充电法充电的。

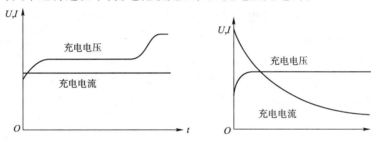

图2-4　恒流充电特性曲线　　　　图2-5　恒压充电特性曲线

（3）阶段充电法。阶段充电法包括二阶段充电法和三阶段充电法。

①二阶段充电法。二阶段充电法采用恒电流和恒电压相结合的快速充电方法，图2-6所示为二阶段充电特性曲线。

首先，以恒电流充电至预定的电压值，然后，改为恒电压完成剩余的充电。一般两阶段之间的转换电压就是第二阶段的恒电压。

②三阶段充电法。三阶段充电法在充电开始和结束时采用恒电流充电，中间用恒电压充电。当电流衰减到预定值时，由第二阶段转换到第三阶段。图2-7所示为三阶段充电特性曲线。这种方法操作简单，基本能满足电池充电的要求。缺点在于不能区别电池的放电深度而恰如其分地充电，对充电的控制较弱，对电池电解液的保持欠佳，易造成失水，从而影响电池寿命。

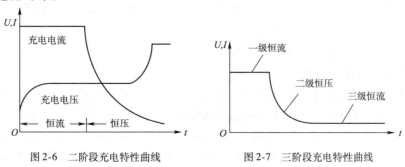

图2-6　二阶段充电特性曲线　　　　图2-7　三阶段充电特性曲线

2)快速充电的基本方法——脉冲快速充电

脉冲快速充电是以脉冲大电流充电来实现快速充电的方法。图2-8所示为脉冲充电电流波形。

(1)大电流恒流充电,充电电流为$(0.8 \sim 1)C_{20}$,单格电池电压升至2.4V,(注:C_{20}为20h放电率额定容量)。

(2)停充15~25ms。

(3)反向脉冲充电,充电电流为$(1.5 \sim 2.0)C_{20}$,时间为150~1000ms。

(4)停充25~40ms,如此循环,直至充足电。

3)智能快速充电

智能充电机是采用先进的微机技术结合高频开关电源组成的新一代充电器产品。利用计算机的智能功能,控制充电电流按照最佳充电电流变化而实现快速充电的方法。它具有恒压、恒流、均充、浮充以及完善的保护功能,并能在微机的控制下自动转换。

图2-9所示为ZCD220-50型智能充电机,具有对蓄电池进行充电和容量检测、深度放电后对电池补充充电及对电池组日常维护、新电池组工程验收等功能。可以实现均充/浮充、恒流/恒压自动转换功能。可设定并显示电压、电流、时间、容量等参数,自动完成蓄电池组各种参数的测试、监控、显示、记录。充电完毕,检测的数据可现场转存至U盘或通过RS232接口直接上传至PC,与之配套的数据处理软件对充电数据信息进行处理,并生成各种图表,为分析电池性能提供科学的依据。

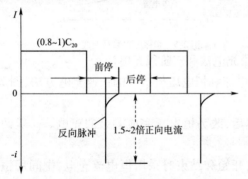

图2-8 脉冲充电电流波形

图2-9 CD220-50型智能充电机

充电特性:采用智能充电技术,充电过程无须人工干预。严格按照蓄电池充电特性曲线进行充电,采用"恒流→恒压限流→涓流浮充"智能三阶段充电模式,使每节电池都能够较快地充分地充满电,避免过充电,完全做到全自动工作状态,无需人工值守。

适用电池范围广,充电电流可在10%额定值内任意设定,且不受输入交流电压变化的影响,在恒流充电期间电流维持不变,无须人为再调整。

5. 检修蓄电池的必要性

蓄电池常见的故障有外部故障和内部故障,外部故障有壳体或盖子破损、封口胶干裂、极板松动或极桩腐蚀等;内部故障有极板硫化、自放电、极板短路、极板活性物质大量脱落等,而这些故障往往是由于使用不当和维护不及时而造成的。例如:蓄电池盖上积存有电解液、油污等会引起蓄电池自放电;蓄电池长期充电不足或放电后未及时充电、电解液液面过低等会造成极板硫化;充电电流过大、电解液温度过高、经常过充电、放电电流过大,接入启动机时间过长等都会造成蓄电池极板活性物质的脱落。因此,汽车在使用中应经常对蓄电池的性能进行检测,发现问题及时处理,保持蓄电池良好的技术状态,从而延长蓄电池使用寿命。

二、实训操作

1. 技术标准与要求

(1)蓄电池外壳无裂纹、无泄漏、无变形,极桩无破损、无氧化物等。

(2)蓄电池电解液液面高度应高出极板 10~15mm。

(3)蓄电池电解液密度标准值:20℃时电解液的密度为 1.25~1.29g/cm³。

(4)蓄电池的空载电压不应低于 9.6V;对蓄电池进行负荷试验检测时,要求蓄电池的电压不应低于 12.4V。

(5)蓄电池电解液密度与放电程度的关系见表 2-2。

蓄电池电解液密度与放电程度及气温的关系(单位:g/cm³)　　表 2-2

气温	充足电时电解液密度	放电时电解液的密度			
		放电 25%	放电 50%	放电 75%	全放电
冬季气温低于 -40℃ 地区	1.31	1.27	1.23	1.19	1.15
冬季气温高于 -40℃ 地区	1.29	1.25	1.21	1.17	1.13
冬季气温高于 -20℃ 地区	1.27	1.23	1.19	1.15	1.11
冬季气温高于 0℃ 地区	1.24	1.20	1.16	1.12	1.09

◆特别提示:表中的密度值是指温度为 25℃ 时的值,当环境温度每升高 1℃,应在测得的密度计上加 0.0007,每降低 1℃ 则应减 0.0007。

(6)蓄电池开路电压与放电程度的关系见表 2-3。

蓄电池开路电压与放电程度对照表　　表 2-3

蓄电池开路端电压(V)	≥12.6	12.4	12.2	12.0	≤11.7
高率放电计检测蓄电池电压(V)	11.6~10.6		9.6~10.6		≤9.6
高率放电计(100A)检测单格电压(V)	1.7~1.8	1.6~1.7	1.5~1.6	1.4~1.5	1.3~1.4
放电程度(%)	0	25	50	75	100

2. 工具、设备和材料的准备

(1)蓄电池。

(2)带刻度的玻璃管、电解液密度计、整体式高率放电计、蓄电池检测仪、充电机。

(3)蒸馏水、电解液、盛水容器、干净的抹布、钢丝刷、刮刀、砂布、润滑油脂或凡士林。

(4)汽车用万用表、汽车维修手册等。

3. 查询并填写信息

观察你所检查的蓄电池,并填写相关的信息:

该蓄电池属于_____(普通/干荷电/免维护)型蓄电池,其型号是_____,其额定容量为_____,其额定输出电压为_____。

4. 作业前的准备

(1) 小组共同清洁工位、清点工量具,保持场地、设备、工量具干净整齐及性能良好。
(2) 检查蓄电池封胶有无开裂和损坏,极桩有无破损,壳体有无泄漏。
(3) 用清水冲洗蓄电池外部的灰尘和污垢,再用苏打水清洗,如图 2-10 所示。

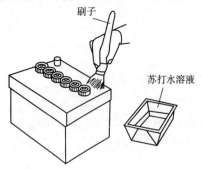

图 2-10 清洗蓄电池

(4) 如图 2-11 所示,疏通加液孔盖通气孔。

图 2-11 疏通加液孔盖通气孔

(5) 如图 2-12 所示,用钢丝刷、砂布或刮刀清洁极桩和接线卡头的氧化物并涂抹一层薄凡士林或润滑脂。

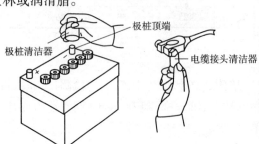

图 2-12 清洁蓄电池极桩

5. 蓄电池技术状况的检查

1) 蓄电池电解液液面高度的检测

(1) 玻璃管测量法。

①如图 2-13 所示,打开蓄电池的加液孔盖。

②如图 2-14 所示,用一空心玻璃管从蓄电池加液孔处插入蓄电池电解液内极片的上平面处,使玻璃管内的电解液与蓄电池液面同高。

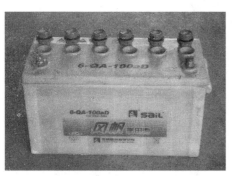

图 2-13　打开蓄电池加液孔盖　　　图 2-14　用玻璃管检查电解液液面高度

③如图 2-15 所示,用手指按紧玻璃管上端,使管口密封,垂直提起玻璃管,迅速测量玻璃管内液面的高度,即为蓄电池电解液液面高出极板的高度。

◇**特别提示**：蓄电池电解液液面高度高出极板高度的标准值为 10～15mm。高于标准值用吸管吸至标准液面高度;低于标准值一般补充蒸馏水至标准液面高度。

(2) 液面高度指示线法。透明塑料容器的蓄电池,在容器壁上刻有两条高度指示线(图 2-16)。检查液面高度时,正常液面高度应介于两条高度指示线之间,两条高度指示线中间为标准位置。低于下线为液面过低,应加蒸馏水,高于上线为液面过高应吸至中间位置。

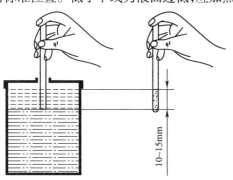 

图 2-15　测量蓄电池电解液液面高度　　　图 2-16　蓄电池电解液液面高度指示线

(3) 从加液孔观察判断。部分轿车蓄电池在电解液加液孔内侧的标准面位置处开有方视孔(图 2-17),用来检视电解液液面高度。液面在方孔下面为过低;正好与方孔齐平时为标准;液面漫过方孔而充满加液口底部以上为过多。过多、过少均应对液面高度进行调整。

2) 蓄电池存电量(放电程度)的检查

通过检测蓄电池的电解液密度、端电压大小或者用

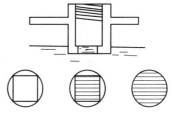

图 2-17　从加液孔观察液面高度的方法

高率放电计测量蓄电池均可判断蓄电池的放电程度,即蓄电池的存电量。

(1)电解液密度的检测。对于非密封式蓄电池,电解液的密度可用专用的吸式电解液密度计测量,如图2-18所示。

检测方法如下:

①打开蓄电池的加液孔盖。

②把密度计下端的橡皮管插入单格电池的加液孔内,如图2-19所示测量蓄电池的密度。

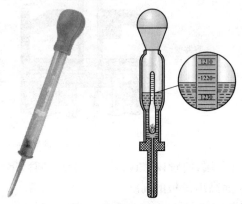

图2-18　电解液密度计　　　　　　图2-19　测量蓄电池密度

③如图2-20所示,用手将橡皮球捏瘪,再慢慢放开,电解液就会被吸到玻璃管中。注意控制吸入时电解液不要过多或过少,以能将密度计浮子浮起而不会顶住为宜,使管内的浮子浮在玻璃管中央(不要相互接触),再慢慢地将密度计提出液面。

◇**特别提示**:橡皮管不得离开蓄电池加液孔上方。

④读密度计的读数并记录下来。

读密度计数值的方法:浮子与液面凹边缘水平线相平的读数就是该电解液的密度值,使密度计刻线与眼睛平齐(图2-21所示为密度计读数的方法)。

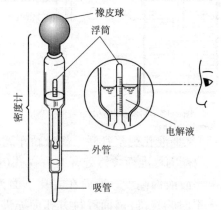

图2-20　密度计测量电解液密度的方法　　图2-21　密度计的读数方法

⑤将测得电解液密度值与表2-1进行对比,就可判断该蓄电池的存电量,即蓄电池的放电程度。

◇**特别提示**：也可根据密度计芯的红、绿、黄颜色区域（图 2-22）初步判断蓄电池的放电程度，1.10～1.15 为红色区，1.15～1.25 为绿色区，1.25～1.30 为黄色区。

如果观察液面在绿色区域，即读数在 1.15～1.25，说明该蓄电池存电半数。

如果观察液面在黄色区域，即读数在 1.25～1.30，说明该蓄电池电量充足。

如果观察液面在红色区域，即读数在 1.10～1.15，说明该蓄电池电解液密度过低，蓄电池电量已用完。

◇**特别提示**：对于密封式的免维护蓄电池装有内置式密度计，可根据指示器的颜色来判断蓄电池的状态。

（2）蓄电池开路电压的测量。对于没有内置式密度计的免维护蓄电池，可以用万用表或电压表，测量它的开路电压来判断蓄电池的状态。用万用表检测法如下：

①使用万用表的电压挡。

②万用表的红表笔接蓄电池的正极，黑表笔接蓄电池的负极，如图 2-23 所示。

◇**特别提示**：认准蓄电池正负极性柱不要接反。

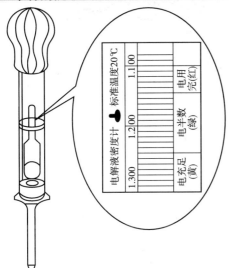
图 2-22 电解液密度计的读数

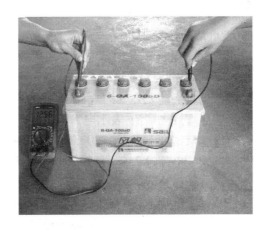
图 2-23 蓄电池端电压的测量

③从显示器上读取测量结果，精确到 0.1V。

④根据表 2-2 判断蓄电池的放电程度。对额定电压为 12V 的蓄电池，如果测得的电压小于 12V，说明蓄电池过量放电；如果测得的电压在 12.2～12.5V，说明部分放电；如果测得的电压高于 12.5V，说明蓄电池存电充足。

◇**特别提示**：此项检测，蓄电池必须是稳定的，若蓄电池刚充完电至少应等待 10min，让蓄电池电压稳定后再进行测量；车辆刚行驶过，应接通前照灯 30s，清除"表面充电"现象，然后熄灭前照灯，切断所有负载。

（3）高率放电计测量蓄电池的放电程度

高率放电计是模拟接入启动机的负荷，测量蓄电池在大电流（接近启动机的启动电流）放电时的端电压，用以判断蓄电池的放电程度和启动能力。

整体式高率放电计的结构如图 2-24 所示。

测量方法如下：

①测量时将整体式高率放电计的两叉尖紧压在蓄电池的正负极桩上(图2-25)，并保持15s，在5s之内观察放电计的电压，并记录电压值。

②测量时，放电20s，停止3min，连续放电3次，以第3次测得的数据为准。

③将测量结果与表2-2进行比较，对于12V整体蓄电池，若蓄电池电压能保持在9.6V以上，说明该蓄电池性能良好，但存电不足；若蓄电池电压稳定在10.6~11.6V，则说明存电较足；若电压迅速下降，则说明蓄电池有故障。

◇**特别提示**：此项测试要求被测蓄电池存电75%以上。

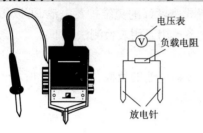
图2-24 整体式高率放电计

图2-25 高率放电计测量蓄电池的端电压

6. 蓄电池的补充充电

蓄电池的补充充电是指蓄电池使用后的充电。

1）下列情况需要对蓄电池补充充电

(1) 发动机启动无力时(非机械故障)。

(2) 前照灯灯光暗淡，表示电力不足时。

(3) 电解液密度下降到$1.20g/cm^3$以下时。

(4) 冬季放电超过25%，夏季放电超过50%时。

2）补充充电的具体步骤

(1) 从汽车上拆下蓄电池(先拆蓄电池的负极接线，后拆正极接线)。

(2) 清除蓄电池盖上的脏污，清除极桩和导线接头上的氧化物。

(3) 检查蓄电池电解液的液面高度和电解液的密度，确认达到标准值。

(4) 非密封式蓄电池拆下所有的通气孔塞，如图2-26所示。

(5) 选择检查充电设备(图2-27所示为晶闸管整流充电机、图2-28所示为晶闸管充电机控制面板)。仪表板组成：充电指示灯、电源开关(两个挡位12V、24V)、电压表、电流表、电流调节按钮、启动按钮、充电按钮、12V接线柱、24V接线柱。

(6) 红色接线钳连接充电机的12V接线柱(充电蓄电池电压为12V时，接12V接线柱，充电蓄电池电压若是24V，则接24V接线柱)；黑色接线钳连接充电机的充电按钮。

红色接线钳连接蓄电池的正极，黑色接线钳连接蓄电池的负极，同时将充电机上的电流调节旋钮调至最小位置(开关位于"0"挡)，图2-29所示为充电机与蓄电池连接，准备充电。

(7) 把充电机电源接到220V电源上，充电机上的电源开关拨到12V挡，沿顺时针方向缓慢旋转电流调节按钮，使电流达到选定的充电电流值，同时充电指示灯亮，如图2-30所示。

项目二 铅蓄电池的检修

图 2-26 打开通气孔塞的蓄电池

图 2-27 晶闸管充电机

图 2-28 晶闸管充电机控制面板

图 2-29 充电机与蓄电池连接

图 2-30 蓄电池充电

◇**特别提示**：如果调整电流调节按钮时，没有电流通过，应及时沿逆时针方向转回旋钮，查明原因后再开机充电。

充电电流为蓄电池额定容量的10%。如 6-QW-100Ah 蓄电池的充电电流为 10A（电流表的读数为10）。

在充电过程中应随时测量电解液温度。若温度超过40℃，应停止充电或者减小充电电流，直到温度降低到40℃以下。每小时测量3次电解液密度和电压，直至不再上升，且所有的电解槽都开始沸腾时，停止充电。充足电的电解液密度应为 $1.28g/cm^3$，热带地区为1.23g/cm³,蓄电池总电压为15.6~16.2V。

（8）停止充电,先将电流调节旋钮逆时针退回原处（0挡）,然后切断充电机电源开关,使充电机停止工作,再拆除蓄电池与充电机连接线。

（9）当蓄电池充足电之后,检查电解液液面高度,如需要就增添蒸馏水。

（10）蓄电池充足电后仍继续排气20min后,方可旋紧加液孔盖。最后用热水冲刷蓄电池,使其清洁。

◇**特别提示**：在充电过程中,应经常观察蓄电池内部情况。充电时,电解液温度超过40℃,应停止充电；保证良好通风,不许有明火和易燃物。对于全封闭型的免维护蓄电池,注意观察蓄电池荷电状态指示器的颜色。

3）充电注意事项

（1）必须在宽敞、通风好的地点进行充电,不要在车库或封闭的室内充电。

（2）再充电时,蓄电池将会放出氢气,因此,再充电之前,一定要取下孔口塞。

（3）如果利用安装在车辆上的蓄电池进行再充电时,须确认解开搭铁电缆。

（4）连接和解开蓄电池充电电缆时,须确认再充电电池上的电源开关处于关闭状态。

◇**特别提示**：在发动机运转中,不要对蓄电池充电,同时也必须确认所有附属电气设备都被切断。

7. 结束工作

作业项目完成后,清理器材,清洁地面卫生,搞好工位的清洁、整理工作。

三、评价与反馈

（1）对本学习项目进行评价,见表2-4。

评 分 表　　　　　表2-4

考核项目	评分标准	分数	学生自评	小组互评	教师评价	小　计
团队合作	是否主动参与现场的清洁工作	5				
活动参与	是否积极主动	5				
安全生产	有无安全隐患	5				
现场5S	是否做到	5				
《汽车维修手册》的使用	是否快速和规范	5				
操作过程	（1）蓄电池液面高度检测；	10				
	（2）电解液密度的检测；	10				
	（3）蓄电池开路电压检测；	10				
	（4）蓄电池的补充充电	25				
任务完成情况	是否圆满完成	5				
工具和设备使用	是否规范、标准	5				
劳动纪律	是否能严格遵守	5				
工单填写	是否完整、规范	5				
总分		100				

| 教师签名： | | | | 年　月　日 | 得分： | |

(2)通过检测蓄电池能否向车主说明该蓄电池电解液密度_____(正常/需要添加蒸馏水/不能继续使用);该蓄电池存电量_____(正常/不足/不存电);该蓄电池_____(可继续使用/充电后继续使用/报废)。如果不能,分析原因并提出改进措施。

(3)完成本学习任务后,你对汽车蓄电池及其检修有哪些体会?

四、学习拓展

1. 就车检查蓄电池状况

车主发现自己的车存在蓄电池电量不足或发动机启动困难等症状,这时先不要急于从车上拆下来,应先就车检测:

(1)通过目测检查并确认蓄电池外部和电源系统线路连接状况正常。

(2)检查蓄电池是否有损坏和变形。如果发现严重损坏、变形或泄漏,则更换蓄电池。

(3)检查蓄电池电解液液面高度是否合适。

对于免维护蓄电池,如果电解液液量低于下限,则更换蓄电池;如果电解液液量高于下限,则在启动发动机时检查蓄电池电压。如果电压低于9.6V,则对蓄电池重新充电或更换蓄电池。

对于非免维护蓄电池,如果电解液液量低于下限,则向各单格添加蒸馏水。然后,对蓄电池重新充电并检查电解液密度。如果电解液液量高于下限,则在启动发动机时检查蓄电池电压。同样,如果电压低于9.6V,则对蓄电池重新充电或更换蓄电池。

◇**特别提示**:检查蓄电池电压之前,切断所有的用电设备(前照灯、鼓风机电动机、后除雾器等)。

2. 蓄电池电导测试仪

蓄电池电导测试仪,是快速测量蓄电池运行状态参数的数字存储式便携式仪表。是目前较为先进的检测蓄电池的仪器(图2-31所示为蓄电池电导测试仪及测试方法)。

蓄电池电导测试仪可在线测试并记录多组蓄电池参数,高效地判别蓄电池优良状况,并可与计算机一起构成智能测试设备,进一步跟踪蓄电池的衰变趋势,并提前报警,以利于工程技术及管理人员及时处理。

图2-31 蓄电池电导测试仪及测试方法

项目三 全车无电故障分析

现代汽车随着电子化程度越来越高,汽车电器也越来越多,汽车线束错综复杂,有关汽车电工维修的比重也日趋增大,汽车全车无电故障率也日趋增多。汽车全车无电故障主要表现是:启动发动机时启动机不工作,车灯不亮,喇叭不响,有时在点火开关接通情况下所有仪表没有显示,只有黄色故障灯时明时暗,说明该车全车无电。另外一种情况,车主长时间没有用车,等再次用车时发现车辆不能启动了,灯不亮,喇叭不响,发现全车没有电了。如果全车无电,汽车就不能启动,更不能前行,当确定无短路故障时,常采用应急启动,让车辆运转起来,然后视情送车维修。

当发生全车无电故障时应急启动的方法有:跨接启动、牵引启动、推车启动等。对于后两种方法,电喷汽车和自动挡汽车不能使用,因为在全车无电的情况下,电动汽油泵(汽油机)或电控高压泵(柴油机)不能工作,从而发动机根本无法启动,尤其是装有电子控制自动变速器的车辆,此时不能变换挡位,因此,一般常用的应急启动采用跨接法,而且跨接启动法也比较安全。

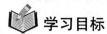 学习目标

完成本项目学习后,你应能:
1. 知道全车无电故障的现象、原因;
2. 知道蓄电池漏电的原因,并能规范检测蓄电池的静态电流;
3. 规范使用跨接线进行应急跨接启动操作;
4. 规范检查全车无电故障。

 建议学时:6学时。

一、资料收集

1. 造成全车无电的原因

造成全车无电的原因主要有:蓄电池故障、线路断路或短路故障、人为因素等三个方面。

1)蓄电池故障

蓄电池自身放电、漏电、极桩腐蚀接触不良、自身老化不能存储电量等。当然,充电系统充电不良也会引起蓄电池存电不足。

2)线路故障

线路中连接导线断开、接触不良、搭铁不良、熔断丝熔断、点火开关不良、易熔线或熔

断器未插好、电源总开关失效或者没有打开、线路短路、电器元件出现内部短路,加装的一些电气元件连接不当等都会引起全车无电或者车辆停放一段时间后全车无电。

3)人为因素

如经常不将钥匙拔下,下车后忘记关行李舱和发动机舱内的照明灯或其他灯,或者开空调、音响时间过长等,导致蓄电池过放电,使全车无电。

2. 蓄电池漏电

蓄电池漏电有蓄电池内部漏电、外部漏电,漏电会使蓄电池非常容易亏电和损坏。

1)蓄电池内部漏电

蓄电池内部漏电是指由于蓄电池极板短路、氧化物脱落、电解液中杂质含量过多等原因所导致蓄电池自放电而亏电。

2)蓄电池外部漏电

蓄电池外部漏电是指由于汽车电器、线束、传感器、控制器、执行器等电子元件和电路搭铁造成的漏电,一些老旧车型或原车线束遭到改装的车辆易发生此类漏电故障。

3. 蓄电池静态电流

蓄电池静态电流又称暗电流,是指汽车在停止状态下的放电电流(如时钟、防盗器、电子导航仪、无钥匙启动系统等回路的静态电流),即点火开关在 OFF 位置(汽车在无工作状态)时,线路中仍然有流动的电流。这种电流过大,会造成蓄电池过放电。

一些电器为了保持数据的记忆功能,必须长期供电,这些电器主要是电子控制单元。如音响需记忆上次听过的频段,空调需记忆风向风速的设定,时钟、防盗器传感器、电子导航仪、无钥匙启动系统等需要长期供电,以保证全天候的监视等功能。所以,静态电流因为部分电器件性能的需要,不能消灭,只能降低,以保证或延长汽车待车时间。

车辆越高级用电设备越多,一般静态电流相对较大。如电控汽车,因其电控模块较多,耗电部件比较多。超过一周时间如果不启动,可能会影响正常启动,但如果低于一周时间停放就出现影响正常起启情况,可能存在电路漏电故障。

4. 熔断器

1)熔断器的类型

熔断器俗称保险丝,常用于保护局部电路。将熔断器接于电路中,当电流超过规定值和规定的时间时,会使电路断开,从而起到保护电器元件的作用。

线路在正常工作情况下,熔断器中的熔断丝或熔片不应熔断,一旦发生短路或严重过载时,熔断器中的熔断丝或熔片应立即熔断起保护电路和电气设备的作用。

丰田车系的熔断器有插片式、连接式、管型和平板式,如图 3-1 所示。

插片式熔断器,不论额定电流大小,其外形尺寸均相同。可根据其塑料外壳的颜色区分熔断器的最大允许电流。表 3-1 列出了插片式熔断器塑料外壳颜色所代表的额定电流。

2)丰田威驰汽车熔断器的位置

(1)主熔断器。主熔断器与蓄电池正极相连,安装在发动机舱内,其位置如图 3-2 所示。

a)插片式熔断器　　　　　b)连接式熔断器

c)管型熔断器　　　　　　d)平板式熔断器

图 3-1　熔断器的类型

插片式熔断器塑料外壳颜色所代表的额定电流　　　　表 3-1

颜色	深绿	灰	紫红	紫	粉红	棕黄	金	褐	橘红	红	黑	淡蓝	黄	白	淡绿
额定电流(A)	1	2	2.5	3	4	5	6	7.5	9	10	14	15	20	25	30

图 3-2　主熔断器、1号熔断丝盒的位置

主熔断器的结构,图 3-3 所示为主熔断器,外壳上标有熔断丝的名称和其对应的内部位置。图 3-4 所示为主熔断器的内部结构。

主熔断器装有如下熔断丝(红色外壳上有标注):

MAIN60A:"EFI"、"DOME"、"HORN"、"ST"、"AM2"、"ALT-S"、"H-LPLH"和"H-LPRH"熔断丝。

ALT100A:"RDI"、"CDSFAN"、"ECU-B"、"TAIL"、"D/L"、"OBD"、"A.C"、"HAZ"、"FOG"、"P/POINT"、"HTR"、"PWR"和"STOP"熔断丝。

ABS60A:防抱死制动系统。

图 3-3　主熔断器外壳　　　　　图 3-4　主熔断器内部结构

（2）1号熔断丝盒。1号熔断丝盒位于发动机舱的左前方,如图 3-2 所示。结构如图 3-5 所示,在其外壳的内部标明了每条熔断丝的电路名称。

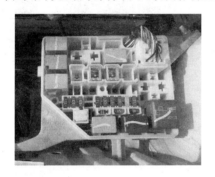

图 3-5　1号熔断丝盒的结构图

（3）2号熔断丝盒。2号熔断丝盒位于驾驶室转向盘的下方,如图 3-6 所示。结构如图 3-7 所示,在其外壳的内部标明了每条熔断丝的电路名称。

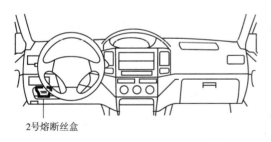

图 3-6　2号熔断丝盒位置　　　　　图 3-7　2号熔断丝盒的结构图

5. 应急跨接启动法

汽车应急跨接启动是指在蓄电池亏电的情况下,通过两根启动辅助电缆连接另一备用充足电同电压的蓄电池(或救援汽车上的蓄电池)或启动电源,启动该车发动机的方法。

1）启动电源应急跨接启动

利用 JQST-1800 型启动电源,启动全车无电的车辆如图 3-8 所示。

步骤：

（1）将 JQST-1800 型启动电源连接至交流电源(220V),并将机壳搭铁。

（2）启动车辆蓄电池电压为 12V,则将汽车蓄电池正极与 JQST-1800 型启动电源的

"12V(+)"极柱连接,蓄电池的负极与启动电源的"启动(-)"极柱连接(搭铁),图3-9所示为连接方法。

(3)将输出"电压电流调节"旋钮反时针旋到底。

(4)接通电源开关,电源指示器灯亮,调整空载电压为13~14V,常为6挡或7挡。

(5)用汽车"点火"开关启动车辆。

(6)车辆启动后切断电源开关。

图3-8 启动电源启动　　　　　图3-9 启动电源的连接

2)应急跨接启动注意事项

(1)如果车辆的蓄电池被冻结时,千万不要尝试使用跨接法启动车辆,否则,会导致蓄电池爆裂。

(2)当使用跨接引线连接时,一定要注意手和引线不要接近带轮、皮带或者风扇。

(3)蓄电池可能会产生易燃的氢气。注意不要使火星或者火苗接近蓄电池,否则,会造成蓄电池爆炸。在蓄电池的周边区域进行工作时严禁吸烟。

(4)当使用另外一个车辆的蓄电池对本车蓄电池进行跨接时,注意确保两个车不要接触。

二、实训操作

1. 技术标准与要求

(1)前照灯亮,点火开关处于"ON"位置时,电喇叭响,发动机能正常启动。

(2)蓄电池标准电压为11~14V,电解液密度为$1.26~1.28\text{g/cm}^3$。

(3)汽车蓄电池的静态电流值为30~50mA。

(4)熔断丝标准电阻值小于1Ω。

(5)救援车上的蓄电池要与被救车上的蓄电池相匹配。

2. 工具、设备和材料的准备

(1)两台蓄电池电压为12V的车辆(或一块电压为12V的蓄电池)。

(2)跨接线(图3-10)、JQST 800 Ⅱ型启动电源(图3-11)及其他辅助工具。

(3)磁力护裙、转向盘护套、变速杆手柄套、脚垫和座椅套。

(4)盛水容器、干净的抹布、钢丝刷、刮刀、润滑油脂或凡士林。

(5)举升机(图3-12)、丰田威驰2SZ整车、维修手册、电路图等。

(6)钳型电流表(图3-13)、汽车用万用表。

图 3-10 跨接线　　　　　图 3-11 JQST-800Ⅱ型启动电源

3. 查询并填写信息

生产年份_____，车牌号码_____，行驶里程_____，发动机型号及排量_____，车辆识别代号（VIN）_____（图 3-14）。

图 3-12 剪式举升机　　图 3-13 钳型电流表　　图 3-14 车辆的铭牌

车辆铭牌（发动机舱右侧）的含义，如图 3-15 所示。

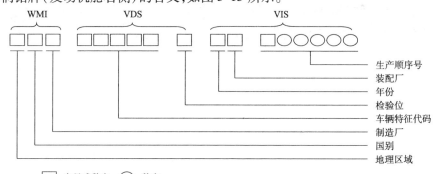

图 3-15 车辆铭牌含义

例：丰田威驰 2SZ 轿车 17 位 VIN 码，如图 3-16 所示。

图 3-16 丰田威驰轿车 17 位 VIN 码

◇**特别提示**:丰田威驰 2SZ 轿车 17 位 VIN 码位于右侧前座位的下面。

4. 作业前的准备

(1)汽车进入工位前,将工位清理干净(图3-17),准备好相关的器材。

(2)将汽车停驻在举升机中央位置。

(3)拉紧驻车制动器操纵杆,并将变速杆置于空挡。

图 3-17 清理工位

(4)套上转向盘护套、变速杆手柄套和座椅套,铺设脚垫(图3-18)。

图 3-18 套上各个护套

(5)在车内拉动发动机舱盖手柄,在车外打开并支撑发动机舱盖。

(6)粘贴翼子板和前磁力护裙。

5. 汽车全车无电故障的检测

(以下资料以丰田威驰车为例)

(1)检查确认丰田威驰车的前照灯无电,将点火开关处于"ON"位置,按电喇叭确认不响,发动机不启动等。

(2)目测检查并确认线路连接良好,检查并确认蓄电池清洁和接头紧固。

(3)检查蓄电池是否亏电。一般可用万用表检测蓄电池的电压,蓄电池的标准电压应为 11~14V,如果电压低于 11V,应对蓄电池充电或更换蓄电池。

◇**特别提示**:对于停车时因过度使用车用电器造成蓄电池亏电的,可采用应急启动办法即可;对于不明原因引起的亏电蓄电池可进行充放电试验,即可判断蓄电池好坏以及能否继续使用,同时还要检查分析蓄电池是否存有漏电情况。

(4)检测蓄电池静态电流。如果非正常出现蓄电池亏电,一般应考虑检查充电系统是否充电、蓄电池是否不良、用电线路或设备是否存有漏电等。对于充电是否正常可通过充电指示灯来判定;蓄电池是否不良可参见项目二检查;对于是否存较严重的漏电,可通过测量蓄电池静态电流来判定,一般测得的电流值不超过 30～50mA,都属于正常。

用钳型电流表测试蓄电池的静态电流(也可用万用表测量),具体检测方法如下:

①将车辆的所有用电设备切断,如果车辆刚启动过,需等 15min 后再进行测量。

◇**特别提示**:发动机刚停止时,ECU 还在工作,这时测量出来的蓄电池静态电流值不准确。

②将钳型电流表的功能开关拨到 4000mA 挡,开关该挡位前不要张开钳型电流表的钳表头,如图 3-19 所示。

③测量蓄电池静态电流的方法如图 3-20 所示,扳开钳口将表头套在蓄电池的负极线束上。

④读取 LCD 上的显示值。测得的电流值一般在 30～50mA 为正常,如果静态电流过大,说明汽车电路有漏电故障。

图 3-19 暗电流钳型电流表功能键

◇**特别提示**:不同厂家生产或经过改装过电路的车辆其静态电流不相同。

在确认车身有漏电的情况下,需对电路进行检测,检测方法:让钳型电流表保持连接测试状态,一边逐个拿去熔断丝(尤其 DOME 等常电熔断丝),一边观察钳型电流表读数。如去掉某个熔断丝后,漏电现象明显下降或消除,即表明此熔断丝控制的线路或电气部件有故障,可仔细对照电路图分段检测就会找出故障点。

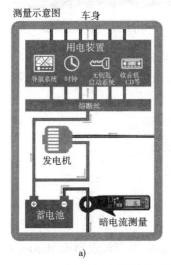
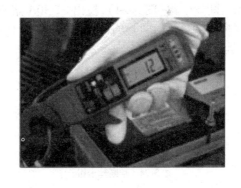

图 3-20 测量蓄电池静态电流的方法

如果单个拿掉所有熔断丝依然有漏电存在,则检测蓄电池正极到熔断丝盒电路是否漏电。如果蓄电池外部线路没用漏电,而蓄电池难以存电,则应更换蓄电池。

(5)当蓄电池正常及其连接电缆不松动,需要检查各路熔断丝是否正常。

将点火开关和相关用电设备开关切断,垂直拔出可能有问题的熔断丝进行检查。

①检查主熔断器。

a. 打开主熔断器的外壳,进行目测检查 MAIN 60A、ALT 100A 以及 ABS 60A 熔断丝是否烧毁,三个熔断丝均为平板式。如图 3-21 所示,熔断丝断裂说明烧毁,没有断裂为良好。

| a)良好 | b)烧毁 |

图3-21 主熔断器检查

b.用万用表的欧姆挡检测熔断丝。拆下蓄电池连接电缆，先拆下负极搭铁电缆，后拆下正极连接电缆。将万用表的挡位调到电阻挡，万用表的红、黑表笔分别与熔断丝的两端接触，如图3-22所示为良好，电阻值小于1Ω，说明熔断丝处于导通状态，是好的。如果熔断丝烧毁，则其电阻为无穷大，数字万用表的读数为1。

◆**特别提示**：熔断丝烧毁后，检查其控制的线路，找出烧毁原因，再更换熔断丝。

②检查ST 30A熔断丝。ST30A熔断丝为插片式，装在1号熔断丝盒内，为启动系统熔断丝，如图3-23。

图3-22 万用表检测熔断丝

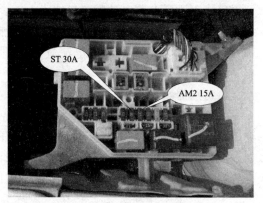

图3-23 ST 30A、AM2 15A熔断丝

a.用熔断丝卡钳（图3-24），拉出ST 30A熔断丝。

b.进行目测检查，透过塑料壳观察熔断丝是否被烧断，熔断丝断开的说明被烧毁，如图3-25所示。

a)良好   b)烧毁

图3-24 熔断丝卡钳   图3-25 插片式熔断丝检查

c.用万用表电阻挡检测，熔断丝的标准电阻值应小于1Ω，否则说明熔断丝被烧毁。

③检查AM2 15A熔断丝。

AM2 15A熔断丝为插片式，装在一号保险盒内（图3-23），对启动系统，多点燃油喷射系统/顺序多点燃油喷射系统，放电警告系统起保护作用。

AM2 15A熔断丝与ST 30A熔断丝均为插片式，检查方法相同。

④检查AM1 50A熔断丝。AM150A熔断丝为连接式，装在2号熔断丝盒内（图3-26），为"ACC"、"GAUGE"、"WIP"、"ECU-IG"和"DEF"熔断丝。

a.取出AM1 50A熔断丝，打开塑料盖，进行目测检查熔断丝是否断开，若断开为烧毁，如图3-27所示。

b. 用万用表电阻挡检测,检测方法如图3-28所示。熔断丝的标准电阻值应小于1Ω,否则说明熔断丝被烧毁。

图3-26 AM1 50A 熔断丝

　　a)良好　　　　b)烧毁

图3-27 目测 AM1 50A 熔断丝　　图3-28 万用表检测 AM1 50A 熔断丝

如果熔断丝已被烧毁,须将新的熔断丝装入夹子。只能安装与熔断丝盒上规定的安培数相同的熔断丝。如果没有备用的熔断丝,紧急场合下,可拉出在正常行驶时属于可有可无的"A.C"熔断丝,如果具有相同的额定安培数则可代替使用。如果没有相同安培数的熔断丝,则须采用安培数较低的熔断丝,但尽可能做到与额定安培数一样。

◇**特别提示**:绝对不要使用高于额定安培数的熔断丝,或任何其他物体代替熔断丝,否则,将引起严重的损坏并可能造成火灾;同时对于烧毁的熔断丝在更换前,还需检查线路有否短路情况。

6. 救援车辆应急跨接启动

用备用蓄电池或电动启动电源启动,均受条件限制,在特殊情况下,可找一辆与故障车蓄电池相匹配的汽车应急启动。步骤如下:

(1)把两辆车停到合适的位置,跨接车辆停靠的位置既要让跨接电缆搭接得上,又不能让两车接触。

(2)切断两辆车的点火开关及所有灯光和电气负载(注意:危险信号闪光器和应急警告灯均可视情留用)。

(3)启用两车的驻车制动,并把手动变速器置于空挡;对于自动变速器的车辆选择挡位处于"P"位。

(4)将第一根跨接电缆(一般为红色跨接线)的一端连接到无电蓄电池正极,而后再把另一端连接到供电蓄电池正极上,如图3-29所示。

◇**特别提示**:红色跨接线注意严禁连接到被充电蓄电池负极上去。

(5)将第二根跨接电缆(一般为黑色跨接线)的一端接到供电蓄电池的负极桩上,另一端接到无电蓄电池的搭铁处(发动机缸体上的螺栓连接金属部件上或发动机缸体上),连接点一定要结实,并与无电蓄电池的距离应大于450mm。

◇**特别提示**:黑色跨接线不能直接连接到无电蓄电池的负极桩。因为直接搭接负极桩会产生火花,潜藏着引起蓄电池爆炸的可能性,同时不要把车辆的燃油系统部件及汽油管作为搭铁点,且搭铁点一定要清洁无油脂。

(6)启动无电蓄电池车辆的发动机,以较高怠速(2000r/min)运转几分钟后再把跨接线拔掉。

◇**注意**:拆卸跨接电缆前必须确保前照灯处于关闭状态,并打开无电蓄电池车辆的鼓风机和后风窗加热器,降低拆卸电缆时产生的电压峰值。

(7)拆卸跨接电缆顺序是:先拆无电蓄电池车辆的搭铁一端的跨接电缆,然后再拆下供电蓄电池负极上的跨接电缆一端,最后拆下两蓄电池正极间的跨接电缆。

◇**特别提示**:供电蓄电池的电压必须与无电蓄电池的电压相同,两蓄电池的容量也应尽可能相同,否则可能引起爆炸。

图3-29 跨接启动发动机

7. 结束工作

(1)作业项目完成后,让车辆归位。

(2)清理、清洗工量具等器材,工量具归位。

(3)清洁地面卫生,搞好工作场地的清洁、整理工作。

三、评价与反馈

(1)对本学习项目进行评价,见表3-2。

项目三 全车无电故障分析

评 分 表 表3-2

考核项目	评分标准	分数	学生自评	小组互评	教师评价	小　　计
团队合作	是否主动参与现场的清洁工作	5				
活动参与	是否积极主动	5				
安全生产	有无安全隐患	5				
现场5S	是否做到	5				
《汽车维修手册》的使用	是否快速和规范	5				
操作过程	(1)蓄电池静态电流检测； (2)检查熔断丝； (3)汽车线路检测； (4)汽车应急跨接启动	10 15 20 10				
任务完成情况	是否独立完成操作过程	5				
工具和设备使用	是否规范、标准	5				
劳动纪律	是否能严格遵守	5				
工单填写	是否完整、规范	5				
总分		100				

教师签名：　　　　　　　　　　　　　　　　　　年　月　日　　得分：

(2)完成本学习任务之后,你对汽车全车无电故障的检修有哪些体会？

(3)下次遇到类似的学习任务,应如何改善以提高学习效率？

四、学习拓展

1. 电流表(万用表)检测蓄电池静态电流

切断车上所有用电设备电路,取出点火钥匙,停车15min后,断开蓄电池搭铁负极线,并在搭铁负极线和蓄电池负极桩之间连接直流电流表(最大量程2A以上),如图3-30所示,具体操作方法与用钳型电流表测试蓄电池的静态电流的方法相同。

2. 应急电源启动

图3-31所示为汽车应急启动电源,该种电源体积小、质量轻、携带方便,可随车携带。能应急启动12V电源的车。可利用外置式充电器,通过220V交流电源对其进行充电。

如图3-31a)所示,汽车应急启动电源是将高性能蓄电池、蓄电池连接线、照明灯、USB

5V输出接口四项功能融为一体,具有自动检测报警功能,与汽车上蓄电池的正、负极连接错误时,会自动蜂鸣报警,同时设有存电量指示灯,可确认是否需要及时补充电量,以备紧急情况下使用,它可在-40~70℃的环境温度下使用。同时还具有照明以及为手机、照相机、摄像机、MP3、MP4等小电器充电的功能。

图3-30 电流表检测蓄电池静态电流

图3-31 汽车应急启动电源

连接好应急启动电源与汽车蓄电池,如图3-32所示,红色导线的夹子连接汽车蓄电池的正极,黑色导线的夹子连接汽车蓄电池的负极,打开应急启动电源的启动按钮,启动汽车。

图3-32 汽车应急启动电源的连接方法

项目四　启动机不转故障的检修

汽车启动系统主要由启动机和启动控制电路两大部分组成,启动机的作用是将蓄电池的电能转化为机械能,驱动发动机飞轮旋转,飞轮带动曲轴旋转,从而实现发动机启动;启动控制电路是指除直流电动机以外的控制电路,其作用是接通或切断电动机与蓄电池之间的电路,是控制启动机工作不可缺少的部分。启动机或控制电路出现故障,会使启动机不运转,从而影响发动机正常启动。

 学习目标

完成本项目学习后,你应当能:
1. 知道丰田卡罗拉轿车启动系统电路控制原理;
2. 正确诊断与排除启动机不转故障;
3. 规范地检测启动机。

 建议学时:12 学时。

一、资料收集

汽车启动系统的组成因车型不同略有差异,启动系统电路也略有不同。其基本组成部件主要有蓄电池、熔电器、继电器、点火开关、驻车/空挡开关、启动机等。

1. 启动电路的基本组成和工作原理

1)启动电路的基本组成(图 4-1)

启动电路分主电路和控制电路两部分。

主电路是在启动机工作时为启动机励磁线圈和电枢绕组提供电流的电路。控制电路是控制启动机电磁开关动作的电路,一方面使启动机主电路接通,另一方面使启动机小齿轮与飞轮啮合。

2)启动电路工作情况

当点火开关置于启动挡时,电流的流向为:蓄电池"+"→点火启动开关→50 接线柱→保持线圈→搭铁。同时吸引线圈中也通过电流,方向为:蓄电池"+"→点火启动开关→50 接线柱→吸引线圈→C 接线柱→磁场线圈→电枢→搭铁。此时由于吸引线圈和磁场线圈中的电流非常小,电动机低速运转。同时吸引线圈和保持线圈中产生的磁场吸引活动铁芯向右运动,克服复位弹簧的作用力,拉动拨叉向左运动,拨叉使离合器的小齿轮向左和飞轮的齿圈啮合。这个过程电动机的转速低,可以保证齿轮之间平顺啮合。

当小齿轮和飞轮齿圈完全啮合以后,与可动铁芯连在一起的接触片向右运动,和 30

接线柱及C接线柱接触,从而接通了主开关,通过启动机的电流增大,电动机的转速升高。而电枢轴上的螺纹使小齿轮和飞轮齿圈更加牢固的啮合。此时吸引线圈两端的电压相等,所以无电流通过。保持线圈产生的磁场力使可动铁芯保持在原位不动。此时的电流方向分别为:蓄电池"+"→点火启动开关→50接线柱→保持线圈→搭铁;蓄电池"+"→30接线柱→接触盘→C接线柱→磁场线圈→电枢绕组→搭铁。

发动机启动以后,点火开关会从启动"ST"挡回到"ON"挡,切断50接线柱上的电压。这时,接触片和30接线柱及C接线柱仍保持接触,电路中的电流为:蓄电池"+"→30接线柱→接触盘→C接线柱→吸引线圈→保持线圈→搭铁。同时电流还经过C接线柱→磁场线圈→电枢→搭铁。此时吸引线圈和保持线圈的电流方向相反,产生的磁场力相互抵消,在复位弹簧的作用下,可动铁芯向左运动,使得小齿轮与飞轮齿圈脱离,同时,接触盘和两个接线柱断开,切断电动机中的电流,整个启动过程结束。

2. 启动控制电路的类型

启动系统控制电路大体可分为:无启动继电器的启动控制电路、带有启动继电器的启动控制电路和带有组合继电器(带有保护继电器)的启动控制电路,另外有的自动挡汽车启动控制电路中装有P/N位置继电器。对于无启动继电器的启动控制电路,由于启动机电磁开关在工作时电流较大,容易使点火开关损坏,所以现在的汽车很少采用。

1)带有启动继电器的启动控制电路

装启动继电器的目的是为了减小通过点火开关的电流,防止点火开关烧损。启动继电器有4个接线柱(图4-2),分别连接启动机、蓄电池、点火开关和搭铁(或通过ECU进行搭铁控制)。

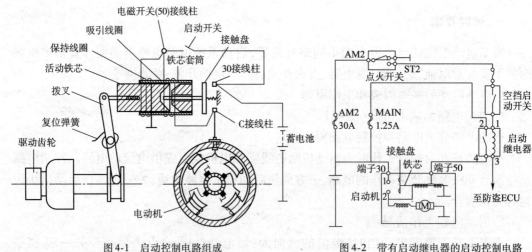

图4-1 启动控制电路组成　　　　图4-2 带有启动继电器的启动控制电路

2)带有组合继电器的启动控制电路

为了防止发动机启动以后,如果不小心将点火开关再转到启动位置,使启动控制电路再次接通而造成打齿现象,一些启动电路中安装了带有保护功能的组合继电器,保证发动机一旦启动,应能使启动机自动停止工作,或发动机工作时,即使错误地接通了启动开关,启动机也不会工作。

组合继电器由启动继电器和保护继电器两部分组成(图4-3),启动继电器的触点是常开的,它的作用是控制启动机电磁开关的工作,保护继电器的触点是常闭的,它的磁化线圈一端搭铁,另一端接至发电机的中性点,承受交流发电机的中性点电压,其作用是保护启动机并控制充电指示灯。

装有组合继电器的启动控制电路的工作原理:

(1)当点火开关置于启动挡位时,启动继电器线圈通电,动合触点 K_1 闭合,充电指示灯亮,其电流回路为:蓄电池正极→电流表→点火开关,然后分两路,一路是:启动继电器接线柱 SW→线圈 L_1→K_2→磁轭(搭铁)→蓄电池负极;另一路是:充电指示灯→L 接线柱→K_2→磁轭(搭铁)→蓄电池负极。K_1 闭合,启动机电磁开关电路接通,启动机进入工作状态。

(2)发动机工作后,松开点火开关,钥匙自动返回点火挡(Ⅰ挡),启动继电器触点打开,切断了启动机电磁开关电路,电磁开关复位,停止启动机工作。

(3)发动机启动后,如果点火开关没能及时返回Ⅰ挡,这时组合继电器中保护继电器线圈由于承受交流发电机中性点电压,使动断触点断开,自动切断了启动继电器线圈的电路,触点断开,使启动机电磁开关断电,启动机便自动停止工作。发动机启动后,由于触点断开,也切断了充电指示灯的搭铁电路,充电指示灯熄灭。

(4)发动机工作时,在交流发电机中性点电压的作用下,K_2 一直处于断开状态,L_1 中没有电流,则 K_1 始终处于断开状态,启动机电路不能接通。所以即使驾驶员操作失误,又将点火开关旋至启动挡时,启动机也不会工作,这就避免了启动机驱动齿轮被打坏的危险,从而起到了保护启动机的作用。

3)带 P/N 位置继电器的启动控制电路(图4-4)

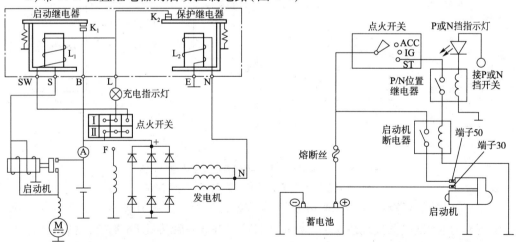

图 4-3 带有组合继电器的启动控制电路　　图 4-4 带 P/N 位置继电器的启动控制电路

当自动变速器处于 P 或 N 挡时,P 或 N 挡指示灯亮,P/N 位置继电器线圈通电,使 P/N 继电器触点闭合。启动控制电路中的电流流向为:蓄电池"+"→熔断丝→点火开关 ST 挡→P/N 位置继电器触点→启动继电器线圈→搭铁→蓄电池负极。其他电路与前述类同。

3．丰田卡罗拉轿车启动系统控制电路

1)丰田卡罗拉轿车 2ZR-FE 启动系统的组成

2ZR-FE 启动系统主要由蓄电池、启动机、熔电器、启动继电器、点火开关、离合器踏板开关或驻车挡/空挡位置开关和 ECM 等组成,如图 4-5 所示。

自动变速器发动机,只有自动变速器变速杆处于驻车挡(P)和空挡(N)时启动继电器才接通,其他挡位均处于断开状态,可起到保护启动机和蓄电池的作用。手动变速器发动机,只有踩下离合器踏板时,才能接通启动机。

启动控制电路工作情况:当点火开关置于START位置时,蓄电池电流的流向分三路:

(1)蓄电池正极→FL MAIN熔断丝→ALT熔断丝→AM1熔断丝→点火开关接线柱2→点火开关接线柱1→驻车挡/空挡位置开关(自动变速器)或离合器踏板开关(手动变速器)之后分两路:一路到启动继电器接线柱1→启动继电器接线柱2→搭铁→蓄电池负极,此时,启动继电器线圈得电,触点闭合,ST继电器导通。另一路到发动机ECM。

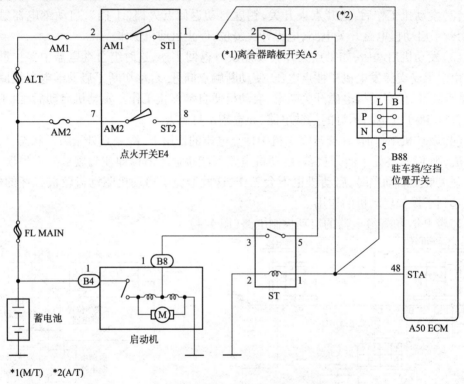

图4-5 丰田卡罗拉轿车2ZR-FE启动系统控制电路
ST-启动继电器;A/T-自动变速器;M/T-手动变速器

(2)蓄电池的正极→FL MAIN熔断丝→AM2熔断丝→点火开关接线柱7→点火开关接线柱8→启动继电器接线柱5→启动继电器接线柱3→启动机B8端子,而后分两路:一路经吸引线圈→搭铁→蓄电池负极;另一路经保持线圈→电动机→搭铁→蓄电池负极,此时线圈得电。

(3)主电路:蓄电池正极→启动机B4端子→电磁开关接触盘→启动机的电动机(M)→搭铁→蓄电池负极,此时,启动机获得电流而启动。

2)丰田卡罗拉轿车2ZR-FE智能上车和启动系统

(1)带智能上车和启动系统组成及电路图,如图4-6所示。

发动机开关:向主车身ECU传递发动机开关信号,通过指示灯告知驾驶员电源模式或系统异常情况,钥匙电池电量低时,接收识别码并发送到认证ECU。

项目四 启动机不转故障的检修

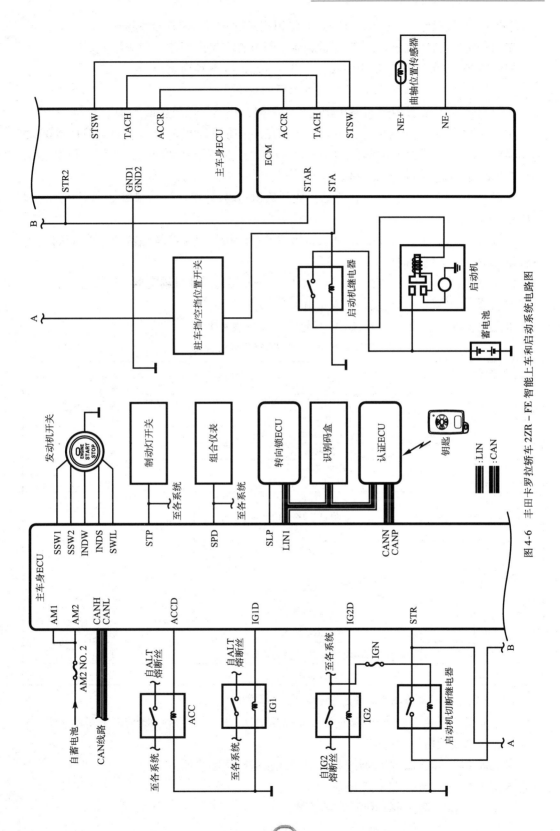

图4-6 丰田卡罗拉轿车2ZR-FE智能上车和启动系统电路图

电子钥匙:接收来自振荡器的信号,并将识别码发回车门控制接收器。

车内振荡器:接收来自认证 ECU 的请求信号并在车辆内部建立探测区。

转向锁 ECU:从认证 ECU 和主车身 ECU 接收锁止/解锁请求信号。

制动灯开关:向主车身 ECU 输出制动踏板的状态。

车门控制接收器:接收来自电子钥匙的识别码并将其发送至认证 ECU。

主车身 ECU:根据换挡位置和制动灯状态在 4 个阶段(off、on(ACC)、on(1G)、start)之间切换电源模式,根据从开关和各 ECU 接收的信息控制按钮启动功能。主车身 ECU 包括 IG1 和 IG2 继电器执行电路和 CPU。

认证 ECU:认证从车门控制接收器接收到的识别码,并将认证结果发送到识别码盒和转向锁 ECU。

识别码盒:接收来自认证 ECU 的转向解锁或发动机停机系统解除信号并进行认证,再将各解除信号发送到转向锁 ECU 或 ECM。

ECM:从主车身 ECU 接收发动机启动请求信号,接通启动机继电器,并启动发动机,接收来自识别盒的信号并进行发动机点火和喷射操作。

电路图中主车身 ECU 符号、ECM 符号的含义见表 4-1。

主车身 ECU 符号、ECM 符号的含义 表 4-1

主车身 ECU 符号	信 号	
STP	制动灯开关 ON 信号	输入
SSW1/SSW2	发动机开关 ON 信号	输入
ACCD	ACC 继电器工作信号	输出
SLP	转向锁执行器位置信号	输入
IG1D	IG1 继电器工作信号	输出
IG2D	IG2 继电器工作信号	输出
STR2	启动机继电器工作信号(副)	输出
STR	驻车挡/空挡位置开关信号/离合器踏板开关信号	输入
TACH	发动机启动检测信号	输入
STSW	启动机激活请求信号	输出
ACCR	切断请求信号	输入、
ECM 符号	信 号	
ACCR	ACC 切断请求信号	输出
TACH	发动机转速信号	输出
STSW	启动机激活请求信号	输入
STAR	启动机继电器工作信号(主)	输出
STA	启动机激活信号	输入

(2)丰田卡罗拉轿车 2ZR-FE 发动机启动程序。

①如果变速杆处于 P 或 N 位时按下发动机开关,并且踩下制动踏板,主车身 ECU 就判断这是一个发动机启动请求。

②认证 ECU 和其他 ECU 通过 LIN 通信线路进行钥匙验证。

③主车身 ECU 激活 ACC 继电器。

④主车身 ECU 激活 IG1 和 IG2 继电器。

⑤认证 ECU 输出转向解锁信号。此信号通过转向锁 ECU 发送至主车身 ECU。

⑥主车身 ECU 向 ECM 发送一个发动机启动请求信号。

⑦ECM 向主车身 ECU 发送一个 ACC 切断请求信号。

⑧ECM 和主车身 ECU 激活启动机继电器。

⑨主车身 ECU 解除 ACC 继电器,直至 ECU 检测到发动机启动。

⑩当发动机转速达到 1200r/min 时,ECM 确定发动机已启动。ECU 停止向主车身 ECU 发送 ACC 切断请求信号。

当发动机转速达到 800r/min 时,主车身 ECU 重新激活 ACC 继电器,并且切断发动机开关指示灯。

(3)带智能上车和启动系统各零件的位置如图 4-7、图 4-8 所示。

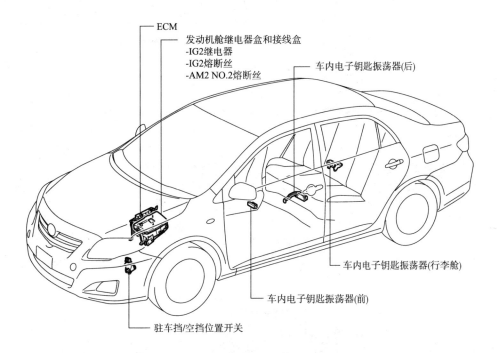

图 4-7　丰田卡罗拉轿车 2ZR – FE 启动系统——智能上车和启动系统零件位置图(一)

(4)丰田卡罗拉轿车 2ZR – FE 启动机,启动机的位置如图 4-9 所示。

启动机组成(图 4-10):由磁力启动机开关总成、电枢总成、磁轭总成、小齿轮驱动杆电枢板、行星齿轮、中间轴承离合器分总成、驱动端壳总成、换向器端盖总成、电刷架总成和橡胶密封件等组成。

4.启动机不能运转的常见原因

启动系统的电源电路、控制电路和启动机的任何组件出现异常,都会导致启动机不运转,汽车启动机不能运转的常见影响因素如图 4-11 所示。

对于丰田卡罗拉带智能上车和启动系统的汽车,影响发动机启动的因素还有:发动机开关、发动机认证 ECU、启动机切断继电器、制动灯开关、P/N 位置开关、ECM、主车身 ECU、STOP 熔断丝等。

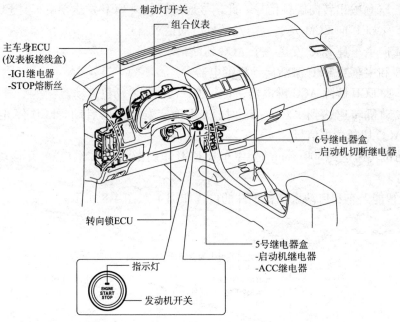

图 4-8 丰田卡罗拉轿车 2ZR-FE 启动系统——智能上车和启动系统零件位置图（二）

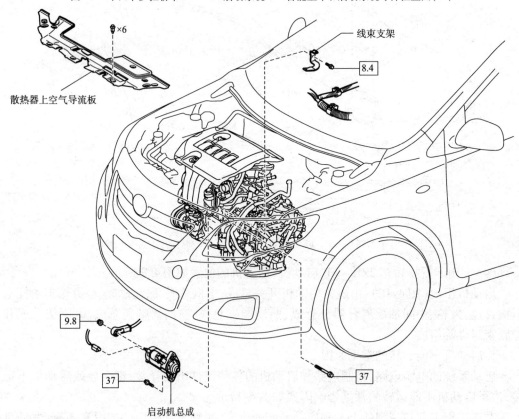

图 4-9 丰田卡罗拉轿车 2ZR-FE 启动机的位置图

项目四　启动机不转故障的检修

二、实训操作

下面以丰田卡罗拉轿车为例,来说明启动机不转故障的检测与排除方法。

1. 技术标准与要求

（1）蓄电池的标准电压为 11~14V。

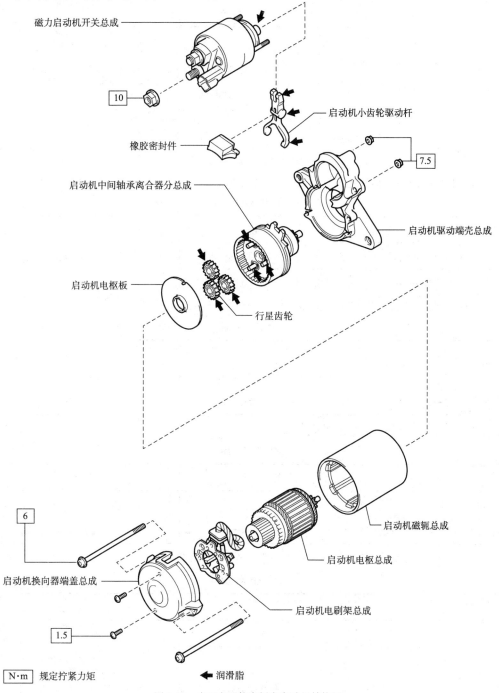

图4-10　丰田卡罗拉车轿车启动机结构图

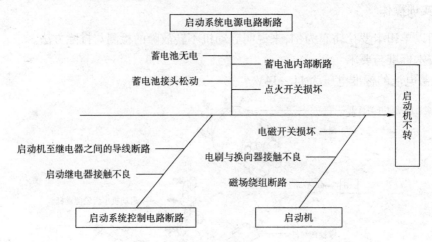

图 4-11　启动机不能运转的常见影响因素

(2) 主车身 ECU(STR 电压)标准电压见表 4-2。

标准电压表　　　　　　　　　　　　　表 4-2

检测仪连接	条　件	规定状态
E52-3(STR)—车身搭铁	变速杆 P 位置→除 P 以外的位置	低于 2V→产生脉冲

(3) 启动机继电器(启动机切断继电器)检测标准。

① 启动机继电器(切断继电器)3—5 端子的标准电阻见表 4-3。

标准电阻　　　　　　　　　　　　　表 4-3

检测仪连接	条　件	规定状态
3—5	端子 1 和 2 之间未施加蓄电池电压时	10kΩ 或更大
3—5	端子 1 和 2 之间施加蓄电池电压时	小于 1Ω

② 启动机继电器标准电压见表 4-4。

标准电压　　　　　　　　　　　　　表 4-4

检测仪连接	条　件	规定状态
启动机继电器端子 5—车身搭铁	始终	11~14V
启动机继电器端子 2—车身搭铁		低于 1V

(4) 驻车挡/空挡位置开关 4—5 端子之间的标准电阻见表 4-5。

标准电阻　　　　　　　　　　　　　表 4-5

检测仪连接	条　件	规定状态
4—5	P	小于 1Ω
4—5	N	小于 1Ω
4—5	P 和 N 除外	10kΩ 或更大

(5) ECM(STR2 电压)检测标准见表 4-6。

表 4-6 标准电压

检测仪连接	条 件	规 定 状 态
E52－14(STR2)—车身搭铁	踩下制动踏板,变速杆置于 P 位,发动机开关置于 ON(ST)位置	端子 AM1 或 AM2 处的输出电压为 3.5V 或更高

(6) 启动机电刷的标准长度为 14.4mm,最小长度为 9.0mm。

2. 工具、设备和材料的准备

(1) 磁力护裙、转向盘护套、变速杆手柄套、脚垫和座椅套。

(2) 举升机,如图 4-12 所示。

(3) 汽车用智能检测仪、万用表、连接导线、拆装常用工具、专用工具等。

(4) 丰田卡罗拉轿车(图 4-13)、维修手册及汽车电路图。

图 4-12　剪式举升机

图 4-13　丰田卡罗拉轿车 ZRE151 整车

3. 查询并填写信息

生产年份_____,车牌号码_____,行驶里程_____,发动机型号及排量_____,车辆识别代号(VIN)_____。

车辆铭牌在右侧车门立柱上,如图 4-14 所示。丰田卡罗拉轿车 17 位 VIN 码位于左侧风窗玻璃上。

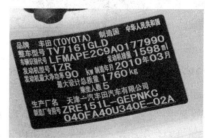

图 4-14　车辆的铭牌

4. 作业前的准备

(1) 汽车进入工位前,将工位清理干净(图 4-15),准备好相关的器材。

(2) 将汽车停在实训室相应的位置。

(3) 拉紧驻车制动器操纵杆(图 4-16),并将变速杆置于空挡或驻车挡(P 位)位置,如图 4-17 所示。

(4) 套上转向盘护套、变速杆手柄套和座椅套,铺设脚垫,如图 4-18 所示。

（5）在车内拉动发动机舱盖手柄，在车外打开并支撑发动机舱盖，如图4-19所示。

图4-15 清理工位

图4-16 拉紧驻车制动器操纵杆

图4-17 变速杆置于空挡或驻车挡（P位）位置

（6）粘贴翼子板和前磁力护裙，如图4-20所示。

图4-18 套上各个护套

图4-19 打开并支撑发动机舱盖

图4-20 贴上磁力护裙

（7）检查电源开关。

5. 启动机不转故障的检查与排除

确认故障。变速杆位于P位，踩下制动踏板，将发动机开关从OFF位置转至ON（ACC）位置，按住发动机开关15s，启动机不运转，发动机不启动。

（1）目测并确认电路电缆的连接状况良好，并确认蓄电池端子未松动或未被腐蚀。如果端子腐蚀，则清洁或更换端子。

（2）检查蓄电池电压（检查方法参照项目二），蓄电池标准电压为11～14V。如果电压低于11V，在操作之前，对蓄电池充电或更换蓄电池。

（3）检查熔断器。依据图4-21卡罗拉轿车2ZR-FE带智能上车和启动系统控制电路图，分别检查FL MAIN、AM2、AM2 NO.2、IG2、IG2.NO.2、IGN和STOP熔断丝。检查方法参见项目三。

项目四 启动机不转故障的检修

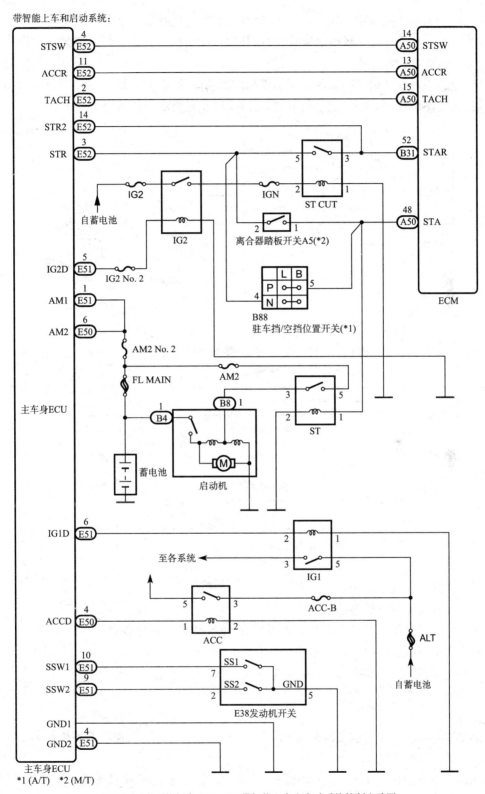

图 4-21 卡罗拉轿车 2ZR-FE 带智能上车和启动系统控制电路图

(4)检查上车功能检测区域。如图4-22所示,当电子钥匙位于图中的2个检查点之一,变速杆置于P位且踩下制动踏板时,检查并确认发动机开关指示灯发绿光。否则为异常,须进一步检查上车门锁。

(5)检查制动灯开关。确认踩下制动踏板时制动灯点亮,如果踩下制动踏板时制动灯未点亮,则检查STOP熔断丝、制动灯开关(图4-23)和它们之间的线束和插接器。

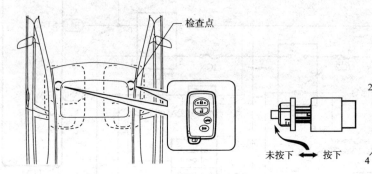

图4-22 检查上车功能检测区域　　　　图4-23 制动灯开关

①拆下制动灯开关。
②根据表4-7中的值测量电阻。如果异常,更换制动灯开关。

标准电阻　　　　　　　　　　　　　　　　　　　　　　表4-7

检测仪的连接	开关状态	规定状态
1—2	松开开关销	小于1Ω
3—4	松开开关销	10kΩ或更大
1—2	推入开关销	10kΩ或更大
3—4	推入开关销	小于1Ω

(6)检查发动机是否启动(初始化转向锁)。
①切断发动机开关。
②确保变速杆置于P位。
③打开和关闭驾驶员车门。
④当变速杆处于P位且踩下制动踏板时,检查发动机是否能启动。
如果发动机能启动说明转向锁止/解锁功能工作正常,如果不能启动,则检查DTC。

◇**特别提示**:蓄电池放电再充电后,发动机可能不启动,除非使用以上程序初始化转向锁。

(7)检查DTC。
①将智能检测仪连接到DLC3,发动机开关置于ON(IG)位置,按照检测仪屏幕上的提示读取DTC,清除DTC。
②再次检查DTC。如果有DTC输出,例如:输出智能上车和启动系统(启动功能)DTC,或输出转向锁DTC,或输出发动机控制系统DTC等,则进行相应系统的检修。如果

未输出 DTC,则按如下继续检查。

(8)检查发动机开关状态。检查电源模式变化:当钥匙在车内且变速杆置于 P 位时,检查并确认按下发动机开关,电源模式如果不正常:电源模式不能切换至 ON(IG 和 ACC)或不能切换至 ON(IG)或 ON(ACC),须对相应的系统进行检修。

如果电源模式正常为:OFF→ON(ACC)→ON(IG)→OFF,则按如下继续检查。

(9)检查启动功能。燃油箱中有燃油,钥匙放在车内,且变速杆置于 P 位,检查并确认踩下制动踏板并按下发动机开关时,如果发动机不能启动则检查"上车和启动系统(认证 ECU)";如果能启动则转到(11)项开始检查。

(10)检查上车和启动系统(认证 ECU)。

①读取智能检测仪的值(L 代码)

a. 重新连接插接器。

b. 将智能检测仪连接到 DLC3,发动机开关置于 OFF 位置。以 1.5s 或更小的时间间隔重复打开和关闭门控灯开关,直到检测仪和车辆间开始通信为止。

c. 将发动机开关置于 ON(IG)位置。则会出现下面两种情况之一,见表 4-8。

上车和启动系统(认证 ECU)　　　　　　　　　　　　表 4-8

检测仪显示	测量项目/范围	正常状态	诊断备注
L Code Chk	L 代码检查/OK 或 NG	OK:正常　NG:异常	电子钥匙在车内

正常情况下,屏幕显示 OK。如果出现不正常情况,则检测转向锁系统。

◇**特别提示**:如果结果不符合规定,转向锁 ECU 或识别码盒可能存在故障。

②读取智能检测仪的值(检查发动机的启动请求),见表 4-9。

上车和启动系统(认证 ECU)　　　　　　　　　　　　表 4-9

检测仪显示	测量项目/范围	正常状态	诊断备注
Star Rqst	启动请求信号响应/OK 或 NG	OK:接收到　NG:未收到	

正常情况屏幕上出现"OK"(接收到)和"NG"(未收到)。

如果异常,则更换认证 ECU。

◇**特别提示**:如果不符合规定,认证 ECU 或识别码盒可能存在故障。

③读取智能检测仪的值(S 代码),见表 4-10。

上车和启动系统(认证 ECU)　　　　　　　　　　　　表 4-10

检测仪显示	测量项目/范围	正常状态	诊断备注
S Code Chk	S 代码检查/OK 或 NG	OK:正常　OFF:异常	

正常情况下屏幕显示"OK",如果 S 代码异常则更换认证 ECU。更换好认证 ECU 后,执行发动机停机系统的注册程序,而后检查发动机能否启动。启动发动机,启动机若能运转,说明认证 ECU 失效;如果还不能启动,再更换识别码盒。如果 S 代码正常,检查识别码盒。

a. 将示波器连接至端子 E22-6(EFIO)和车身搭铁。

b. 将发动机开关置于 ON(IG)位置。

c. 根据表4-11中的条件检查信号波形,信号波形如图4-24所示。如果检查结果异常,则更换识别码盒。

检查信号波形的条件　　　　　　　　　　表4-11

项目	条件	项目	条件
工具设置	10V/格,100ms/格	车辆状况	发动机开关置于 ON(IG)位置

(11)读取智能检测仪上的值(驻车挡/空挡位置开关)

将智能检测仪连接到 DLC3,将发动机开关置于 ON(IG)位置,根据检测仪屏幕上的显示读取数据表。正常:屏幕显示"ON"(变速杆在 N 位)和"OFF"(变速杆不在 N 位),接着检查下一个项目;如不正常,则转到检查(18)项。

(12)检查转向锁。将发动机开关置于 ON(ACC)位置,检查转向锁是否松开,正常情况转向锁松开。

(13)检查主车身 ECU(STR 电压)。用万用表分别测量,当变速杆位于不同位置时,ECU 的 E52-3(STR)端口电压标准参照表4-2。E52-3(STR)端口的位置如图4-25所示。如不正常,转到检查(20)项;如正常,接下一步检查。

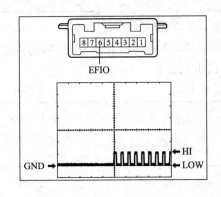

图4-24 识别码盒信号波形

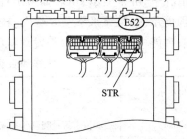

图4-25 主车身 ECU(STR、E52 的位置)

(14)检查启动机继电器。将启动机继电器从5号继电器盒上拆下。启动继电器的端子如图4-26所示。按表4-3的内容和标准检测继电器各端子之间的电阻,若测得的电阻值不符合正常标准,则更换启动机继电器。

(15)检查线束和插接器(ECM-启动继电器)。断开 ECM 连接器 A50(如图4-27所示启动机继电器端子、A50-48的位置),根据表4-12,用万用表测量端子之间的电阻。如果测得的电阻值不符合标准,则维修或更换线束或插接器。

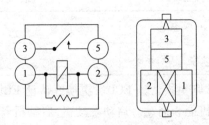

图4-26 启动机继电器端子

项目四 启动机不转故障的检修

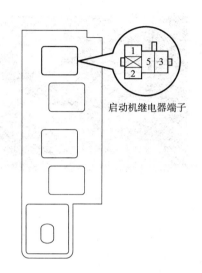
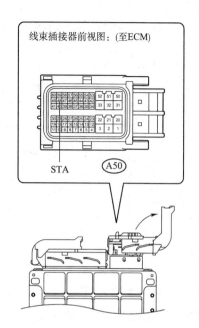

图 4-27 启动机继电器、A50-48 的位置

标 准 电 阻　　　　　　　　　　　　　　　　　　　表 4-12

检测仪连接	条　件	规定状态
A50-48(STA)—启动机继电器端子-1	始终	小于 1Ω
A50-48(STA)—车身搭铁		10kΩ 或更大

(16) 检查 5 号继电器盒(启动机继电器电压)。根据表 4-4 的标准,用万用表测量启动机继电器端子 5 和 2 的电压,如图 4-28 所示。如果测得的电压值不符合标准,则维修或更换线束或插接器(启动机—蓄电池、启动机继电器),如果符合标准,则检查启动机总成。

(17) 启动机总成的检查。

①用螺丝刀或导线短接启动机电磁开关上的端子 30 和端子 C 两个接线柱,如图 4-29 所示。若启动机不转,说明电动机有故障,应解体检修;若启动机空转正常,说明电动机正常,故障在电磁开关或控制电路。

◇**特别提示**:短接检测启动系统时,点火系统必须被旁通或不能点火,不允许启动发动机。

②检查电磁开关。如图 4-1 所示启动控制电路图,用导线连接蓄电池正极与电磁开关 50 端子。

a. 如接通时启动机不转,说明电磁开关故障,应拆下检修或更换电磁开关;如果接通时启动机转动,说明电磁开关回路或控制电路有断路故障。

b. 若继电器有吸合的响声,说明电磁开关有断路故障;若继电器没有吸合的响声,说明控制电路有断路故障。则维修或更换线束或插接器(启动机—蓄电池、启动机继电器)。

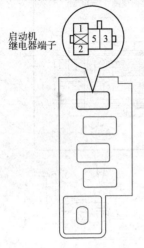

图 4-28　5 号继电器盒(启动机继电器位置)

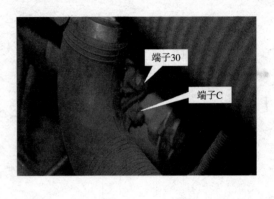

图 4-29　短接电磁开关上的端子 30 和端子 C

◆**特别提示**：上述操作时间不超过 3~5s。

(18)当智能检测仪显示驻车挡/空挡位置开关数据不正常,则检查驻车挡/空挡位置开关。

断开驻车挡/空挡位置(PNP)开关插接器,如图 4-30 所示。用万用表根据表 4-5 方法与标准,测量端子之间的电阻。如果测得的阻值不符合标准,则更换驻车挡/空挡位置开关。否则检查驻车挡/空挡位置开关至主车身 ECU、ECM 的线束和插接器。

(19)检查驻车挡/空挡位置开关—主车身 ECU、ECM 之间的线束和插接器。

①断开 ECU 插接器 E52,图 4-31 所示为线束插接器前视图。

②断开 ECM 插接器 A50。

③断开驻车挡/空挡位置开关插接器 A13。

图 4-30　驻车挡/空挡位置开关

根据表 4-13 测量各端子之间的电阻。如果测得的电阻值不符合标准,则维修或更换线束或插接器。如果均符合标准,则更换主车身 ECU(仪表板接线盒)。

标准电阻　　　　　　　　　　　　　　　　　表 4-13

检测仪连接	条　件	规定状态
E52-3(STR)—B88-2	始终	小于 1Ω
A50-48(STA)—B88-1		
E52-3(STR)—车身搭铁		10kΩ 或更大
A50-48(STA)—车身搭铁		

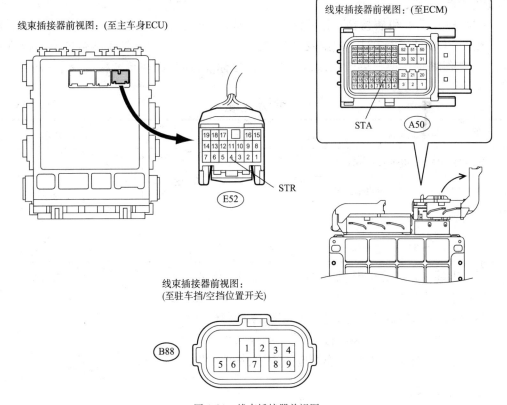

图 4-31 线束插接器前视图

(20) 如果主车身 ECU(STR 电压)不正常,则检查启动机切断继电器。

拆下启动机切断继电器,如图 4-32 所示。根据表 4-3,用万用表测量继电器端子间电阻。如果结果不符合标准,则更换启动机切断继电器;如果符合标准,则检查 ECM(STR2 电压)。

(21) 检查 ECM(STR2 电压)。断开 ECM 插接器 B31,根据表 4-6,测量 E52 – 14 (STR2)—车身搭铁间的电压,图 4-33 所示为 E52(STR2)位置。如果测得的电压不符合标准,则更换主车身 ECU(仪表板接线盒)。如果正常,检查线束和插接器(主车身 ECU – ECM—6 号继电器盒)。

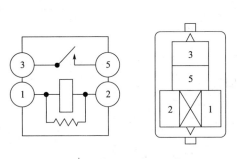

图 4-32 启动机切断继电器

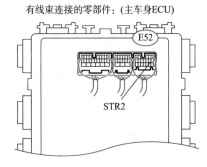

图 4-33 E52(STR2)位置

◎**特别提示**：当发动机开始启动时，电压输出持续0.3s。测量电压前将插接器B31从ECM上断开。

(22)检查线束和插接器（主车身ECU-ECM—6号继电器盒）。断开ECU插接器E52，断开ECM插接器B31。根据表4-14测量端子之间的电阻。如果测得的电阻值不符合标准，则维修或更换线束或插接器。如果符合标准，通过读取智能检测仪上的值（L代码），检测认证ECU。

标准电阻　　　　　　　　　　　　　　　　　　表4-14

检测仪连接	条件	规定状态
E52-14(STR2)—B31-52(STAR)	始终	小于1Ω
E52-14(STR2)—启动机切断继电器端子3		
E52-3(STR)—启动机切断继电器端子5		10kΩ或更大
E52-14(STR2)—车身搭铁		

通过上述一系列的检测，即可检测出启动机不转故障的原因，保证发动机正常启动。

6. 结束工作

(1)作业项目完成后，关闭发动机舱盖，车辆归位。

(2)清理、清洗工量具等器材，工量具归位。

(3)清洁地面卫生，搞好工作场地的清洁、整理工作。

三、评价与反馈

对启动机不转故障检修的学习项目进行评价，见表4-15。

评　分　表　　　　　　　　　　　　　　　　表4-15

考核项目	评分标准	分数	学生自评	小组互评	教师评价	小　计
团队合作	是否主动参与现场的清洁工作	5				
活动参与	是否积极主动	5				
安全生产	有无安全隐患	5				
现场5S	是否做到	5				
《汽车维修手册》的使用	是否快速和规范	5				
操作过程	(1)上车和启动系统上车功能检测；	10				
	(2)启动机继电器检测；	10				
	(3)驻车挡/空挡位置开关的检测；	5				
	(4)ECU(STR电压)、ECU(STR2电压)检测；	5				
	(5)线束与插接器的检查；	10				
	(6)识别码盒的检测；	5				
	(7)启动机的检测	10				

项目四 启动机不转故障的检修

续上表

考核项目	评分标准	分数	学生自评	小组互评	教师评价	小 计
任务完成情况	是否独立完成操作过程	5				
工具和设备使用	是否规范、标准	5				
劳动纪律	是否能严格遵守	5				
工单填写	是否完整、规范	5				
	总分	100				
教师签名:				年 月 日	得分:	

四、学习拓展

(一)启动机的性能检测

1. 启动机的不解体性能检测

对启动机进行不解体性能检测,可大致确定故障所在部位。

◇**特别提示**:下述每项测试应在 3~5s 之内完成,否则可能会烧坏线圈。

1)吸引线圈性能测试

按如图 4-34 所示连接线路,查看小齿轮是否向外移动,此时离合器小齿轮应向外移动。如果离合器小齿轮不移动,则更换电磁开关总成。

2)保持线圈性能测试

在吸拉动作基础上,当小齿轮保持在伸出位置时,断开 C 端子上的电缆夹,如图 4-35 所示,检查并确认小齿轮仍能保留在伸出位置。如小齿轮复位,说明保持线圈断路,应予以修理。

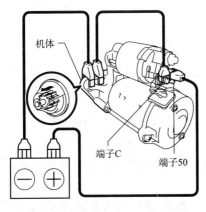

图 4-34 电磁开关吸引线圈功能测试

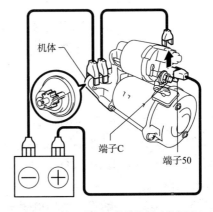

图 4-35 电磁线圈和保持线圈功能测试

3)驱动小齿轮复位测试

在保持动作的基础上,再拆下启动机壳体上的电缆夹,如图 4-36 所示。检查并确认小齿轮能迅速返回原始位置。如不能复位,说明复位弹簧失效,应更换弹簧或电磁开关总成。

4)空载测试

(1)固定启动机。

(2)按图4-37所示的方法连接导线。

(3)检查启动机:启动机应平稳运转,驱动小齿轮应移出,电流表的读数应符合标准。标准电流值应小于90A。

(4)断开端子50后,启动机应立即停止转动,同时驱动小齿轮缩回。

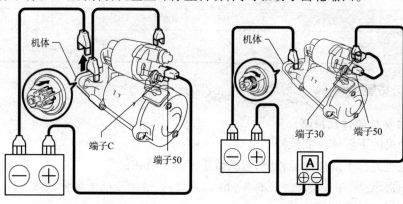

图4-36　驱动齿轮复位试验　　　图4-37　启动机的空载测试

2.解体启动机,各零部件性能检测

1)启动机磁力开关总成的检查

(1)检查铁芯。推入铁芯,然后检查并确认其是否能迅速回到初始位置,如图4-38所示。如有必要,更换磁力启动机开关总成。

(2)检查吸引线圈是否断路。用电阻表测量端子50和端子C间的电阻,如图4-39所示。标准电阻值小于1Ω,如果不符合标准,更换磁力启动机开关总成。

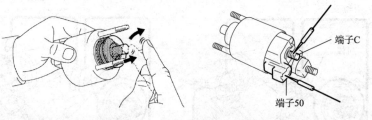

图4-38　检查铁芯　　　图4-39　检查吸引线圈

(3)检查保持线圈是否断路。使用电阻表测量端子50与开关壳体之间的电阻,如图4-40所示。标准电阻值小于2Ω,如果不符合标准,更换磁力启动机开关总成。

2)检查电枢总成

(1)检查换向器是否断路。使用电阻表测量换向器片间的电阻,如图4-41所示。标准电阻值小于1Ω,如果不符合标准,更换启动机电枢总成。

(2)检查换向器是否对搭铁短路。使用电阻表,测量换向器和电枢线圈间的电阻,如图4-42所示。标准电阻值为10kΩ或更大,如果不符合标准,更换启动机电枢总成。

(3)检查换向器的外观。如果表面脏污或烧坏,用砂纸(400号)或在车床上整修表面。

项目四 启动机不转故障的检修

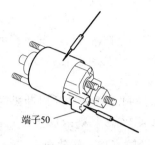

图4-40 检查保持线圈　　图4-41 换向器断路检查

3) 检查启动机电刷架总成

(1) 拆下弹簧卡爪,然后拆下4个电刷。

(2) 用游标卡尺测量电刷长度,如图4-43所示。

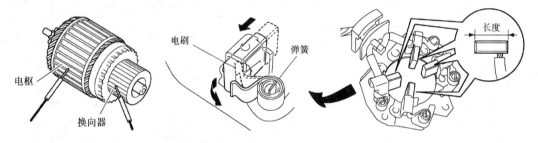

图4-42 换向器搭铁检查　　　　　图4-43 检查电刷架总成

◇**特别提示**:电刷的标准长度为14.4mm,最小长度为9.0mm。如果长度小于最小值,更换启动机电刷架总成。

(3) 检查电刷架。用电阻表根据表4-16测量电刷间的电阻,如图4-44所示。如果不符合标准,更换启动机电刷架总成。A与B、A与C、B与D、C与D应在10kΩ及以上,A与D、B与C应小于1Ω。

(二) 别克君威轿车启动机控制电路

别克君威轿车2.5GS、3.0GS启动控制电路如图4-45所示,是由计算机控制带继电器的启动控制电路。

启动电路的工作情况:点火开关转到"开始"挡。

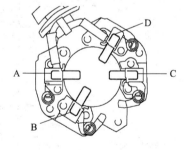

图4-44 检查电刷架

(1) 信号电路:蓄电池正极→遥控蓄电池双头螺柱→点火主熔断丝40A→机罩下附件接线盒 B C5 端子→点火开关开始挡→熔断丝盒的曲轴信号 BCM,组件(A3~A4)10A 熔断丝→机罩下附件导线接线盒的 D9 端子→动力系统控制模块(PCM)插头 C23 端子。

动力系统控制模块(PCM)收到此信号后,其 C2-76 端子搭铁,位于机罩下附件导线盒内的启动继电器的触点闭合,供给启动机电磁开关的保持线圈和吸引线圈电流,从而接通启动机。

(2) 启动继电器线圈的电流电路:蓄电池正极→遥控蓄电池双头螺柱→点火主熔断丝40A→附件接线盒BC5→点火开关开始挡→熔断丝盒里的(PCM、BCM、U/H)继电器10A

(D9~D10)熔断丝→机罩下附件导线盒插头C2端子→启动继电器线圈→动力系统控制模块(PCM)插头C2-76端子→搭铁。

(3)常电源(12V)→曲轴熔丝40A→启动继电器触点→自动变速器P/N开关的"P"或"N"位置→启动机电磁开关S接线柱→分别供给①电磁开关保持线圈→搭铁;②电磁开关吸引线圈→直流电动机的磁场绕组→搭铁。

(4)启动机主电路:蓄电池正极→启动机电磁阀B接线柱→启动机电动机→搭铁。

◇**特别提示**:在以下情况,动力系统控制模块PCM收到启动信号后并不接通启动机:①发动机启动5s后。②启动机连续工作15s。③防盗口令不正确。

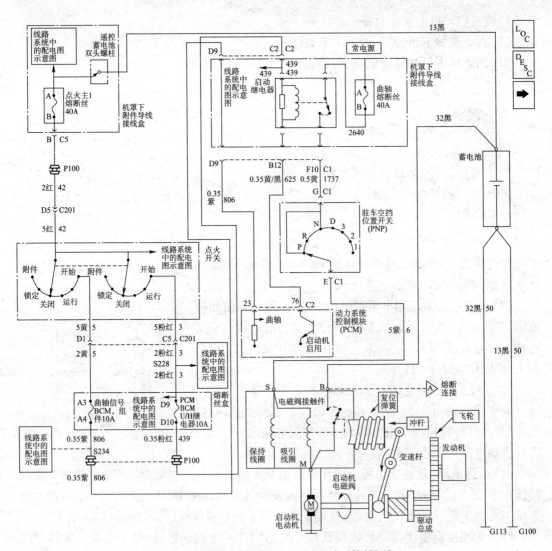

图4-45 别克君威轿车2.5GS,3.0GS启动控制电路

项目五　充电指示灯常亮故障的检修

汽车电源系统一般由蓄电池、发电机、调节器、电流表(或电压表)、充电指示装置(灯)及继电器等组成,其作用是向全车用电设备提供低压直流电能。

充电指示装置(灯)用于指示电源系统的工作情况,反映蓄电池是否处于充电状态。一般是接通点火开关 ON 挡充电指示灯亮,发动机启动运转时充电指示灯熄灭。当车辆行驶时充电指示灯亮起,表明发电机不对蓄电池充电,此时应进行充电系统检查。

学习目标

完成本项目学习后,你应当能:

1. 知道充电指示灯的控制原理及电路;
2. 对充电指示灯常亮故障进行诊断;
3. 规范进行发电机检测。

建议学时: 12 学时。

一、资料收集

1. 汽车电源系统的组成及其电路

汽车电源系统组成及各零件之间的连接如图 5-1 所示,汽车电源系统包括蓄电池、发电机(调节器装在发电机内)、充电状态指示装置(充电警告灯)、点火开关等。

电源系统电路分三部分:主供电电路、发电机励磁电路及充电指示灯控制电路。

1)主供电电路

主供电电路(图 5-2)是由蓄电池或发电机经输出端子对全车电气设备的供电电路。

(1)在发动机启动时,或发电机端电压低于蓄电池电压时,或发电机超载时,由蓄电池供电。

(2)当发电机端电压高于蓄电池电压时,由发电机向全车用电设备供电。如果蓄电池存电不足,则同时给蓄电池充电。

2)发电机励磁电路

发电机励磁电路是指为交流发电机励磁绕组提供励磁电流的电路。交流发电机励磁电流一般由电压调节器来控制,调节器控制励磁过程是先他励后自励。

他励是指发动机启动期间,蓄电池供给发电机励磁绕组电流产生磁场使发电机发电。

电流走向为:蓄电池正极→电流表(有的车没有)→点火开关→调节器→发电机励磁绕组→搭铁→蓄电池负极(图 5-2)。

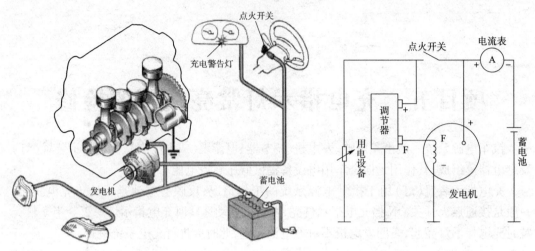

图 5-1 汽车电源系统的组成及连接　　图 5-2 外装调节器式电源电路原理图

自励是指在发电机对外供电的同时,把自身发的电供给励磁绕组产生磁场使发电机发电。

电流走向为:发电机"+"→点火开关→调节器→发电机励磁绕组→搭铁(图 5-2)。

3)充电指示灯控制电路

国内外汽车充电指示灯的设置方法各有特点,但从控制原理上可大致分为三种方式:

(1)利用中性点电压控制充电指示灯。图 5-3 所示为中性点控制的充电指示灯电路,它是用充电指示继电器控制充电指示灯的典型电路。充电指示继电器磁化线圈的一端接交流发电机的中性点 N,另一端搭铁,其动断触点与充电指示灯串联。

充电指示灯的工作原理:

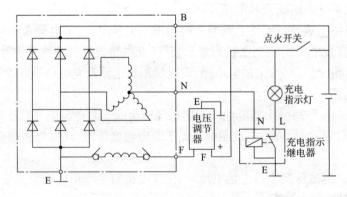

图 5-3 中性点控制的充电指示灯继电器电路图

①接通点火开关,若不启动发动机,发电机不运转,中性点 N 电压为零,充电指示继电器不工作,其动断触点保持闭合状态,充电指示灯亮,表示发电机没有运转发电,指示灯线路正常。流经充电指示灯的电流走向为:蓄电池"+"→点火开关→充电指示灯→充电继电器动断触点→搭铁→蓄电池"-"。

②启动发动机后,发电机转速随着发动机转速逐渐升高,开始发电,当发电机输出电压超过蓄电池电压时,中性点 N 的输出电压使充电指示继电器工作,充电继电器的动断触

点被吸开,切断充电指示灯回路的电流,充电指示灯熄灭,表示发电机发电正常,并向蓄电池充电。

③若发电机不发电或其输出电压低于蓄电池电压,发电机中性点输出电压为零或低于充电指示继电器的动作电压,其动断触点仍然闭合,充电指示灯亮,表示蓄电池不充电。

(2)利用九管交流发电机控制充电指示灯。图5-4所示为九管交流发电机充电系统电路,九管交流发电机的特点是发电机中除了一般常用的六只二极管外,又增加了三个功率较小的二极管,它们的作用是提供磁场电流及控制充电指示灯。

充电指示灯工作原理:

①接通开关SW,充电指示灯亮,发电机被励磁。电路中电流走向为:

蓄电池"+"→点火开关SW→充电指示灯→调节器接线柱D_+→电磁振动式调节器中的触点(或晶体管调节器中的大功率管)→调节器接线柱D_F→发电机磁场绕组→搭铁→蓄电池"-"。形成回路,充电指示灯发亮,同时发电机被励磁。

②发电机工作时,充电指示灯由蓄电池电压与磁场二极管的输出端"D_+"电压的差值所控制。随着发电机转速的升高,"D_+"电压增高,充电指示灯的亮度减弱。当发电机电压达到蓄电池电压时,发电机开始自励,此时充电指示灯因两端的电位相等而熄灭,表示发电机已经正常工作。

③当发电机转速降低或发电机有故障时,则接线柱"D_+"电压降低,由于指示灯两端的电位差增大,指示灯又发亮。

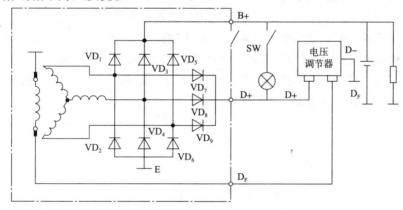

图5-4 九管交流发电机充电系统电路图

(3)带隔离二极管的充电指示灯电路。图5-5所示为带隔离二极管的充电指示灯电路,这种发电机在其桥式整流输出端与发电机端盖上的"B+"接线端子之间装了一只或两只功率更大的二极管VD,称为隔离二极管,由于发电机带有隔离二极管,因而很方便设置充电指示灯电路,同时,还可避免因发动机不工作造成点火开关长时间接通,蓄电池通过调节器向发电机磁场绕组大电流放电的现象。

充电指示灯的工作原理:

当接通点火开关SW时,蓄电池电流经充电指示灯、调节器(+→F)、流入发电机磁场绕组、搭铁形成回路,此时充电指示灯亮,并使发电机有较小的预励磁电流。当启动发动机并随着发电机转速的升高,输出的直流电压超过蓄电池电压时,隔离二极管导通,发电机自励发电并向蓄电池充电,与此同时,充电指示灯因两端的电位差减小而熄灭。

当发电机转速降低或有故障时,充电指示灯由于两端的电位差增大就会发亮。

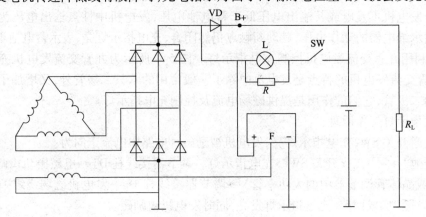

图 5-5　带隔离二极管的充电指示灯电路

2. 交流发电机的电压调节器

(1)电压调节器的作用:当发电机转速改变时,自动调节发电机的输出电压,使之保持恒定,以防止发电机输出电压过高而烧坏用电设备和蓄电池过充电。

(2)电压调节器的分类:一般分为电磁振动式(触点式)和电子调节器两类。

根据电压调节器在磁场电路中的位置(电压调节器位于磁场绕组的电源端或搭铁端来分)的不同,可将发电机及电压调节器分为内搭铁式和外搭铁式两种形式。

如果调节器接在磁场绕组的电源端,磁场绕组的另一端直接搭铁,这种发电机的搭铁形式为内搭铁式,与之配用的调节器称为内搭铁式调节器,如图 5-6 所示。

如果磁场绕组通过所配的调节器搭铁,这种发电机的搭铁形式为外搭铁式,与之配用的调节器称为外搭铁式调节器,如图 5-7 所示。

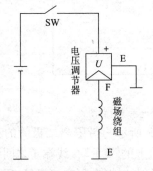　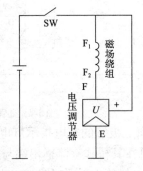

图 5-6　内搭铁式调节器的基本电路　　图 5-7　外搭铁式调节器的基本电路

3. 典型汽车电源系统

1)丰田轿车电源系统的构成

丰田汽车电源系统主要由点火开关、发电机、调节器、蓄电池、熔断丝和导线等组成,如图 5-8 所示。

2)丰田轿车电源系统电路连接

丰田轿车采用的是内装集成电路电压调节器的整体式交流发电机,图 5-9 所示为丰田轿车充电系统电路。

(1)发电机输出端子"B"→蓄电池正极,交流发电机给蓄电池充电。

(2)蓄电池正极→点火开关 IG-S/W→发电机 IC 调节器"IG"端子,当点火开关闭合时,蓄电池为调节器提供电压。

(3)蓄电池正极→发电机 IC 调节器"S"端子,MIC 调节器通过端子"S"监测蓄电池电压。

(4)充电指示灯电路为:蓄电池正极→点火开关 IG-S/W→充电指示灯→发电机 IC 调节器"L"端子。

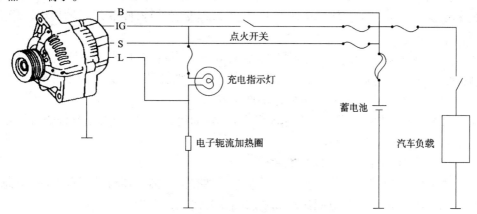

图 5-8 丰田轿车电源系统组成

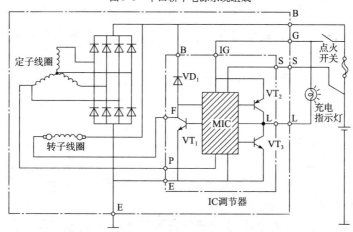

图 5-9 丰田轿车电源系统电路图

3)丰田轿车电源系统电路分析

(1)接通点火开关 IG-S/W,发电机未转动时,蓄电池电压经点火开关、到整体式交流发电机的 IG 端子→MIC 调节器的 IG 端子。此时,单片式集成电路检测出这个电压后,使 VT_1 导通,于是磁场电路接通,蓄电池给交流发电机的励磁绕组提供励磁电流。

励磁回路为:蓄电池正极→熔断丝→发电机 B 端子→励磁绕组(转子线圈)→调节器 F 端子→VT_1→搭铁端子 E→蓄电池负极。

发电机没有转动,P 端点电压为零,MIC 调节器检测到这一情况,使 VT_3 导通,于是充电指示灯亮,指示蓄电池放电。充电指示灯控制电路为:蓄电池正极→熔断丝→点火开关→充电指示灯→调节器 L 接线柱→晶体管 VT_3→搭铁接线柱 E→蓄电池负极。

(2)当发电机转速升高,电压超过蓄电池电压时,P 端电压信号(为电枢 B 输出电压的一半时)使集成电路控制调节器晶体管 VT_3 截止,于是充电指示灯熄灭。表示发电机开始向蓄电池充电,并向用电设备供电。

(3)发电机电压升高,超过调节电压值上限时(如调压范围为 13.5～14.5V 时,上限为 14.5V,下限为 13.5V),B 端子电压信号,使单片集成电路控制 VT_1 截止,切断磁场电流,发电机输出电压下降。当发电机电压下降到低于调节电压下限值时,集成电路控制 VT_1 导通,磁场电流又接通,发电机输出电压又升高,该过程反复进行,使 B 端子输出电压稳定于调节电压值。

(4)当磁场电路断路使发电机不发电时,P 端电压为零,单片集成电路检测出该电压信号后,便控制 VT_3 导通,使充电指示灯发亮,从而告知驾驶员充电系统出现故障。

4)丰田卡罗拉轿车电源系统主要零部件位置

图 5-10 所示为丰田卡罗拉轿车交流发电机、发动机舱继电器盒、充电警告灯、组合仪表、仪表板接线盒等零部件所在位置图。

5)卡罗拉轿车整体式交流发电机

卡罗拉轿车整体式交流发电机由转子总成、线圈总成、离合器带轮、驱动端端盖总成、驱动端端盖轴承、轴承护圈、电刷架总成及后端盖等组成,如图 5-11 所示。

4. 充电指示灯常亮故障原因

启动发动机后,检查充电警告灯是否正常熄灭。如果警告灯没有按规定熄灭,或车辆在行驶过程中突然亮起,说明用电设备由蓄电池供电,充电系统存在不充电故障,应及时排除。

造成不充电的主要因素如图 5-12 所示。

二、实训操作

下面以丰田卡罗拉轿车为例,来说明充电指示灯常亮故障的检测与排除方法。

1. 技术标准与要求

(1)蓄电池电压不应低于 9.6V;蓄电池电解液标准密度:20℃时为 1.25～1.29g/cm³。

(2)各熔断丝的标准电阻值小于 1Ω。

(3)检查无负载的充电电路时,发动机转速为 2.000r/min,电流表读数为 10A 或更小,电压表的读数为 13.2～14.8V。

(4)检查带负载的充电电路时,发动机转速为 2.000r/min,电流表读数为 30A 或更大。

(5)IC 电压调节器的高压范围:13.5～15.1V。

2. 工具、设备和材料的准备

(1)举升机。

(2)丰田卡罗拉轿车及维修手册。

(3)磁力护裙、转向盘护套、变速杆手柄套、脚垫和座椅套。

(4)游标卡尺、电压表、电流表、可调直流稳压电源、蓄电池、汽车用万用表和常用维修工具。

项目五　充电指示灯常亮故障的检修

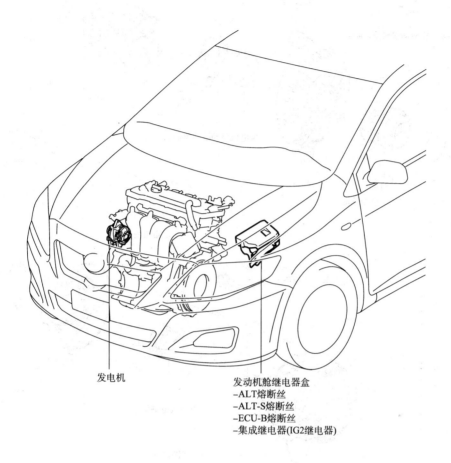

发电机

发动机舱继电器盒
-ALT熔断丝
-ALT-S熔断丝
-ECU-B熔断丝
-集成继电器(IG2继电器)

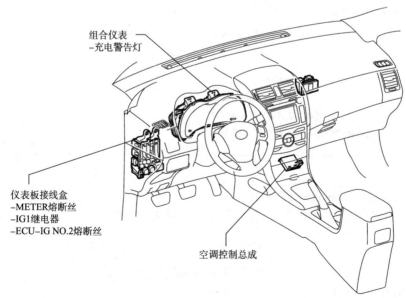

组合仪表
-充电警告灯

仪表板接线盒
-METER熔断丝
-IG1继电器
-ECU-IG NO.2熔断丝

空调控制总成

图 5-10　丰田卡罗拉轿车电源系统零部件所在位置图

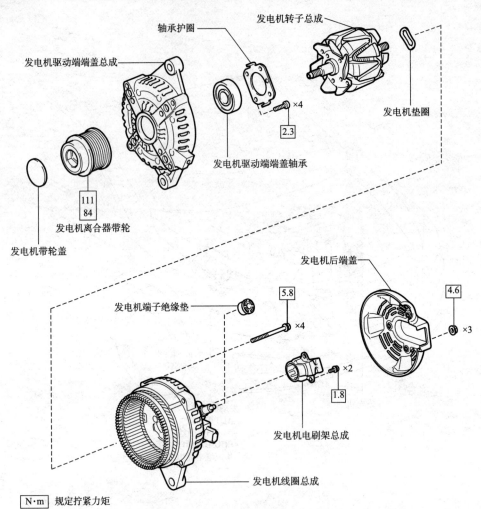

图 5-11 卡罗拉轿车整体式交流发电机的组成

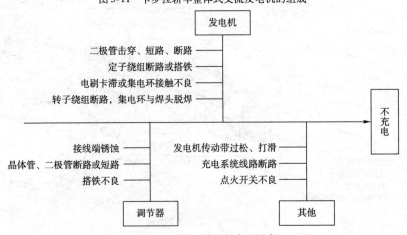

图 5-12 造成不充电的主要因素

3. 查询并填写信息

生产年份_____,车牌号码_____,行驶里程_____,发动机型号及排量_____,车辆识别代号(VIN)_____等。

4. 作业前的准备

(1)汽车进入工位前,将工位清理干净,准备好相关的器材。

(2)将汽车停驻在举升机中央位置。

(3)拉紧驻车制动器操纵杆,并将变速杆置于空挡或驻车挡(P位)位置。

(4)套上转向盘护套、变速杆手柄套和座椅套,铺设脚垫。

(5)在车内拉动发动机舱盖手柄,在车外打开并支撑发动机舱盖。

(6)粘贴翼子板和前磁力护裙。

5. 充电指示灯常亮故障的检修

一辆丰田卡罗拉轿车在行使过程中发现充电指示灯亮起,中、高速时,充电指示灯仍不熄灭,这种现象说明该车电源系统有故障。图 5-13 所示为丰田卡罗拉电源系统电路。

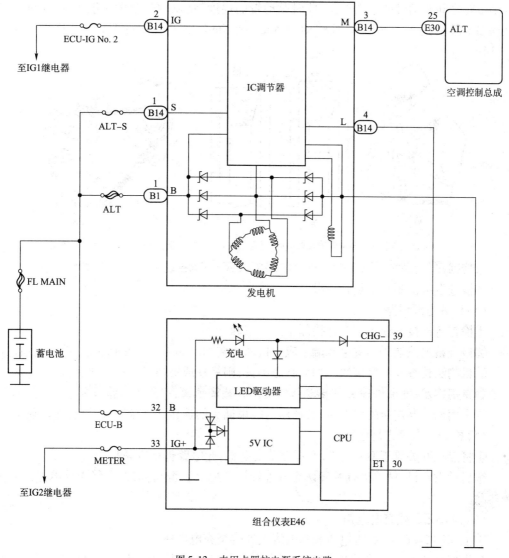

图 5-13　丰田卡罗拉电源系统电路

(1) 检查蓄电池状况(方法见项目二),并确认蓄电池端子未松动或未被腐蚀。如果端子腐蚀,则清洁或更换端子。

(2) 检查熔断丝。根据图 5-12 所示电源系统电路图,依次检查 ECU – IG No.2 熔断丝、ALT – S 熔断丝、ALT 熔断丝、ECU – B 熔断丝和 METER 熔断丝是否被烧毁。

检查熔断丝的方法参照项目三,熔断丝的标准电阻值小于 1Ω。如果不符合规定,则根据需要更换熔断丝。

(3) 检查发电机驱动带的状况。

① 如图 5-14a) 所示,用肉眼观察驱动带有无磨损、裂纹和其他损坏痕迹,若有,则应更换驱动带。驱动带的安装应符合图 5-14b) 所示,如果安装如图 5-14c) 所示,则应更换驱动带。

② 检查发电机驱动带的松紧度(挠度)。检查方法如图 5-15 所示,用 100N 的力压在两个带轮之间驱动带的中央部位,此时驱动带的挠度,新驱动带挠度一般为 5～10mm,旧驱动带(即装到车上随发动机转动过 5min 或 5min 以上时间的驱动带)挠度一般为 7～14mm。

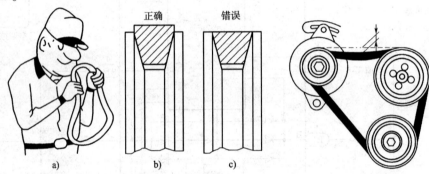

图 5-14 驱动带的外观检查　　　图 5-15 检查驱动带的挠度

◇**特别提示**:挠度过大说明发电机驱动带过松,应调整。

③ 检查发电机驱动带是否打滑。

(4) 检查电源线路。

① 检查各连接导线的端头连接部位是否正确。

② 检查蓄电池端子。蓄电池端子应无松动或腐蚀。如果端子受到腐蚀,应将其清洁。

③ 目测法检查发电机接线。如果状态不良,则修理或更换发电机导线。

◇**特别提示**:发电机输出 B 端子必须加弹簧垫圈锁紧,不得有松动现象。

④ 采用插接器连接的发电机,其插座与线束插头的连接必须锁紧,不得有松动现象。

(5) 检查充电警告灯电路。

① 将点火开关置于 ON 位置,但不启动发电机,充电警告灯应亮起。

② 启动发动机,然后检查并确认充电警告灯已熄灭。否则,对充电警告灯电路进行故障排除。

(6) 检查无负载充电电路。

① 依图 5-16 所示,将电压表和电流表连接至充电电路。

a. 将配线从发电机端子 B 上断开,并将其连接到电流表的负极(－)引线上。

b. 将电流表的正极(+)引线连接至发电机的端子B。

c. 将电压表的正极(+)引线连接至蓄电池的正极(+)端子。

d. 将电压表负极(-)引线搭铁。

②检查充电电路。将发动机转速保持在2000r/min,电流表的读数应不超过10A;电压表的读数应为13.2~14.8V;否则,说明发电机有故障,应更换。

◇**特别提示**:如果蓄电池没有充满电,则电流表读数有时会大于标准安培数。

(7)检查带负载的充电电路。

①保持图5-16的连接,保持发动机转速在2000r/min,接通远光前照灯并将加热器鼓风机开关转至HI位置。

②电流表的读数应大于30A,否则说明发电机有故障,应更换。

◇**特别提示**:如果蓄电池已充满电,电流表读数有时会小于标准安培数。在此情况下,运行刮水器电动机和车窗除雾器以增加负载,然后再检查充电电路。

(8)IC电压调节器检测。

①整体式交流发电机接线如图5-17所示。

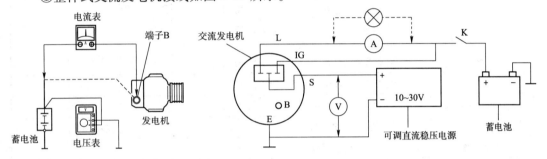

图5-16 检查不带负载的充电电路　　图5-17 IC电压调节器检测线路图

a. 在蓄电池正极和交流发电机L连接端子之间串联一块5A电流表,也可用12V、20W车用灯泡代替。

b. IG端子通过导线接至点火开关K。

c. 将可调直流稳压电源的"+"极接至交流发电机的S端子。

d. 可调直流稳压电源的"-"极与发电机E(外壳搭铁)连接。

②检测IC电压调节器。

a. 接好线路后,闭合开关K。

b. 调节直流稳压电源,使电压缓慢升高,直至电流表读数为零或测试灯熄灭,此时直流稳压电源显示的电压就是IC电压调节器的调节电压值。如果该电压值在13.5~15.1V,说明电压调节器是好的,否则说明该IC电压调节器已坏。

通过上述一系列的检查,即可找出充电指示灯常亮故障的原因,发现问题及时处理,保证车辆充电系统正常工作。

6.结束工作

(1)作业项目完成后,关闭发动机舱盖,车辆归位。

(2)清理、清洗工量具等器材,工量具归位。

(3)清洁地面卫生,搞好工作场地的清洁、整理工作。

三、评价与反馈

对充电指示灯常亮故障检修的学习项目进行评价,见表5-1。

评 分 表　　　　　　表5-1

考核项目	评分标准	分数	学生自评	小组互评	教师评价	小 计
团队合作	是否主动参与现场的清洁工作	5				
活动参与	是否积极主动	5				
安全生产	有无安全隐患	5				
现场5S	是否做到	5				
《汽车维修手册》的使用	是否快速和规范	5				
操作过程	(1)熔断丝、充电电路的检查; (2)发电机皮带、发电机是否有异响的检查; (3)充电警告灯电路的检查; (4)无负载、有负载充电电路的检查; (5)IC调节器的检查	10 10 10 15 10				
任务完成情况	是否独立完成操作过程	5				
工具和设备使用	是否规范、标准	5				
劳动纪律	是否能严格遵守	5				
工单填写	是否完整、规范	5				
	总分	100				
教师签名:			年 月 日		得分:	

四、学习拓展

1. 发电机解体后检测

通过以上检查,如果确认交流发电机有故障,应解体发电机,并对每个零部件进行检测,找到故障原因。

◎**特别提示**:可先用压缩空气吹净交流发电机内部灰尘,再用汽油或煤油清洗表面油污,然后进行零部件检修。

1)发电机转子总成的检查

(1)励磁绕组短路与断路的检查。用万用表电阻挡测量两集电环之间的电阻,如图5-18所示。两个表针分别接触两个集电环,如果表的读数在2.3~2.7Ω,说明励磁绕组良好。若测得阻值为∞,则说明励磁绕组断路;若阻值过小,则说明短路。

(2)励磁绕组搭铁检查。用万用表电阻最大挡,测量其中一个集电环与转子之间的电阻,如图5-19所示。两个表针分别接触集电环和转子外壳,如果电阻表的读数为1MΩ或更大,说明正常。若表针有偏转,说明有搭铁故障。

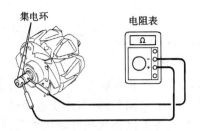
图 5-18　转子是否断路的检查

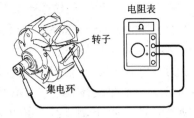
图 5-19　转子是否搭铁的检查

◆**特别提示**：当励磁绕组断路故障发生在端头焊接处时，可以重新焊接以排除故障；若断路、短路和搭铁故障无法排除，则一般都需更换转子总成。

（3）集电环磨损的检查。检查集电环表面是否有伤痕，并用游标卡尺测量，如果磨损伤痕深度超过 0.2mm，应更换转子或集电环。

同时测量集电环直径（图 5-20），标准直径：14.2～14.4mm；最小直径：14.0mm。如果直径小于最小值，更换发电机转子总成。

2）检查发电机离合器带轮

固定带轮中心，确认外锁环只能逆时针转动而不能顺时针转动，如图 5-21 所示。

如果结果不符合规定，更换离合器带轮。

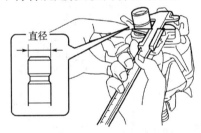
图 5-20　测量集电环直径

图 5-21　离合器带轮检查

3）检查定子

（1）定子绕组短路与断路检查，检查方法，如图 5-22 所示。

用万用表测定子绕组接线端，两两相测。正常时阻值小于 1Ω 且相等。若万用表不导通（电阻为无穷大），说明断路；过小（近似等于 0Ω）说明短路。

（2）定子绕组搭铁检查，检查方法，如图 5-23 所示。

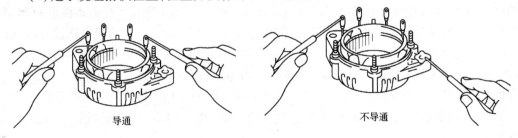
图 5-22　定子绕组短路与断路的检测　　　图 5-23　定子绕组搭铁检查

用万用表电阻最大挡检测定子绕组接线端与定子铁芯间的电阻。若电阻≤100kΩ，则说明有搭铁故障。正常应指示趋于"∞"。

2. 别克君威 2.5GL、3.0GS 型轿车电源系统

别克轿车上装配的是 CS 电源系统,它包括 CS – 121、CS – 130、CS – 144 三种不同型号的发电机。CS 型交流发电机与一般的交流发电机的结构基本相同,由转子、定子和整流器等组成。定子为三角形连接,与之相配的内装式电压调节器采用了新型的数字技术。

如图 5-24 所示,CS 型交流发电机装有新型的电压调节器,采用了数字技术调节转子磁场线圈的励磁电流,实际上调节器以 400Hz 固定频率接通和断开励磁电流,通过改变励磁电流的通断时间间隔获得系统正常输出电压所需要的合适的励磁电流平均值。励磁电流的强度与调节器发送给转子的电脉冲宽度成比例。在发电机内部,调节器有一个直流电压输入端(DC in)和一个交流电压输入端(AC in)。直流输入端可以在发电机插头未连接时(S、L、F、P 断开)用来向调节器提供工作电源和调节参考电压,调节器通过交流电压输入端感知发电机是否运转。接通点火开关但发动机不运转时,调节器向转子绕组提供窄脉冲(占空比小于 5%),产生弱磁场。一旦发动机启动,调节器检测到交流电压输入(AC in),调节器根据发电机电压输出占空比为 20% ~ 90% 的电流脉冲。

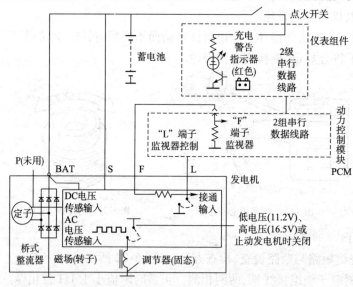

图 5-24　别克君威 2.5GL、3.0GS 型轿车电源系统电路图

别克君威轿车充电报警是由动力系统控制模块 PCM 通过 Class – 2 串行数据总线控制的,仪表上的报警灯与发电机之间没有直接连线。PCM 控制报警灯点亮的条件是 PCM 插头 C2 之 61 脚检测到发电机 L 端搭铁。在发电机内部,调节器有一个直流电压输入端(DC in)和一个交流电压输入端(AC in)。直流输入端可以在发电机插头未连接时(S、L、F、P 断开),用来向调节器提供工作电源和调节参考电压;调节器通过交流电压输入端感知发电机是否运转。当系统电压低于 11.2V 或高于 16.5V、发电机不转以及 S 端参考电压丢失等情况下,调节器控制 L 端搭铁,PCM 收到此信号后,通过 Class – 2 串行数据总线控制充电报警灯点亮。

项目六　前照灯不亮故障的检修

前照灯安装于汽车头部两侧,一般又分为两灯制或四灯制,用单丝或双丝灯泡,远光灯功率一般为40～60W,近光灯功率为20～35W。其主要用途是夜间行驶时,照亮车前的道路及物体,同时还可以用远近光的交换,在超车时告知前方车辆避让。如果前照灯出现不亮的故障,会影响到行车的安全,本项目将对前照灯不亮的故障进行诊断。

学习目标

完成本项目学习后,你应当能:
1. 知道前照灯的结构、组成、类型及防炫目措施;
2. 掌握前照灯的检查与调整方法;
3. 进行远、近光灯不亮的检查。

建议学时: 12学时。

一、资料收集

(一)前照灯的结构

前照灯的光学系统由灯泡、反射镜、配光镜三部分组成,如图6-1所示。

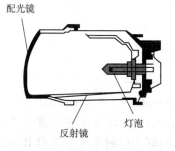

图6-1　前照灯的组成

(二)前照灯控制装置

1. 前照灯的延时控制

(1)作用:前照灯延时控制电路是使前照灯在关闭了点火开关及灯开关后,继续亮一段时间,然后自动熄灭,以便给驾驶员离开黑暗的停车场所提供照明。

(2)工作原理:图6-2所示为前照灯延时控制电路,其工作原理如下:当汽车停驶切断点火开关时,晶体管 T_1 处于截止状态,此时电容器 C_1 立即经 R_3、R_4 开始充电,当 C_1 上的电压达到单结晶体管 T_2 的导通电压时,C_1 则通过其发射极、基极和电阻 R_7 放电,于是在 R_7 上产生一个电压脉冲,使晶体管 T_3 瞬时导通,消除加于晶闸管 VT 上的正向电压,使 VT 关断。随后,T_3 很快恢复截止,VT 还来不及导通,前照灯继电器失电而使其触点打开(如图 6-2 所示位置),将前照灯电路切断,实现自动延时关灯的功能。

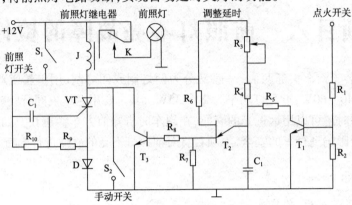

图 6-2　前照灯延时控制电路

2. 前照灯的自动变光

汽车前照灯自动变光器是一种根据对方车辆灯光的亮度自动变远光为近光或变近光为远光的自动控制装置。它的优点是实现了自动控制,不需要驾驶员操纵,其次是它的体积小,性能稳定可靠,且灵敏度高,其电路如图 6-3 所示。

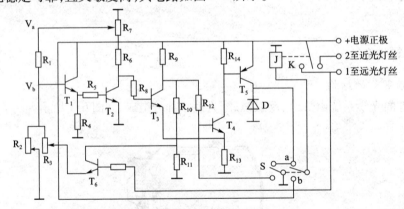

图 6-3　有光敏二极管的前照灯自动变光电路

前照灯的初始状态是远光灯工作,此时在继电器 K 作用下将电源"+"与至远光灯丝的接柱"1"连通。当迎面来车的灯光照射于光敏电阻 R_1 上,R_1 的阻值将减小,晶体管 T_1 获得正向偏压而导通,T_2 亦导通,使得 T_3 截止而 T_4 导通,并把低电平信号送至功率晶体管 T_5 的基极,T_5 导通,使继电器 K 得电动作,断开远光灯丝接柱而接通近光灯丝接柱,这个时候,汽车前照灯由远光照明转换成近光照明。

当两车交会之后,该变光器光敏电阻 R_1 上的光信号消失,R_1 阻值增大,晶体管 T_1 截止,T_2 亦截止;多谐振荡器翻转一次;T_3 导通,T_4 截止,输出高电平至 T_5 的基极,T_5 截止,切断继电器 K 线圈中的电流,其触点恢复接通远光灯丝接柱,即恢复前照灯的远光照明。

如果前照灯处于远光灯工作时,用脚踏下机械式变光 S 时,S 就由"a"位置转到"b"位置,此时继电器 K 的线圈可由电源"+"→"b"→S 而获得电流,于是继电器 K 得电动作,使前照灯由远光变为近光。与此同时，晶体管 T_4 的基极直接搭铁，使多谐振荡器停滞不再振动。

3. 昏暗自动发光控制系统

昏暗自动发光控制系统的功用是在行驶中，当车前的自然光的强度降低到一定程度时，自动将前照灯的电路接通，以确保行车安全，同时还有延时关灯的作用。发光控制系统电路主要由光传感器和控制元件及晶体管放大器组件两大部分组成。

(三) 丰田卡罗拉轿车前照灯控制系统

1. 车外灯控系统(带自动灯控)

◆**特别提示**：如果车辆配备自动灯控，车外灯(前照灯、尾灯、前雾灯和后雾灯)由主车身 ECU 控制。如果车辆未配备自动灯控，车外灯(前照灯、尾灯、前雾灯和后雾灯)不由主车身 ECU 控制。

车外灯控系统具有自动灯控、手动灯控、远光控制、会车灯控制、前雾灯控制、后雾灯控制、车灯自动关闭控制等功能。

(1) 自动灯控如图 6-4 所示。

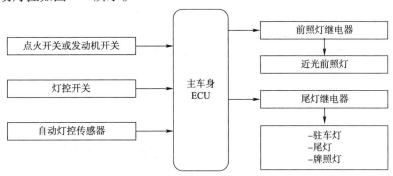

图 6-4　自动灯控

①概述。当灯控开关置 AUTO 位置时，自动灯控传感器检测环境光照等级并将其输出至主车身 ECU。主车身 ECU 根据此信号控制近光前照灯和尾灯总成(驻车灯、尾灯和牌照灯)。借助于此功能，在夜间或当车辆进入隧道时等情况下，尾灯和近光前照灯会自动亮起。如果车灯亮起/熄灭的时机不符合用户的偏好，可使用智能检测仪改变自动灯控系统的灵敏度。

②失效保护。如果主车身 ECU 检测到自动灯控传感器的故障，主车身 ECU 会执行失效保护控制以禁用自动灯控功能。当灯控开关置于 AUTO 位置且前照灯或尾灯亮起时，如果自动灯控系统中出现故障，主车身 ECU 会使灯保持点亮，直到灯控开关置于 OFF 位置或满足激活前照灯自动关闭控制的条件。当灯控开关置于 AUTO 位置且前照灯和尾灯同时熄灭时，如果自动灯控系统中出现故障，主车身 ECU 会中断自动灯控系统的操作并使前照灯和尾灯都保持熄灭状态，直到确定自动灯控传感器的频率输出正常。

(2) 手动灯控。手动灯控用来通过手动操作灯控开关使近光前照灯和尾灯总成(驻车灯、尾灯和牌照灯)亮起。当灯控开关转至 TAIL 位置时，主车身 ECU 使尾灯亮起。当灯控开关转至 HEAD 位置时，主车身 ECU 使近光前照灯和尾灯亮起。

(3) 远光控制。远光控制用来照亮比平常更远的前方距离。当符合下列两个条件时，远光前照灯亮起:用自动灯控或手动灯控使近光前照灯亮起,变光开关置于 HIGH 位置。

(4)会车灯控制。在能见度较差时,为了使前方来车注意到车辆的存在,会车灯控制使远光前照灯亮起。当变光开关置于 HIGH FLASH 位置时,远光前照灯亮起。

(5)前雾灯控制。在能见度较差的情况下(如大雾中)行驶时,启用前雾灯控制以保持前方道路的能见度。当同时满足下列两个条件时,前雾灯亮起:通过自动灯控或手动灯控使尾灯亮起;前雾灯开关置于 ON 位置。当符合下列任一条件时,前雾灯熄灭:前雾灯开关处于 OFF 位置;尾灯熄灭。

(6)后雾灯控制。在能见度较差的情况下(如大雾中)行驶时,启用后雾灯控制,使后方来车注意到车辆的存在。当同时满足下列所有条件时,后雾灯亮起:用自动灯控或手动灯控使近光前照灯亮起;前雾灯点亮;后雾灯开关处于 ON 位置。当符合下列任何条件时,后雾灯熄灭:尾灯熄灭;前雾灯开关处于 OFF 位置;后雾灯开关处于 OFF 位置。

(7)自动关闭控制如图 6-5 所示。

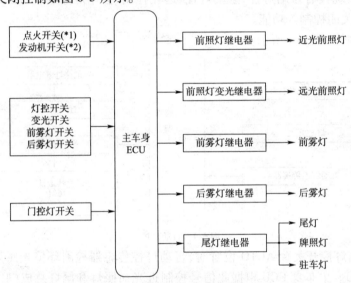

图 6-5 自动关闭控制

车灯自动关闭控制用于避免出现驾驶员在前照灯、雾灯、驻车灯、尾灯或牌照灯仍亮起时就离开车辆的情形。

根据灯控开关的位置,将熄灭的车灯会发生如表 6-1 所示的变化。

灯控开关的位置与车灯变化表 表 6-1

开关位置			概 要
TAIL	HEAD	AUTO	
-	-	o	如果车灯(前照灯、前雾灯、后雾灯和尾灯)亮起,当点火开关从 ON(IG)位置转至 OFF 位置,且驾驶员侧门打开时,此控制自动将这些车灯熄灭
o	o	-	如果车灯(前照灯、前雾灯、后雾灯和尾灯)亮起,当点火开关从 ON(IG)位置转至 OFF 位置时,此控制仅自动熄灭前照灯和前雾灯

2. 氙气灯

氙气灯是一种含有氙气的新型前照灯,又称高强度放电式气体灯,英文简称 HID (High Intensity Discharge Lamp)。氙气灯打破了爱迪生发明的钨丝发光原理,在石英灯管内填充高压惰性气体——氙气,取代传统的灯丝,在两段电极上有汞和碳素化合物,透过安定器以 23000V 高压电流刺激氙气发光,在两极间形成完美的白色电弧,发出的光接近非常完美的太阳光,如图 6-6 所示。

图 6-6 双氙气前照灯

汽车 HID 氙气灯与传统卤素灯不同,这是一种高压放电灯,它的发光原理是利用正负电刺激氙气与稀有金属化学反应发光,因此灯管内有一颗小小的玻璃球,这其中灌满了氙气及少许稀有金属,只要用电流去刺激它们进行化学反应,两者就会发出高达 4000～12000K 温度的光芒。它采用一个特制的镇流器,利用汽车电池 12V 电压产生 23000V 以上的触发电压使灯启动。启动时 0.8s 的亮度是额定亮度的 20%,达到卤素灯的亮度,并使前照灯 4s 以内达到额定亮度的 80% 以上。在灯稳定后,镇流器向灯提供约 80V 供电电压保持灯以恒定功率运转。

HID 氙气灯提升原车卤素灯亮度 3 倍,色泽更好、色温穿透力更强、光照更远、性能更稳定。

3. 前照灯光束高度手动控制系统

车辆状态随乘客数量(质量)和行李体积变化时,此系统允许根据前照灯光束调整控制开关的位置,手动调节前照灯近光光束高度(11 级)至适当高度。通过安装在前照灯总成上的前照灯光束高度调整电动机调整前照灯光束高度。驾驶员可通过前照灯光束高度调整开关来控制此系统。

4. 前照灯光束高度自动控制系统

(1)概述。当车辆停止时,该系统使前照灯近光光束保持在一个恒定高度。

该系统由前照灯光束高度调整 ECU 控制。该 ECU 通过后高度控制传感器检测车辆姿态,并通过组合仪表检测车速。然后 ECU 根据这些信息控制前照灯光束高度调整电动机,以改变前照灯反射器角度。

◇**特别提示**:在因更换悬架而引起车辆高度变化,或在执行诸如拆卸和重新安装或更换后高度控制传感器分总成等的操作后,应初始化高度控制传感器信号。更换前照灯光束高度调整 ECU 后,也要进行初始化。

(2)零部件的功能和结构见表6-2。

零部件的功能和结构表　　　　　　　　　表6-2

零部件	功能和结构
组合仪表	(1)向前照灯光束高度调整ECU输出车速信号; (2)点火开关置于ON(IG)位置时,组合仪表中的前照灯光束高度控制系统警告灯亮起3s,然后熄灭(灯泡检查功能); (3)检测到该系统故障时,组合仪表中的前照灯光束高度控制系统警告灯亮起以警告驾驶员
前照灯光束高度调整电动机	根据从前照灯光束高度调整ECU接收到的信号,各个电动机移动前照灯中的反射器以改变近光光束
DLC3	通过DLC3可执行高度控制传感器信号初始化和前照灯光束高度调整电动机操作检查
前照灯光束高度调整ECU	(1)车辆停止时,该ECU根据高度控制传感器和组合仪表发送的信号来检测车辆姿态的变化量; (2)根据检测值,该ECU将控制信号输出给前照灯光束高度调整电动机; (3)点火开关置于ON(IG)位置时,该ECU使前照灯光束高度控制系统警告灯亮起3s(灯泡检查功能); (4)检测到该系统故障时,该ECU点亮前照灯光束高度控制系统警告灯以警告驾驶员

(3)失效保护功能。如果检测到异常情况,前照灯光束高度调整ECU以失效保护模式操作,并且当检测到高度控制传感器故障时,点亮组合仪表中的前照灯光束高度自动控制系统警告灯。

(四)丰田卡罗拉故障症状表

◇**特别提示**:使用下表可帮助诊断故障原因。以递减的顺序表示故障原因的可能性。按顺序检查每个可疑部位,必要时维修或更换有故障的零件或进行调整。

前照灯(带自动灯控)故障症状见表6-3。

前照灯(带自动灯控)故障症状表　　　　　表6-3

症状	可疑部位
一侧近光前照灯没有亮起	H-LP LH LO 熔断丝或 H-LP RH LO 熔断丝
	灯泡
	线束或插接器
	灯控ECU(HID前照灯)
左右两侧近光前照灯均没有亮起	H-LP MAIN 熔断丝
	前照灯继电器电路
	灯控开关电路
	主车身ECU(仪表板接线盒)
一侧远光前照灯没有亮起	H-LP LH HI 熔断丝或 H-LP RH HI 熔断丝
	灯泡
	线束或插接器

项目六 前照灯不亮故障的检修

续上表

症　状	可　疑　部　位
左右两侧远光前照灯均没有亮起(近光前照灯正常)	前照灯(远光)电路
	灯控开关电路
	主车身ECU(仪表板接线盒)
"远光闪光"前照灯没有亮起(会车灯功能)	灯控开关电路
	主车身ECU(仪表板接线盒)
近光前照灯或远光前照灯不熄灭	前照灯变光开关总成
	线束或插接器
	主车身ECU(仪表板接线盒)

前照灯(不带自动灯控)故障症状见表6-4。

前照灯(不带自动灯控)故障症状表　　　　表6-4

症　状	可　疑　部　位
一侧近光前照灯没有亮起	H-LP LH LO 熔断丝或 H-LP RH LO 熔断丝
	灯泡
	线束或插接器
	灯控ECU(HID前照灯)
左右两侧近光前照灯均没有亮起	H-LP MAIN 熔断丝
	前照灯继电器
	前照灯变光开关总成
	线束或插接器
一侧远光前照灯没有亮起	H-LP LH HI 熔断丝或 H-LP RH HI 熔断丝
	灯泡
	线束或插接器
左右两侧远光前照灯均没有亮起(近光前照灯正常)	前照灯变光继电器
	前照灯变光开关总成
	线束或插接器
"远光闪光"前照灯没有亮起(会车灯功能)	前照灯变光开关总成
近光前照灯或远光前照灯不熄灭	前照灯变光开关总成
	线束或插接器

二、实训操作

1. 技术标准与要求(以丰田卡罗拉ZRE151轿车为例)

(1) 使用万用表前要先校表。

(2) 拔下各接插元件时需断开电源。

(3) 如果车辆配备自动灯控系统,车外灯(前照灯、尾灯、前雾灯和后雾灯)由主车身

ECU 控制。

(4) 应在点火开关关闭的情况下连接智能检测仪。

(5) 前照灯工作电压为 11～14V。

◆**特别提示**：前照灯检查注意事项。

(1) HID 前照灯系统注意事项。

① 如果发现 HID 前照灯系统（特别是灯控 ECU 上的前照灯）有任何缺陷，如变形、开裂、凹坑、破碎等，请更换新的前照灯。

② 即使看似工作正常，失效保护功能也可能存在故障。

③ 因为 HID 前照灯灯泡内部含有加压气体，很容易因划伤或掉落而损坏，因此务必小心操作。对灯泡进行操作时，应握住塑料或金属部分，严禁徒手接触玻璃部分。

④ HID 前照灯亮起时，会向灯座瞬时施加高电压（约 22000V）。不要将检测仪连接至 HID 前照灯高压灯座，否则可能因高压放电而导致严重事故。

⑤ 维修 HID 前照灯时，不要使 HID 前照灯与水接触。关闭灯控开关，并预先断开蓄电池负极（-）电缆和灯控 ECU 插接器，以免触电。

⑥ 执行 HID 前照灯系统的相关操作时，必须在组装完成后进行，并且不要在未安装灯泡的情况下打开前照灯。

⑦ 不要使用车辆蓄电池以外的电源打开 HID 前照灯。

(2) 更换前照灯灯泡的注意事项。

① 即使只是薄薄一层油膜留在 HID 前照灯灯泡或卤素灯泡表面，由于其在较高温度下点亮而使灯泡的使用寿命缩短。更换灯泡时，务必握住灯的凸缘连接部位，使手不会接触灯的玻璃部分。

② 由于 HID 前照灯灯泡和卤素灯泡的内部压力很大，掉落、撞击或损坏均可能导致灯泡爆炸和碎裂。

③ 常备一个新灯泡，以备急需时使用。更换灯泡时，如果将车灯透镜从车辆上拆下时间过长，则可能会聚集灰尘和湿气。

④ 务必用相同功率的灯泡替换旧灯泡。

⑤ 如果仅更换一侧的灯泡，可能会出现左、右侧灯泡的亮度和发光颜色不同的情况。

⑥ 更换灯泡后，牢固安装灯座。如果没有安装牢固，车灯透镜可能沾上水雾，水也可能透过灯座周围的空隙渗入灯孔。

⑦ 报废 HID 前照灯灯泡时，不要将其损坏，因为可能会有玻璃碎片飞出而导致人员受伤。

⑧ 如果无法确定 HID 前照灯灯泡出现故障或通过目视检查不能判断，则通过更换功能正常的灯泡来检查其是否出现故障。

2. 工具、设备和材料的准备

(1) 万用表、智能检测仪、常用工具一套。

(2) 磁力护裙、转向盘护套、变速杆手柄套、脚垫和座椅套。

(3) 举升机（图 6-7）。

(4) 丰田卡罗拉轿车（图 6-8）及维修手册。

项目六 前照灯不亮故障的检修

图6-7 剪式举升机

图6-8 丰田卡罗拉ZRE151整车

3. 查询并填写信息

生产年份_____，车牌号码_____，行驶里程_____，发动机型号及排量_____，车辆识别代号(VIN)_____(图6-9)。

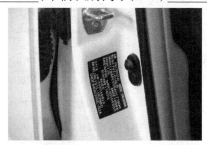

图6-9 车辆的铭牌

车辆铭牌(右侧车门立柱上)的含义，如图6-10所示。

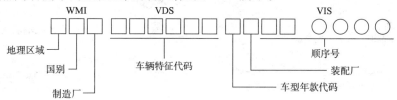

图6-10 车辆铭牌含义

例：丰田卡罗拉ZRE151轿车17位VIN码，如图6-11所示。

图6-11 丰田卡罗拉轿车17位VIN码

◇**特别提示**：丰田卡罗拉轿车17位VIN码位于左侧风窗玻璃上。

4. 作业前的准备

(1)汽车进入工位前，将工位清理干净(图6-12)，准备好相关的器材。

(2)将汽车停驻在举升机中央位置(图6-13)。

(3)拉紧驻车制动器操纵杆(图6-14)，并将变速杆置于空挡或驻车挡(P位)位置(图6-15)。

图6-12　清理工位

图6-13　汽车停驻

图6-14　拉紧驻车制动器操纵杆

图6-15　变速杆置于空挡或驻车挡（P位）位置

（4）套上转向盘护套、变速杆手柄套和座椅套，铺设脚垫（图6-16）。

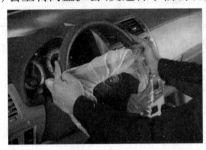

图6-16　套上各个护套

（5）在车内拉动发动机舱盖手柄，在车外打开并支撑发动机舱盖（图6-17）。

（6）粘贴翼子板和前磁力护裙（图6-18）。

图6-17　打开并支撑发动机舱盖

图6-18　贴上磁力护裙

5. 近光灯不亮的检查

本内容适用于带自动灯控系统的车辆。针对左右两侧近光前照灯均没有亮起的故障

项目六 前照灯不亮故障的检修

现象和左右两侧远光前照灯均没有亮起(近光前照灯正常)进行检查。

主车身 ECU 接收灯控开关 HEAD 信号,以控制前照灯继电器。灯控开关置于 AUTO 位置时,主车身 ECU 接收来自自动灯控传感器的环境照明等级信号以控制前照灯继电器。这里主要是针对左右两侧近光灯没有亮起的故障进行检查,控制电路如图 6-19 所示。

◇**特别提示**:如果将灯控开关置于 HEAD 位置时,左右两侧的近光前照灯都没有亮起,则执行前照灯继电器主动测试,并读取数据表中灯控开关 HEAD 信号值,以确定故障存在于开关侧还是继电器侧。

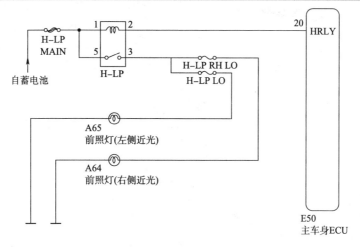

图 6-19 近光灯控制电路

(1)用智能检测仪进行主动测试。

①将智能检测仪连接到 DLC3。

②将点火开关置于 ON(IG)位置,并打开智能检测仪主开关。

③选择以下菜单项:Body/Main Body/Active Test。如图 6-20 ~ 图 6-25 所示。

④选择 ACTIVE TEST 中的项目,检查并确认继电器工作。

◇**特别提示**:正常情况下前照灯继电器工作。(近光前照灯亮起。)

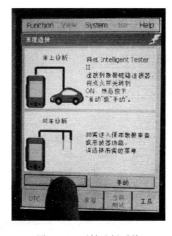 

图 6-20 开始选择系统   图 6-21 选择车辆

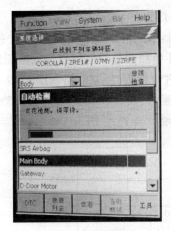
图6-22 自动检测系统

图6-23 进入主动测试界面

图6-24 进行测试 ON/OFF

图6-25 近光灯点亮

（2）读取智能检测仪的值。

①选择以下菜单项：Body/Main ECU/Data List。

②选择 DATA LIST 中的项目，并读取智能检测仪上显示的内容，如图6-26所示。

◇**特别提示**：灯控开关位置信号应与智能检测仪显示情况一致，如图6-26所示。灯控开关在车内的位置如图6-27所示。

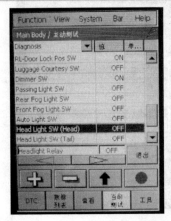 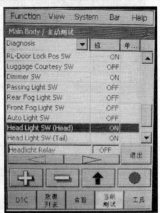

图6-26 智能检测仪显示情况

(3)检查熔断丝(H – LP MAIN)。

①从发动机舱继电器盒中拆下 H – LP MAIN 熔断丝。

②测量电阻值始终小于1Ω。由于 H – LP MAIN 熔断丝集成在熔断丝盒里(图6-28),不容易测量,根据电路原理图,采用测量蓄电池正极到变光继电器的5号端子之间的电阻值,如图6-29所示。

图6-27 灯控开关位置

图6-28 熔断丝集成盒

图6-29 测量蓄电池正极到变光继电器的5号端子之间的电阻值

◇**特别提示**:如果有异常,应更换熔断丝,继续检查;如果正常,说明熔断丝和连接导线都是良好的。

(4)检查发动机舱继电器盒。

①从发动机舱接线盒中拆下 H – LP LH LO 熔断丝和 H – LP RH LO 熔断丝,如图6-30所示。

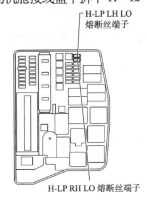
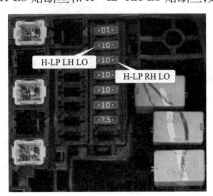

图6-30 H – LP LH LO 熔断丝和 H – LP RH LO 熔断丝位置图

②测量各熔断丝加载槽与车身搭铁之间的电压,如图6-31和图6-32所示。

图6-31　测量H–LP LH LO熔断丝加载槽与车身搭铁之间的电压

图6-32　测量H–LP RH LO熔断丝加载槽与车身搭铁之间的电压

◇**特别提示**:在灯控开关从关OFF→HEAD时,H–LP LH LO熔断丝加载槽与车身搭铁之间的电压和H–LP RH LO熔断丝加载槽与车身搭铁之间的电压,应小于1V或在11~14V表示正常。

(5)检查前照灯继电器(H–LP)。

①从发动机舱继电器盒上拆下前照灯继电器,原理如图6-33所示。

②在端子1和2间未施加电压时测量端子3与端子5之间的电阻应为10kΩ或更大,在端子1和2间施加电压时测量端子3与端子5之间的电阻应小于1Ω,如图6-34和图6-35所示。

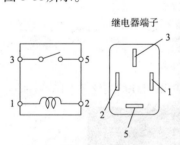

图6-33　前照灯继电器原理图　图6-34　在端子1和2间未施加电压时　图6-35　在端子1和2间施加电压时

◇**特别提示**:如果有异常,应更换前照灯继电器。

(6)检查线束和插接器(蓄电池至前照灯继电器)。

前照灯继电器端子5与车身搭铁之间电压始终在11~14V,前照灯继电器端子1与车身搭铁之间电压始终在11~14V,如图6-36~图6-38所示。

(7)检查线束和插接器(前照灯继电器至熔断丝)。

测量前照灯继电器端子3至H–LP LH LO熔断丝端子之间的电阻值和测量前照灯继电器端子3至H–LP RH LO熔断丝端子之间的电阻值应始终小于1Ω,如图6-39~图6-41所示。

项目六 前照灯不亮故障的检修

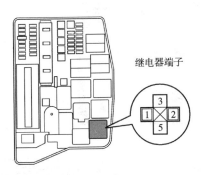

图6-36 前照灯继电器端子分布示意图

图6-37 测量前照灯继电器端子5
与车身搭铁之间电压

图6-38 测量前照灯继电器端子1
与车身搭铁之间电压

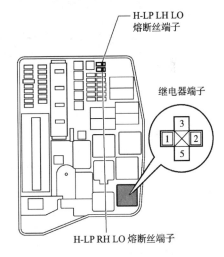

图6-39 前照灯继电器与熔断丝位置示意图

图6-40 测量前照灯继电器端子3至H-LP LH LO
熔断丝端子之间的电阻值

图6-41 测量前照灯继电器端子3至H-LP RH LO
熔断丝端子之间的电阻值

(8) 检查线束和插接器(前照灯继电器至主车身ECU)。
断开主车身ECU插接器E50。线束插接器前视图如图6-42所示。
◇**特别提示**：前照灯继电器端子2与E50-20(HRLY)电阻值应始终小于1Ω；E50-20(HRLY)与车身搭铁之间电阻值也应始终为10kΩ或更大。如图6-43和图6-44所示。

(9) 如果以上所查内容都正常，故障应为主车身ECU故障。

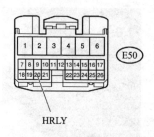 

图 6-42　线束插接器前视图

图 6-43　测量前照灯继电器端子 2 与　　　图 6-44　测量 E50-20(HRLY)与车身搭铁
　　　　　E50-20(HRLY)电阻值　　　　　　　　　　　之间电阻值

6. 远光灯不亮的检查

本内容适用于带自动灯控系统的车辆。近光前照灯亮起且变光开关置于 HIGH 位置时，左右两侧的远光前照灯都没有亮起，则执行远光前照灯继电器主动测试，并读取数据表中变光开关 HIGH 信号值，以确定故障存在于开关侧还是继电器侧。远光灯控制电路如图 6-45 所示。

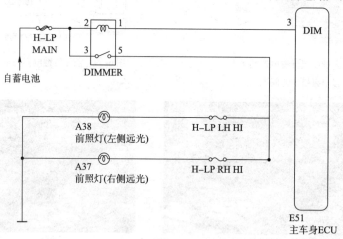

图 6-45　远光灯控制电路

◇**特别提示**：执行远光前照灯控制系统故障排除前，检查并确认近光前照灯工作正常。

(1) 用智能检测仪进行主动测试。

① 将智能检测仪连接到 DLC3。

② 将点火开关置于 ON(IG)位置，并打开智能检测仪主开关。

③ 选择以下菜单项：Body/Main Body/Active Test，如图 6-46～图 6-51 所示。

④ 选择 ACTIVE TEST 中的项目，检查并确认继电器工作。

◆**特别提示**：正常情况下前照灯继电器工作（远光前照灯亮起）。

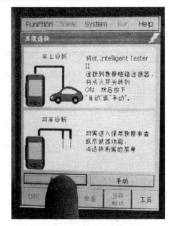

图 6-46　开始选择系统

图 6-47　选择车辆

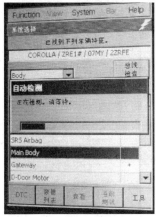

图 6-48　自动检测系统

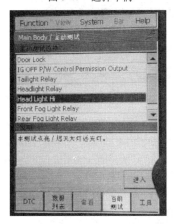

图 6-49　进入主动测试界面

图 6-50　进行测试 ON/OFF

图 6-51　远光灯点亮

（2）读取智能检测仪的值。

①选择以下菜单项：Body/Main ECU/Data List。

②选择 DATA LIST 中的项目，并读取智能检测仪上显示的内容。

当变光开关置于 HIGH 位置或 LOW 位置时，检测仪显示变光开关 HIGH 信号应为 ON 或 OFF；当变光开关置于 HIGH FLASH（PASS）位置或未置于 HIGH FLASH（PASS）位置时，变光开关 HIGH FLASH 信号应为 ON 或 OFF。如图 6-52 ~ 图 6-55 所示。

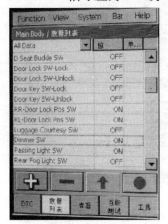
图 6-52　Dimmer Hi SW 处于 ON 位置

图 6-53　Dimmer Hi SW 处于 OFF 位置

图 6-54　Passing Light SW 处于 ON 位置　图 6-55　Passing Light SW 处于 OFF 位置

◎**特别提示**：检测仪显示应与变光开关位置一致，如图 6-56 所示。

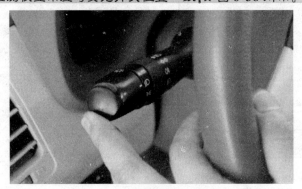
图 6-56　变光开关位置示意图

（3）检查发动机舱接线盒。

测量 H - LP LH LI、H - LP RH LI 熔断丝与车身搭铁之间的电压，如图 6-57 所示。

项目六 前照灯不亮故障的检修

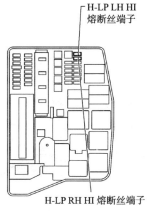
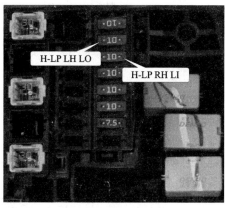

图 6-57　H－LP LH LI 熔断丝和 H－LP RH LI 熔断丝位置图

◇**特别提示**：在灯控开关置于 HEAD 位置，变光开关从 LOW→HIGH 位置，H－LP LH LI 熔断丝加载槽与车身搭铁之间的电压和 H－LP RH LI 熔断丝加载槽与车身搭铁之间的电压，应小于 1V 或在 11～14V 表示正常。

（4）检查前照灯变光继电器（DIM）。

①从发动机舱继电器盒上拆下前照灯变光继电器，原理如图 6-58 所示。

②在端子 1 和 2 间未施加电压时测量端子 3 与端子 5 之间的电阻应为 10 kΩ 或更大；在端子 1 和 2 间施加电压时测量端子 3 与端子 5 之间的电阻应小于 1 Ω。

（5）检查线束和插接器（蓄电池至前照灯变光继电器）。

前照灯变光继电器端子 2 与车身搭铁之间电压始终在 11～14V，前照灯变光继电器端子 3 与车身搭铁之间电压始终在 11～14V。前照灯变光继电器位置如图 6-59 所示。

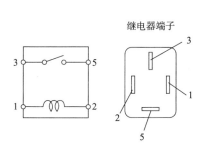

图 6-58　前照灯变光继电器原理图　　图 6-59　前照灯变光继电器位置和端子分布示意图

（6）检查线束和插接器（前照灯变光继电器至熔断丝）。

前照灯变光继电器端子 5 与 H－LP LH HI 熔断丝端子和前照灯变光继电器端子 5 与 H－LP RH HI 熔断丝端子之间电阻始终小于 1 Ω，前照灯变光继电器与熔断丝位置如图 6-60 所示。

（7）检查线束和插接器（前照灯变光继电器至主车身 ECU）。

断开主车身 ECU 插接器 E51。线束插接器前视图如图 6-61 所示。

◇**特别提示**：前照灯变光继电器端子 1 与 E51－3（DIM）电阻值应始终小于 1Ω；E51－3（DIM）与车身搭铁之间电阻值也应始终为 10kΩ 或更大。

（8）如果以上所查内容都正常，故障应为主车身 ECU 故障。

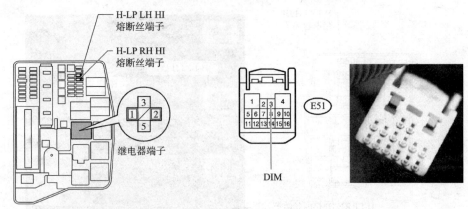

图 6-60 前照灯变光继电器与熔断丝位置示意图　　图 6-61 线束插接器前视图

7. 结束工作

作业项目完成后,拆除护裙、驾驶室内防护套,关闭发动机舱盖,清理器材,清洁地面卫生。搞好工位的清洁、整理工作。

三、评价与反馈

(1) 对本学习项目进行评价,见表6-5。

评 分 表　　　　　　　　　　　　　　表6-5

考核项目	评分标准		分数	学生自评	小组互评	教师评价	小 计
团队合作	是否协调		5				
活动参与	是否积极主动		5				
安全生产	有无安全隐患		5				
现场5S	是否做到		5				
任务方案	是否正确、合理		10				
实施过程	检查近光灯不亮	H-LP MAIN 熔断丝	10				
		前照灯继电器	5				
		前照灯变光开关总成	10				
		线束或插接器	5				
	检查远光灯不亮	前照灯(远光)电路	10				
		灯控开关电路	5				
		主车身 ECU	5				
任务完成情况	是否圆满完成		5				
工具和设备使用	是否规范、标准		5				
劳动纪律	是否能严格遵守		5				
工单填写	是否完整、规范		5				
总分			100				
教师签名:					年 月 日	得分:	

(2) 分别画出近光灯不亮和远光灯不亮故障诊断流程图。

项目六　前照灯不亮故障的检修

四、学习拓展

前照灯调整

◇**特别提示**：灯泡可能没有正确安装，影响前照灯对光。应在执行调整程序之前先检查灯泡安装情况。

1. 前照灯对光调整前的车辆准备工作

确保前照灯周围车身没有损坏或变形。

加注燃油。

确保油液加注到规定液位。

确保冷却液加注到规定液位。

将轮胎充气至适当压力。

将行李舱和车辆卸载，确保备胎、工具和千斤顶在原来的位置。

让一个体重一般(75kg,165lb)的人坐在驾驶员座椅上。

对于带有高度可调悬架的车辆，应在调整前照灯对光前将车辆高度调节到最低。

对于带有手动可调前照灯的车辆，应将其高度调节到"0"。

2. 前照灯对光准备工作

(1) 按下列条件准备车辆：将车辆放置在足够黑暗的环境中，以便可以清晰观察到明暗截止线。明暗截止线是一条分界线，在其下面可以观察到前照灯的灯光，而在其上面则观察不到。将车辆与墙壁呈90°角停放。在车辆(前照灯灯泡中心)与墙壁之间空出25m距离。确保车辆处在水平表面上。上下弹动车辆以使悬架就位。

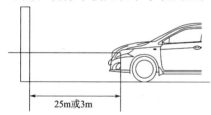

图6-62　车辆与墙壁空出距离

为了保证对光调整正确，车辆(前照灯灯泡中心)与墙壁之间必须空出25m距离。如果没有足够的距离，应保证有3m的距离以进行前照灯对光检查和调整。（目标区域的大小会随距离而变化，所以应遵循图6-62的说明。）

(2) 准备一张厚一些的白纸[约2m(高)×4m(宽)]作为屏幕。

(3) 沿屏幕中心向下画一条垂直线(V线)。

(4) 如图6-63所示安放屏幕。

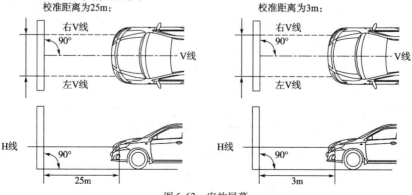

图6-63　安放屏幕

◇**特别提示**：将屏幕与地面垂直放置。将屏幕上的 V 线与车辆中心对准。

（5）如图 6-64 所示，在屏幕上画基线（H、左 V 和右 V 线）。

◇**特别提示**："近光检查"和"远光检查"使用的基线不同。在屏幕上做出前照灯灯泡中心标记。如果在前照灯上不能观察到中心标记，则以前照灯灯泡中心或标记在前照灯上的制造商名称作为中心标记。

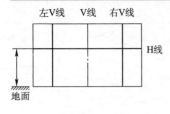

图 6-64 画基线

H 线（前照灯高度）：在屏幕上穿过中心标记画一条水平线。H 线应与近光前照灯的灯泡中心标记等高。左 V 线、右 V 线［左侧（LH）和右侧（RH）前照灯的中心标记位置］：画两条垂直的线，使它们在各中心标记处与 H 线相交（与近光前照灯灯泡的中心对准）。

3. 前照灯对光检查

（1）遮住前照灯或断开另一侧的前照灯插接器，以防止不在接受检查的前照灯的灯光影响前照灯对光检查。

◇**特别提示**：进行此项对光检查时，不要断开灯泡的 HID 高压插接器。盖住前照灯的时间不要超过 3min。前照灯透镜是用合成树脂制成的，过热可能会导致其熔化或损坏。进行远光对光检查时，应盖住近光灯或断开插接器。

（2）启动发动机。

（3）打开前照灯并检查明暗截止线是否与图 6-65 所示推荐的明暗截止线吻合。

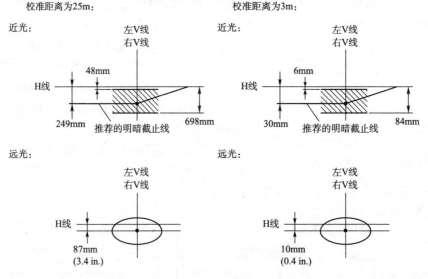

图 6-65 明暗截止线

图 6-65 所示为左驾驶车型。右驾驶车型的前照灯投影是图 6-65 的镜像。

◇**特别提示**：由于近光灯和远光灯是一个整体，所以如果近光对光正确，那么远光对光也是正确的。但是，为确保正确性，近光、远光都要进行检查。

如果校准距离为 25m，近光的明暗截止线应在 H 线以下 48mm 和 698mm 之间。如果校准距离为 3m，近光的明暗截止线应在 H 线以下 6mm 和 84mm 之间。如果校准距离为 25m，推荐的近光明暗截止线应在 H 线以下 249mm 处。如果校准距离为 3m，推荐的近光明暗截止线应在 H 线以下 30mm 处。

4. 前照灯对光调整

(1) 如图 6-66 所示垂直调整对光:用螺丝刀转动各对光螺钉 A,将各个前照灯的对光调整到规定范围内。

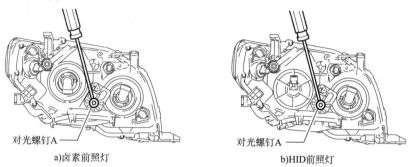

a) 卤素前照灯　　　　　　　　b) HID前照灯

图 6-66　垂直调整对光

对光螺钉的最后一转应该是按顺时针方向。如果螺钉调整过度,则应将其拧松后再次拧紧,这样,螺钉的最后一转才能是顺时针方向。

◇**特别提示**:由于近光灯和远光灯是一个整体,所以如果近光对光正确,那么远光对光也是正确的。但是,为确保正确性,近光、远光都要进行检查。如果不能正确调整前照灯对光,则检查灯泡、前照灯单元和前照灯单元反射器的安装情况。顺时针转动对光螺钉可使前照灯对光上移,逆时针转动对光螺钉则可使前照灯对光下移。

(2) 如图 6-67 所示水平调整对光:用螺丝刀转动各对光螺钉 B,将各个前照灯的对光调整到规定范围内。

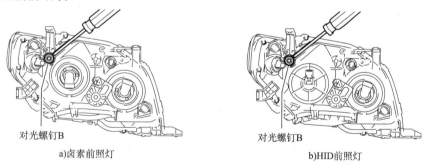

a) 卤素前照灯　　　　　　　　b) HID前照灯

图 6-67　水平调整对光

对光螺钉的最后一转应该是按顺时针方向。如果螺钉紧固过度,则应将其拧松后再次拧紧,使螺钉的最后一转沿顺时针方向。

◇**特别提示**:近光灯和远光灯是一个整体。将近光灯对光调整到正确位置后,远光灯对光也会变正确。如果不能正确调整前照灯对光,则检查灯泡、前照灯单元和前照灯单元反射器的安装情况。

项目七　转向信号灯不亮故障的检修

汽车转向信号灯主要用来指示车辆行驶方向。其灯光信号采用闪烁的方式,用来指示车辆左转或右转,以引起其他车辆和行人的注意,提高车辆的安全性。另外,汽车在行驶中,如遇危险情况,可使前后左右转向灯同时闪烁,作为危险警告信号,请求其他车辆避让。当转向信号灯出现故障时,应对故障现象进行正确的分析,并掌握故障的诊断方法。

 学习目标

完成本项目学习后,你应当能:
1. 知道转向信号灯的控制原理;
2. 明确转向信号灯常见故障的现象、原因及排除方法;
3. 对丰田卡罗拉轿车转向信号灯不亮的故障进行检查。

 建议学时:6学时。

一、资料收集

1. 转向信号电路

转向及危险警告灯信号电路一般由转向灯、转向灯开关、危险警告灯开关、闪光器等组成。转向信号灯的闪烁是由闪光器控制的。

汽车转向信号灯一般应具有一定的闪烁频率,我国规定转向信号灯的频闪为60～120次/min,而且要求信号效果要好,通电率(亮暗时间比)最佳为3∶2。汽车转向灯的闪烁一般都是由同一个闪光器来实现的,用转向灯开关和危险警告开关分别进行控制。

闪光器按结构和工作原理可分为电热丝式、电容式、翼片式、电子式、汞式等多种。电子式闪光器具有性能稳定、可靠等优点,故已广泛使用。

电子闪光器的结构和线路繁多,有由晶体管和小型继电器组成的有触点电子式闪光器、有由集成电路和小型继电器组成的有触点集成电路闪光器以及全晶体管式无触点闪光器等。由于前两种电子闪光器使用的电子元件少,成本较低,并且继电器触点能发出有节奏的声响提示驾驶员电子闪光器的工作情况,故目前应用较多。

1)带继电器的有触点电子闪光器

主要由一个晶体管的开关电路和一个继电器组成,如图7-1所示。

当汽车向右转弯时,接通电源开关SW和转向灯开关K,电流流经电阻R1、继电器J的动断触点J、接线柱S、转向灯开关K、右转向信号灯,右转向信号灯亮。当电流通过R1时,在R1上产生电压降,晶体管VT因正向偏压而导通,集电极电流I_c通过继电器J的线圈,使继电器动断触点立即断开,右转向信号灯熄灭。晶体管 VT 导通的同时,VT 的基极电流向电容器 C 充电,随着电容器电荷的积累,充电电流逐渐减小,晶体管 VT 的集电极电流 I_C 也随之减小,当此电流不足以维持衔铁的吸合而释放时,继电器 J 的动断触点 J 又重新闭合,转向信号灯再次发亮。这时电容 C 通过电阻 R2、继电器的动断触点 J、电阻 R3 放电。放电电流在 R2 上产生的电压降又为 VT 提供正向偏压使其导通。这样,电容器 C 不断地充电和放电,晶体管 VT 也就不断地导通与截至,控制继电器的触点反复地闭合、断开,使转向信号灯发出闪光。

2) 全晶体管式(无触点)闪光器

图 7-2 所示为无触点闪光器利用电容器放电延时的特性。利用晶体管 V_1 的导通和截止来达到闪光的目的。接通转向开关后,晶体管 V_1 的基极电流由两路提供,一路经电阻 R_2,另一路经 R_1 和 C,使 V_1 导通,在其导通时,V_2 和 V_3 组成的复合管处于截至状态。由于 V_1 的导通电流很小,仅 60mA 左右,故转向信号灯暗。与此同时,电源对电容器充电,随着电容器 C 两端电压升高,充电电流减小,V_1 的基极电流减小,使 V_1 由导通变成截止。这时 A 点电位升高,当其电位达到 1.4V 时,V_2 和 V_3 导通,于是转向信号灯亮。此时电容器 C 经过 R_1 和 R_2 放电,放电时间为灯亮时间。C 放完电,接着又充电,V_1 再次导通使 V_2 和 V_3 截止,转向信号灯又熄灭,C 的充电时间为灯灭的时间。如此反复,使转向信号灯发出闪光。改变 R_1 和 R_2 的电阻值和 C 的大小以及 VT_1 的 β 值,即可改变闪光频率。

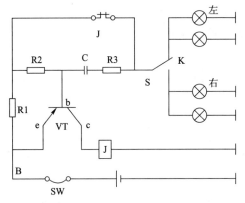

图 7-1 带继电器的有触点晶体管式闪光器

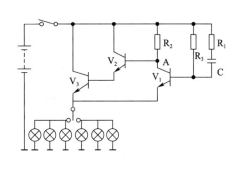

图 7-2 全晶体管式(无触点)闪光器

3) 集成电路闪光器

图 7-3 所示为上海桑塔纳汽车装用的集成电路闪光器的工作原理图。U243B 型集成块的标称电压为 12V,实际工作电压范围为 9~18V,采用双列 8 脚直插塑料封装。内部电路主要由输入检测器 SR、电压检测器 D、振荡器 Z 及功率输出级 SC 四部分组成。是一块低功率、高精度的汽车电子闪光器专用集成电路。

输入检测器用来检测转向信号灯开关是否接通。振荡器由一个电压比较器和外接的电阻 R_4 和电容器 C_1 构成。内部电路比较器的一端提供一个参考电压,其值由电压检测器控制,比较器的另一端则由外接的电阻 R_4 和电容器 C_1 提供一个变化的电压,从而形成电路的振荡。振荡器工作时,输出级的矩形波便控制继电器线圈的电路并使继电器触点反复打开和闭合。于是转向信号灯和转向指示灯闪烁,频率为 80 次/min。

如果一只转向灯烧坏,则流过取样电阻 RS 的电流减小,其电压降减小,经电压检测器识别后,便控制振荡器电压比较器的参考电压,从而改变振荡频率,使转向指示灯的闪光频率加快一倍,以提示驾驶员及时检修。当打开危险警报开关时,汽车的前、后、左、右转向信号灯同时闪烁作为危险警报信号。

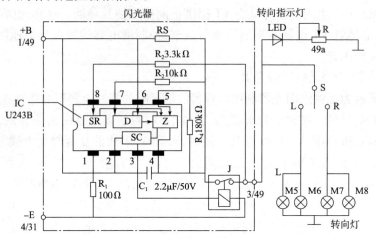

图 7-3 带检测功能的集成电路闪光器

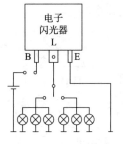

图 7-4 电子式闪光器的引脚

如图 7-4 所示,电子式闪光器有 B、L、E 三个引脚,B 引脚与电源相连,L 端子与灯相连,E 端子搭铁。

2. 检测和使用闪光器应注意的问题

1)代换方面

闪光器损坏后,若无同样型号的闪光器更换(尤其是进口汽车),可找同样功率等级的其他型号闪光器代用。选用闪光器时,应严格按其额定电压和额定功率来考虑,其额定功率的选择,应按汽车前、中(侧)、后转向灯和仪表板上的转向指示灯功率的总和来选。

2)注意极性和引脚

电容式闪光器和电子式闪光器的使用,应注意其正负极的区别。一般闪光器上标有"L"或"信号灯"的接线柱应与转向灯开关相接;标有"B"或"电源"的接线柱应与电源相连;标有"P"或"指示灯"的接线柱应与仪表板指示灯相接。

3)检测方面

在检修转向灯电路时,不允许用搭铁试火的方法来检验闪光器及有关电路,以免闪光器烧坏。因为闪光器的内电阻很小,如直接搭铁将因电流过大而立即烧毁。

4)安装和使用方面

在装有警告灯的闪光器中,警告灯工作时间不宜过长。装有的灯泡负荷必须符合所选用的闪光器的规定,以保证闪光频率。闪光器应按规定的工作位置装在没有剧烈振动的地方。

3. 转向信号灯常见故障的现象、原因及排除方法

转向信号灯在使用过程中,难免会发生这样那样的故障,一旦发生故障,应尽快修复。转向信号灯电路常见故障的现象、原因与排除方法见表 7-1。

项目七 转向信号灯不亮故障的检修

转向信号灯电路常见故障的现象、原因与排除方法　　　表 7-1

现　象	原因分析	排除方法
转向信号灯不亮	(1)熔断器或电路断电器烧断； (2)转向信号闪光器老化或损坏； (3)导线连接松脱； (4)电路开路或搭铁不良； (5)转向灯开关损坏	(1)更换熔断器或电路断电器,如果熔断器和断电器再次熔断,检查有无短路； (2)更换新品； (3)连接牢固； (4)按照要求修复； (5)检查开关总成的连通性,按要求更换转向开关和线束总成
转向信号灯亮但不闪	(1)转向信号闪光器老化或损害； (2)搭铁不良	(1)更换新品； (2)修复搭铁线
前转向信号灯不亮	电路插接器松脱或开路	按照要求修复电路
后转向信号灯不亮	电路插接器松脱或开路	按照要求修复电路
一个转向信号灯不亮	(1)灯泡损坏； (2)电路开路或搭铁不良	(1)更换灯泡； (2)按照要求修复

故障原因确认方法：
(1)一侧转向灯不亮时可目测灯泡好坏,或用万用表检测。
(2)将测试灯一端搭铁,另一端分别接转向灯开关的 R、L 端子,分别打开转向灯开关,测试灯单侧不闪为转向灯开关故障。
(3)危险报警闪光灯和转向灯都不工作,可以用零件替换法判断转向/报警灯继电器、危险报警灯开关的好坏。

4.丰田卡罗拉轿车转向信号系统

丰田卡罗拉转向系统信号由转向信号灯、危险警告灯、侧转向信号灯、转向信号开关、转向信号闪光器等组成,如图 7-5 所示。

5.丰田卡罗拉轿车转向信号灯不亮的故障

丰田卡罗拉轿车转向信号灯不亮的故障见表 7-2。

丰田卡罗拉轿车转向信号灯不亮的症状与原因　　　表 7-2

症　状	原　因
转向信号灯不工作(危险警告灯正常)	(1)IG2 熔断丝断路； (2)前照灯变光开关总成(转向信号开关)不良； (3)转向信号闪光器总成失效； (4)线束或插接器不良
危险警告灯和转向信号灯不工作	(1)TRN－HAZ 熔断丝和 ECU－IG2 熔断丝断路； (2)转向信号闪光灯总成失效； (3)线束或插接器不良
向某个方向转向时,转向信号灯不工作	(1)前照灯变光开关总成(转向信号开关)失效； (2)转向信号闪光灯总成不良； (3)线束或插接器不良
只有一个灯泡不工作	(1)灯泡损坏； (2)线束或插接器不良

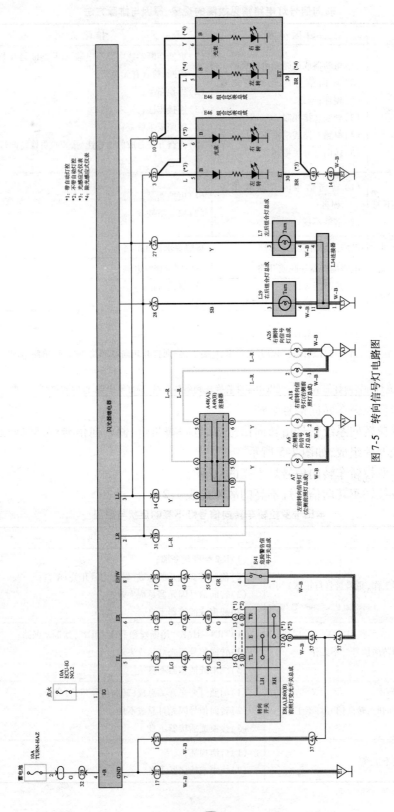

图 7-5 转向信号灯电路图

二、实训操作

1. 技术标准与要求（以丰田卡罗拉 ZRE151 轿车为例）
(1) 拔下转向信号闪光器总成时要关闭点火开关。
(2) 转向信号开关各端子与搭铁之间的电阻见表7-3。
(3) 转向信号闪光器各端子的电压值见表7-6。

2. 工具、设备和材料的准备
(1) 万用表、常用工具一套。
(2) 磁力护裙、转向盘护套、变速杆手柄套、脚垫和座椅套。
(3) 举升机。
(4) 丰田卡罗拉轿车及维修手册。

3. 查询并填写信息
生产年份_____，车牌号码_____，行驶里程_____，发动机型号及排量_____，车辆识别代号(VIN)_____。

4. 作业前的准备
(1) 汽车进入工位前，将工位清理干净(图7-6)，准备好相关的器材。
(2) 将汽车停驻在举升机中央位置(图7-7)。
(3) 拉紧驻车制动器操纵杆(图7-8)，并将变速杆置于空挡或驻车挡(P位)位置(图7-9)。

图7-6 清理工位

图7-7 汽车停驻

图7-8 拉紧驻车制动器操纵杆

图7-9 变速杆置于空挡或驻车挡(P位)位置

(4) 套上转向盘护套、变速杆手柄套和座椅套，铺设脚垫，如图7-10所示。
(5) 在车内拉动发动机舱盖手柄，在车外打开并支撑发动机舱盖(图7-11)。
(6) 粘贴翼子板和前磁力护裙(图7-12)。

图 7-10 套上各个护套

图 7-11 打开并支撑发动机舱盖　　　　　图 7-12 贴上磁力护裙

5. 检查 IG2 熔断丝

（1）如图 7-13 所示，从发动机舱继电器盒上拆下 IG2 熔断丝。

图 7-13 熔断丝安装位置图

（2）测量电阻值，如图 7-14 所示，IG2 熔断丝电阻应始终小于 1Ω；如果有异常，如图 7-15 所示，应更换熔断丝。

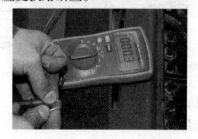 

图 7-14 正常的熔断丝　　　　　图 7-15 异常的熔断丝

6. 检查转向信号开关

转向信号开关连接器如图 7-16 所示,各端子与搭铁之间的电阻见表 7-3。若不符合标准将更换转向信号开关。

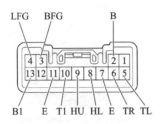

图 7-16 转向信号开关连接器

各端子与搭铁之间的电阻　　　　　　　　　　　表 7-3

检测仪连接	开关状态	规定状态
6(TR)—7(E)	OFF	10kΩ 或更大
5(TL)—7(E)		
6(TR)—7(E)	RH	小于 1Ω
5(TL)—7(E)	LH	小于 1Ω

7. 检查转向信号闪光器,如图 7-17 所示

1)拆卸

(1)拆卸仪表板下装饰板总成,如图 7-18 所示。

图 7-17 转向信号闪光器及仪表板下装饰板总成　　图 7-18 拆卸仪表板下装饰板总成

(2)从接线盒上拆下转向信号闪光器,如图 7-19 所示。

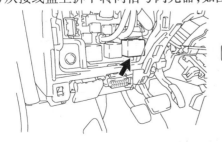

图 7-19 拆卸转向信号闪光器总成

2)检查

(1)检查转向信号闪光器各端子,如图 7-20 所示。根据表 7-4 所示,测量电压值。如果结果不符合规定,则线束侧有故障。

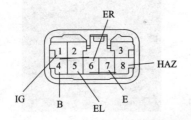 

图 7-20 转向信号闪光器端子编号

端子与车身搭铁的测量电压值　　　　　　表 7-4

检测仪连接	条　件	规 定 状 态
4(B)—车身搭铁	始终	11～14V
1(IG)—车身搭铁	点火开关置于 OFF 位置	低于 1V
1(IG)—车身搭铁	点火开关置于 ON(IG) 位置	11～14V

(2)根据表 7-5 所示,测量电阻值。如果结果不符合规定,则线束侧有故障。

端子与车身搭铁的测量电阻值　　　　　　表 7-5

检测仪连接	条　件	规 定 状 态
5(EL)—车身搭铁	转向信号开关置于 OFF 位置	10kΩ 或更大
5(EL)—车身搭铁	转向信号开关置于 LH 位置	小于 1Ω
6(ER)—车身搭铁	转向信号开关置于 OFF 位置	10kΩ 或更大
6(ER)—车身搭铁	转向信号开关置于 RH 位置	小于 1Ω
7(E)—车身搭铁	始终	小于 1Ω
8(HAZ)—车身搭铁	危险警告开关置于 OFF 位置	10kΩ 或更大
8(HAZ)—车身搭铁	危险警告开关置于 ON 位置	小于 1Ω

(3)将转向信号闪光器安装到仪表板接线盒上,如图 7-21 所示。

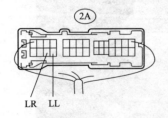 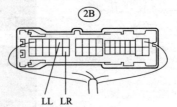 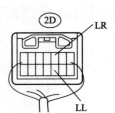

图 7-21 各种接插器的示意图

项目七 转向信号灯不亮故障的检修

(4)根据表 7-6 所示,测量电压值。如果结果不符合规定,更换转向信号闪光器。

端子与车身搭铁的测量电压值　　　　　表 7-6

检测仪连接	开关状态	规定状态
2A-27(LL)—车身搭铁	转向信号开关置于 OFF 位置	低于 1V
	转向信号开关置于 LH 位置	11~14V(60~120 次/min)
	危险警告开关置于 OFF 位置	低于 1V
	危险警告开关置于 ON 位置	11~14V(60~120 次/min)
2A-28(LR)—车身搭铁	转向信号开关置于 OFF 位置	低于 1V
	转向信号开关置于 RH 位置	11~14V(60~120 次/min)
	危险警告开关置于 OFF 位置	低于 1V
	危险警告开关置于 ON 位置	11~14V(60~120 次/min)
2B-14(LL)—车身搭铁	转向信号开关置于 OFF 位置	低于 1V
	转向信号开关置于 LH 位置	11~14V(60~120 次/min)
	危险警告开关置于 OFF 位置	低于 1V
	危险警告开关置于 ON 位置	11~14V(60~120 次/min)
2B-31(LR)—车身搭铁	转向信号开关置于 OFF 位置	低于 1V
	转向信号开关置于 RH 位置	11~14V(60~120 次/min)
	危险警告开关置于 OFF 位置	低于 1V
	危险警告开关置于 ON 位置	11~14V(60~120 次/min)
2D-10(LL)—车身搭铁	转向信号开关置于 OFF 位置	低于 1V
	转向信号开关置于 LH 位置	11~14V(60~120 次/min)
	危险警告开关置于 OFF 位置	低于 1V
	危险警告开关置于 ON 位置	11~14V(60~120 次/min)
2D-3(LR)—车身搭铁	转向信号开关置于 OFF 位置	低于 1V
	转向信号开关置于 RH 位置	11~14V(60~120 次/min)
	危险警告开关置于 OFF 位置	低于 1V
	危险警告开关置于 ON 位置	11~14V(60~120 次/min)

3)安装

(1)将转向信号闪光器安装到接线盒上。

(2)连接每个插接器,接合 6 个卡爪和 3 个卡子,并安装仪表板下装饰板总成,如图 7-22 所示。

8. 结束工作

作业项目完成后,拆除护裙、驾驶室内防护套,关闭发动机舱盖,清理器材,清洁地面卫生。搞好工位的清洁、整理工作。

图 7-22 仪表板下装饰板总成安装示意图

三、评价与反馈

(1) 对本学习项目进行评价,见表 7-7。

表 7-7 评 分 表

考核项目	评分标准	分数	学生自评	小组互评	教师评价	小 计
团队合作	是否协调	5				
活动参与	是否积极主动	5				
安全生产	有无安全隐患	10				
现场 5S	是否做到	10				
任务方案	是否正确、合理	15				
操作过程	(1)检查 IG2 熔断丝; (2)检查转向信号开关; (3)检查转向信号闪光灯总成; (4)检查线束或插接器	30				
任务完成情况	是否圆满完成	5				
工具和设备使用	是否规范、标准	10				
劳动纪律	是否能严格遵守	5				
工单填写	是否完整、规范	5				
总分		100				
教师签名:			年 月 日		得分:	

(2) 画出转向信号灯不亮故障诊断流程图。

项目八　电喇叭不响故障的检修

汽车喇叭是驾驶时频繁使用的声音信号装置,不仅行驶当中要用,在车辆停放时还可与防盗系统配合起警告作用。如果使用时经常出现单音、音质差,并且时好时坏,有时根本不响等故障,会给车主带来很多不便,甚至会影响汽车行驶安全。本项目主要介绍电喇叭不响故障的检修。

 学习目标

完成本项目学习后,你应当能:
1. 知道电喇叭的控制原理;
2. 知道汽车喇叭声级的检测方法;
3. 对电喇叭不响故障进行检修。

 建议学时:6 学时。

一、资料收集

1. 喇叭的类型

喇叭的类型很多,分类标准不同,种类就不同。

按发音动力分为气喇叭和电喇叭。电喇叭按有无触点分为普通电喇叭和电子电喇叭。其中普通电喇叭主要是靠触点的闭合和断开,控制电磁线圈激励膜片振动而产生音响的;电子电喇叭中无触点,它是利用晶体管电路激励膜片振动产生音响。电喇叭外形如图 8-1 所示。

另外,按外形分可分为螺旋形、筒形、盆形。按声频分可分为高音和低音。按接线方式分可分为单线制和双线制。

图 8-1　电喇叭

2. 电子电喇叭的结构和原理

有触点电磁振动式电喇叭由于触点易烧蚀、氧化,影响电喇叭的工作可靠性,故障率高。因此,无触点电喇叭(电子电喇叭)应运而生,电子电喇叭的结构如图8-2所示。

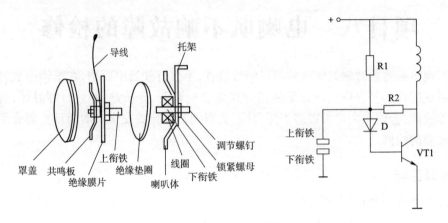

图8-2 电子电喇叭的结构

电子电喇叭利用晶体管控制电路来激励膜片振动产生声响。无触点电喇叭主要由多谐振荡电路和功率放大电路组成,电路如图8-3所示。

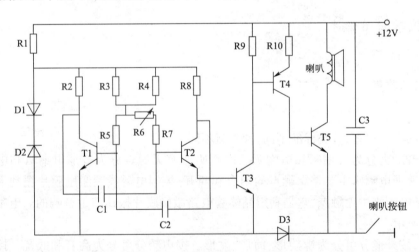

图8-3 无触点电喇叭电路图

工作原理如下:由 T1、T2、T3 和 C1、C1 及 R1~R9 组成多谐振荡电路。当按下喇叭按钮,电路即通电。由于 T1 和 T2 的电路参数总有微小差异,两个晶体管的导通程度不可能完全一致。假设在电路接通瞬间 T1 先导通,T1 的集电极电位首先下降,于是,多谐振荡电路通过 C1、C2 正反馈电路形成正反馈过程,使 T1 迅速饱和导通,而 T2 则迅速截止,电路进入暂时稳态。此时,C1 充电使 T2 的基极电位升高,当达到 T2 的导通电压时,T2 开始导通,多谐振荡电路又形成正反馈过程,使 T2 迅速导通,而 T1 则迅速截止,电路进入新的暂时稳态。这时,C2 的充电又使 T1 的基极电位升高,T1 又导通,电路又产生一个正反馈过程,使 T1 迅速饱和导通,而 T2、T3 则迅速截止。如此周而复始,形成振荡。此振荡电流信号经 T4、T5 的直流放大,控制喇叭线圈电流的通断,从而使喇叭发出声响。

电路中,电容 C3 是喇叭的电源滤波电容,以防其他电路瞬变电压的干扰。D2、R1 为多谐振荡器的稳压电路,使振荡频率稳定。D1 用作温度补偿,D3 起电源反接保护作用。R6 可用于调节喇叭的音量。

3. 喇叭继电器

为了得到更加悦耳的声音,在汽车上常装有两个不同音调(高、低音)的喇叭。其中高音喇叭膜片厚,扬声筒短,低音喇叭则相反。有时甚至用三个(高、中、低)不同音调的喇叭。装用单只喇叭时,喇叭电流是直接由按钮控制的,按钮大多装在转向盘的中心。当汽车装用双喇叭时,因为消耗电流较大(喇叭继电器 15~20A),用按钮直接控制时,按钮容易烧坏。为了避免这个缺点,采用喇叭继电器,如图 8-4 所示。

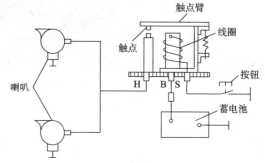

图 8-4 喇叭继电器

4. 电喇叭的安装

(1)单线制电喇叭与双线制电喇叭的接线方法不同(双线制电喇叭按钮控制电喇叭的搭铁)。装两只或以上的电喇叭为延长按钮的使用寿命,应安装喇叭继电器。

(2)电喇叭一般安装在汽车保险杠附近。其固定方法对其发音影响很大,安装时应有适当的避振结构和正确的安装位置。通常电喇叭先固定在避振片上(一般用 0.5~0.8mm 厚的弹簧钢片制成)。然后再由避振片或避振结构与车身相接,不可直接作刚性连接。安装时不可随意改变原装电喇叭避振片,安装盆形电喇叭时,避振片应垂直向下。

(3)电喇叭安装时扬声筒应向车辆的前方,并稍向下倾斜,以防雨水或洗车水进入其内而影响发音效果。

5. 汽车喇叭声级的检测

汽车喇叭声级的测点位置如图 8-5 所示,检测时应注意不被偶然的其他声源峰值所干扰,测量次数定在 2 次以上,并监听喇叭声音是否悦耳。

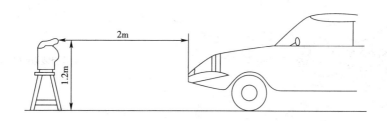

图 8-5 声级计的检测部位

6. 丰田卡罗拉轿车电喇叭

丰田卡罗拉轿车电喇叭分高音和低音两种喇叭,如图 8-6 所示。电喇叭及相关部件具体安装位置如图 8-7 所示。

图 8-6 高、低音喇叭

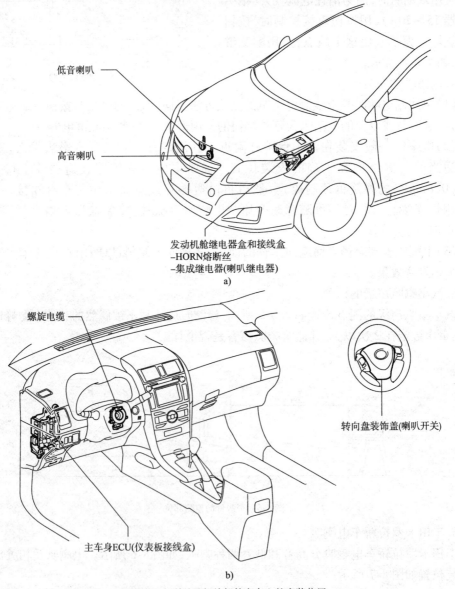

图 8-7 电喇叭及相关部件在车上的安装位置

项目八 电喇叭不响故障的检修

7. 电喇叭的故障

电喇叭的故障现象见表8-1。

故 障 现 象 表　　　表8-1

故 障 现 象	可 疑 部 位
喇叭不响	(1) HORN熔断丝； (2) 集成继电器(喇叭继电器)； (3) 转向盘装饰盖(喇叭开关)； (4) 螺旋电缆； (5) 线束
喇叭一直鸣响	(1) 集成继电器(喇叭继电器)； (2) 转向盘装饰盖(喇叭开关)； (3) 螺旋电缆； (4) 线束
低音喇叭工作,但高音喇叭不工作	(1) 高音喇叭； (2) 线束
高音喇叭工作,但低音喇叭不工作	(1) 低音喇叭； (2) 线束

8. 电喇叭的电路原理

丰田卡罗拉轿车电喇叭的电路原理如图8-8所示。

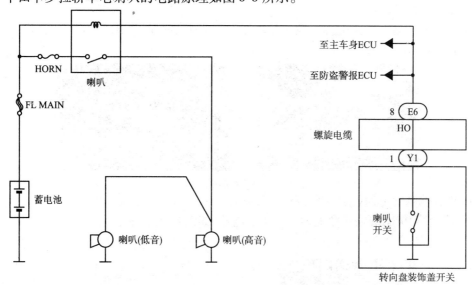

图8-8　电喇叭电路原理图

二、实训操作

1. 技术标准与要求(以丰田卡罗拉ZRE151轿车为例)

(1) 电喇叭安装时扬声筒应向车辆的前方,并稍向下倾斜,以防雨水或洗车水进入其内而影响发音效果。

123

(2)拔下各接插元件时应断开电源。
(3)完好的喇叭熔断丝电阻值应小于1Ω。
(4)螺旋电缆的电阻值应小于1Ω。
(5)使用电喇叭的时间不应过长,一般连续发声不超过10s。

2. 工具、设备和材料的准备
(1)万用表、常用工具一套。
(2)磁力护裙、转向盘护套、变速杆手柄套、脚垫和座椅套。
(3)举升机。
(4)丰田卡罗拉轿车及维修手册。

3. 查询并填写信息
生产年份_____,车牌号码_____,行驶里程_____,发动机型号及排量_____,车辆识别代号(VIN)_____。

4. 作业前的准备
(1)汽车进入工位前,将工位清理干净,准备好相关的器材。
(2)将汽车停驻在举升机中央位置。
(3)拉紧驻车制动器操纵杆,并将变速杆置于空挡或驻车挡(P位)位置。
(4)套上转向盘护套、变速杆手柄套和座椅套,铺设脚垫。
(5)在车内拉动发动机舱盖手柄,在车外打开并支撑发动机舱盖。
(6)粘贴翼子板和前磁力护裙。

5. 检查喇叭熔断丝
从发动机舱继电器盒中拆下喇叭熔断丝,用万用表测量,其阻值始终应小于1Ω。如图8-9和图8-10所示。

图8-9 喇叭熔断丝位置图

6. 检查喇叭继电器(集成继电器)
(1)从发动机舱继电器盒上拆下集成继电器,如图8-11所示。

 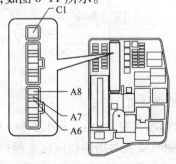

图8-10 测量喇叭熔断丝电阻值　　图8-11 集成继电器位置

(2) 根据表 8-2 所示,测量电阻值。如果结果不符合规定,则更换集成继电器。

标准电阻　　　　　　　　　　　　　　表 8-2

检测仪连接	条　件	规　定　状　态
C1—A8	蓄电池电压没有施加在端子 A6 和 A7 时	10kΩ 或更大
C1—A8	蓄电池电压施加在端子 A6 和 A7 时	小于 1Ω

7. 转向盘装饰盖(喇叭按钮)

拆下转向盘装饰盖,测量喇叭开关的电阻值,如果电阻为无穷大,则喇叭按钮开关损坏,应进行更换,如图 8-12 和图 8-13 所示。

图 8-12　拆下转向盘装饰盖

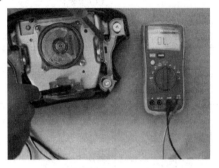
图 8-13　测量喇叭按钮开关的电阻值

8. 检查螺旋电缆

螺旋电缆端子示意图如图 8-14 所示。

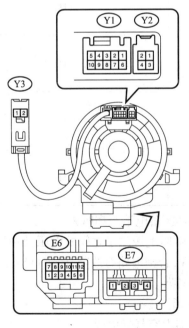

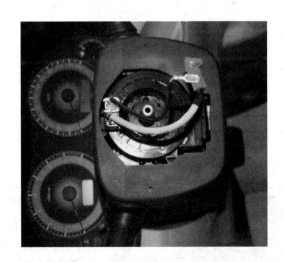

图 8-14　螺旋电缆端子示意图

(1) 如果有以下任何缺陷:连接器或者螺旋电缆上有划痕、裂缝、凹痕或碎片,则换上新的螺旋电缆。

(2)检查螺旋电缆。根据表8-3所示,测量电阻值。

◇**特别提示**:为避免螺旋电缆损坏,转动螺旋电缆时不要超过必要的圈数。如果数值不在规定的范围内,更换螺旋电缆。

螺旋电缆电阻测量表　　　　　　表8-3

检测仪连接	条　件	规　定　状　态
Y1-1—E6-8(HO)	(1)中央; (2)向左转2.5圈; (3)向右转2.5圈	小于1Ω
Y1-1—E6-3(CCS)	(1)中央; (2)向左转2.5圈; (3)向右转2.5圈	小于1Ω
Y1-2—E6-4(ECC)	(1)中央; (2)向左转2.5圈; (3)向右转2.5圈	小于1Ω
Y1-5—E6-12(IL+2)	(1)中央; (2)向左转2.5圈; (3)向右转2.5圈	小于1Ω
Y1-8—E6-4(EAU)	(1)中央; (2)向左转2.5圈; (3)向右转2.5圈	小于1Ω
Y1-9—E6-5(AU2)	(1)中央; (2)向左转2.5圈; (3)向右转2.5圈	小于1Ω
Y1-10—E6-6(AU1)	(1)中央; (2)向左转2.5圈; (3)向右转2.5圈	小于1Ω
Y3-1—E7-2(D-)	(1)中央; (2)向左转2.5圈; (3)向右转2.5圈	小于1Ω
Y3-2—E7-1(D+)	(1)中央; (2)向左转2.5圈; (3)向右转2.5圈	小于1Ω

9. 检查线束连接(蓄电池至喇叭)

测量蓄电池至喇叭电源端子之间的电压,如图8-15所示,应为11~14V,否则电路有故障,应进行检修。

10. 检修低音喇叭

1)拆卸(图8-16)

(1)拆卸散热器上空气导流板。

(2)拆卸散热器格栅防护罩。

(3)拆卸前保险杠总成。

(4)排空清洗液(带前照灯清洗器系统)。

图8-15　测量蓄电池至喇叭端子的电压

(5)拆卸低音喇叭总成,如图8-17所示,断开插接器,拆下螺栓和低音喇叭总成。

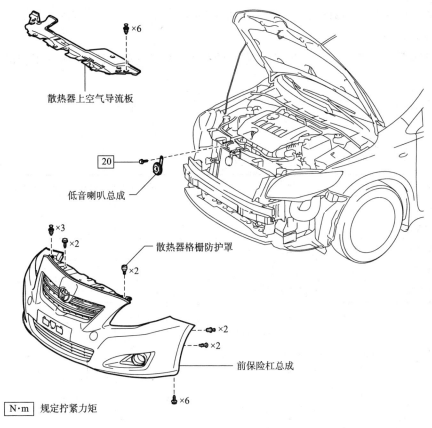

图8-16 拆装低音喇叭相关部件分解图

2)检查

检查低音喇叭,如图8-18所示,施加蓄电池电压并检查喇叭的工作情况。蓄电池正极接端子1,负极搭铁,喇叭应能够正常发音,否则喇叭损坏,应更换低音电喇叭。

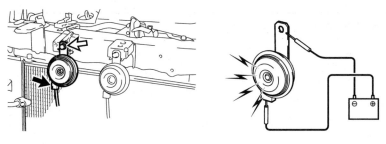

图8-17 拆卸低音喇叭　　　　图8-18 检查低音喇叭

3)安装

(1)安装低音喇叭总成。用螺栓安装低音喇叭总成,拧紧力矩为20N·m。连接插接器。
(2)将清洗液罐加满清洗液(带前照灯清洗器系统)。
(3)安装前保险杠总成,散热器格栅防护罩。

(4)安装散热器上空气导流板。

11.检修高音喇叭

高音喇叭的拆装、检修方法与低音喇叭相同。

12.结束工作

作业项目完成后,拆除护裙、驾驶室内防护套,关闭发动机舱盖,做好工位的清洁、整理工作。

三、评价与反馈

(1)对本学习项目进行评价,见表8-4。

评 分 表　　　　　　　　　　　　　表8-4

考核项目	评分标准	分数	学生自评	小组互评	教师评价	小　计
团队合作	是否协调	5				
活动参与	是否积极主动	5				
安全生产	有无安全隐患	10				
现场5S	是否做到	10				
任务方案	是否正确、合理	15				
操作过程	(1)检查喇叭熔断丝; (2)检查集成继电器(喇叭继电器); (3)检查转向盘装饰盖(喇叭开关); (4)检查螺旋电缆; (5)检查线束连接	30				
任务完成情况	是否圆满完成	5				
工具和设备使用	是否规范、标准	10				
劳动纪律	是否能严格遵守	5				
工单填写	是否完整、规范	5				
总分		100				
教师签名:				年　月　日	得分:	

(2)画出喇叭不响故障诊断流程图。

项目九　冷却液温度表、燃油表指针不动故障的检修

汽车仪表的作用是监测汽车的运行状况,使驾驶员随时观察与掌握汽车各系统工作状态的相关信息,包括发动机转速表、车速表、里程表、燃油表、冷却液温度表、机油压力表以及各种报警显示装置等。

当点火开关置 ON 位置,电磁式冷却液温度表的指针不动,一般原因有:冷却液温度表电源线断路,冷却液温度表故障,传感器故障,温度表至传感器的导线断路等。

当点火开关置 ON 位置,不论燃油量多少,燃油表指针始终不动,则需要对燃油表至传感器线路及相关部件进行检查。如果燃油表指针总指向"0"(无油),一般原因有:传感器内部搭铁或浮子损坏,燃油表至传感器的导线搭铁,燃油表电源线断路,燃油表内部故障等。如果燃油表指针总指示"1"(油满),一般原因有:燃油表至传感器导线断路;传感器内部断路等。

 学习目标

完成本项目学习后,你应当能:
1. 叙述冷却液温度表的结构与原理;
2. 卡罗拉1ZR发动机冷却液温度表指针不动故障的检修;
3. 叙述燃油表的结构与原理;
4. 对卡罗拉1ZR发动机燃油表指针不动故障进行检修。

 建议学时:6学时。

课题一　冷却液温度表指针不动故障的检修

一、资料收集

冷却液温度表用来检测和显示发动机水套中冷却液的工作温度,以防因冷却液温度过高而使发动机过热。

冷却液温度表可分为电热式、电磁式和动磁式三种;冷却液温度传感器可分为双金属片式和热敏电阻式两种。常用的是电热式冷却液温度表配双金属片式传感器、电热式冷却液温度表配热敏电阻式传感器和电磁式冷却液温度表配热敏电阻式传感器三种。

(一)电热式冷却液温度表与双金属片式传感器

1. 电热式冷却液温度表与双金属片式传感器结构组成

电热式冷却液温度表与双金属片式传感器的结构组成如图9-1所示。

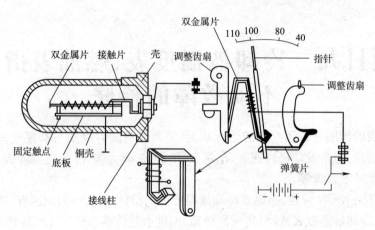

图9-1 电热式冷却液温度表与双金属片式传感器

2.电热式冷却液温度表与双金属片式传感器原理

当点火开关置ON时,电流流过加热线圈,双金属片受热变形使触点分离,切断电路;随后双金属片冷却伸直,触点又重新闭合,电路又被接通,如此反复,电路中形成一脉冲电流。

当冷却液温度较低时,双金属片变形小,触点压力大,闭合时间长,打开时间短,电路中电流的平均值大,该电流流过冷却液温度表加热线圈,冷却液温度表的双金属片变形大,指针偏摆角度大,指向低温。反之,当冷却液温度较高时,传感器中双金属片向上翘曲变形大,触点压力小,闭合时间短,打开时间长,电路中电流的平均值小,冷却液温度表的双金属片变形小,指针偏摆角度小,指向高温。

(二)电热式冷却液温度表与热敏电阻式传感器

1.电热式冷却液温度表与热敏电阻式传感器结构组成

电热式冷却液温度表与热敏电阻式传感器结构组成如图9-2所示,热敏电阻式传感器的主要元件为负温度系数的热敏电阻。

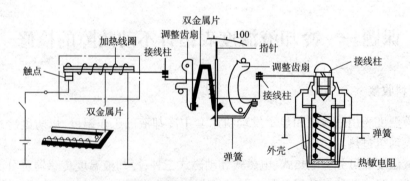

图9-2 电热式冷却液温度表、热敏电阻式传感器与稳压器

2.电热式冷却液温度表与热敏电阻式传感器原理

当点火开关置ON时,电流从蓄电池正极→点火开关→电源稳压器→冷却液温度表双金属片的加热线圈→传感器接线柱→热敏电阻→传感器外壳→搭铁→蓄电池负极。

当发动机冷却液温度较低时,传感器的热敏电阻阻值大,电路中电流的平均值小,冷却液温度表的双金属片弯曲变形小,指针指向低温。反之,当冷却液温度升高时,热敏电阻阻值小,电路中电流的平均值大,冷却液温度表的双金属片弯曲变形大,指针指向高温。

3. 仪表稳压器

电热式冷却液温度表及燃油表配用可变电阻式传感器时,应在电路中串入仪表稳压器,其作用是当电源电压变化时稳定仪表的平均电压,避免仪表的指示误差。仪表稳压器常见有电热式和电子式两类。

1) 电热式仪表稳压器

电热式仪表稳压器由双金属片、一对动断触点、电热线圈、座板和外壳等部分组成。如图9-3所示,其工作原理如下:电源电压偏高时,电热线圈中的电流增大,产生的热量大,使触点在较短的时间断开,而又需较长时间冷却才能重新闭合,即触点闭合时间短,断开时间长,导致输出的平均电压较电源电压低(即较大幅度地降低了电源电压);反之,电源电压偏低时,电流小热量小,触点闭合时间长而断开时间短,输出的平均电压相对高(即较小幅度地降低了电源电压)。即在电源电压变化时,稳压器输出一脉冲电压,其电压波形如图9-3所示。当电源电压变化时,输出电压平均值保持稳定。该电源稳压器的输出电压为 $8.64V \pm 0.15V$。

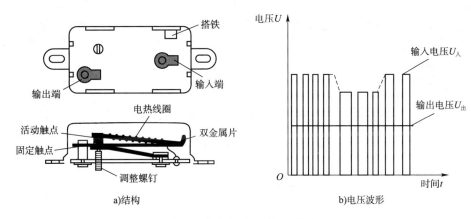

图9-3 仪表稳压器及其电压波形

2) 电子式仪表稳压器

采用三端集成稳压器可简化仪表结构,降低仪表成本,提高稳压精度,延长仪表寿命。例如桑塔纳2000GSi轿车仪表板采用了专用的三端式电子仪表稳压器。图9-4中A脚为输出脚,E脚为电源输入端,另一脚为搭铁。该稳压器输出电压为 $9.5 \sim 10.5V$。

(三) 电磁式冷却液温度表与热敏电阻式温度传感器

1. 电磁式冷却液温度表与热敏电阻式温度传感器结构

电磁式冷却液温度表与热敏电阻式温度传感器结构组成如图9-5所示。

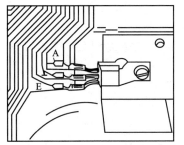

图9-4 电子仪表稳压器

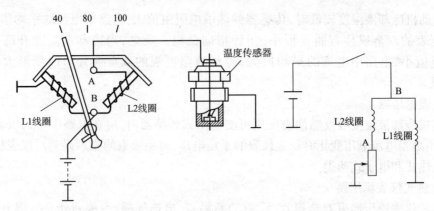

图9-5 电磁式冷却液温度表与热敏电阻式温度传感器

2. 电磁式冷却液温度表与热敏电阻式温度传感器原理

当点火开关置 ON 时，左、右两线圈通电，各形成一个磁场，同时作用于软铁转子，转子便在合成磁场的作用下转动，使指针指在某一刻度上。

当冷却液温度降低时，传感器热敏电阻阻值增大，L2 线圈中电流变小，合成磁场逆时针转动，使指针指在低温处；反之，当冷却液温度升高时，传感器热敏电阻阻值减小，L2 线圈中电流增大，合成磁场顺时针转动，使指针指在高温处。

（四）卡罗拉1ZR 发动机冷却液温度表电路

仪表CPU 通过 CAN 通信线路（CAN 1 号总线）接收来自 ECM 的发动机冷却液温度信号。仪表 CPU 根据从 ECM 接收到的数据计算并显示发动机冷却液温度。卡罗拉1ZR 发动机冷却液温度表电路如图9-6 所示。

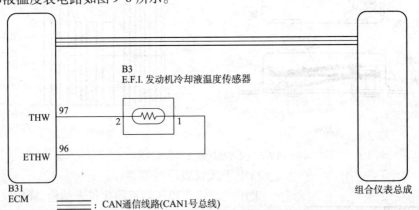

图9-6 卡罗拉1ZR 发动机冷却液温度表电路图

◇**特别提示**：如果发动机冷却液温度传感器电路存在断路或短路，则 ECM 输出独特故障码（DTC）。

二、实训操作

1. 技术标准与要求

（1）冷却液温度表和传感器电阻的检测方法与油压表相同，冷却液温度表电阻值为17.5Ω。传感器电阻值为 8.5~9Ω。如果电阻值小于标准电阻值，说明电热线圈有匝间短路故障。如果电阻值大于标准电阻值,说明线圈与连接部件接触不良。如果万用表指针不动,说明线圈电路断路,应换用新品。

(2)冷却液温度表检测电路与机油压力表检测电路相同,在电流在80mA、160mA、240mA时,冷却液温度表指针偏摆度读数应为100℃、80℃、40℃。

(3)发动机冷却液暖机后温度标准值为80~95℃,如果为-40℃则传感器电路断路,如果为140℃或更高则传感器电路短路。

2. 工具、设备和材料的准备

(1)智能检测仪、常用工具一套。

(2)磁力护裙、转向盘护套、变速杆手柄套、脚垫和座椅套。

(3)举升机。

(4)丰田卡罗拉轿车及维修手册。

3. 查询并填写信息

生产年份_____,车牌号码_____,行驶里程_____,发动机型号及排量_____,车辆识别代号(VIN)_____。

4. 作业前的准备

(1)汽车进入工位前,将工位清理干净,准备好相关的器材。

(2)将汽车停驻在举升机中央位置。

(3)拉紧驻车制动器操纵杆,并将变速杆置于空挡或驻车挡(P位)位置。

(4)如图9-7所示套上转向盘护套、变速杆手柄套和座椅套,铺设脚垫。

图9-7 套上各个护套

(5)在车内拉动发动机舱盖手柄,如图9-8所示在车外打开并支撑发动机舱盖。

(6)如图9-9所示,粘贴翼子板和前磁力护裙。

图9-8 打开并支撑发动机舱盖　　　　图9-9 贴上磁力护裙

5. 检查 CAN 通信系统

主要是检查是否输出 CAN 通信故障码,CAN 是否工作良好,如图 9-10 所示。如果没有故障进入下一步骤;如果有故障应将系统中的故障清除,再进入下一步骤。

图 9-10　检查 CAN 通信系统

◆**特别提示**:仪表 CPU 通过 CAN 通信线路(CAN 1 号总线)接收来自 ECM 的发动机冷却液温度信号,计算并显示发动机冷却液温度。如果发动机冷却液温度传感器电路中存在断路或短路,则 ECM 输出 DTC。

6. 用智能检测仪进行主动测试

(1)将智能检测仪连接到诊断接头上。

(2)将点火开关置于 ON(IG)位置。

(3)打开检测仪。

(4)进入以下菜单项:Diagnosis/OBD/MOBD/Combination Meter/Active Test。

(5)确定冷却液温度表的工作情况,如图 9-11 ~ 图 9-13 所示。如指针正常,读取智能检测仪的值;如指针不正常,更换组合仪表。

图 9-11　冷却液温度处于低位仪表与智能显示仪指示情况

图 9-12　冷却液温度处于正常位置仪表与智能显示仪指示情况

项目九　冷却液温度表、燃油表指针不动故障的检修

图 9-13　冷却液温度处于高位仪表与智能显示仪指示情况

7. 读取智能检测仪的值

(1) 将智能检测仪连接到 DLC3。

(2) 将点火开关置于 ON(IG) 位置。

(3) 打开检测仪。

(4) 进入以下菜单项：Diagnosis/OBD/MOBD/Combination Meter/Data List。如图 9-14 所示。

◆**特别提示**：如果测量值为 -40℃ 则传感器电路断路，如图 9-15 所示；如果测量值为 140℃ 或更高则传感器电路短路。

图 9-14　智能诊断仪显示情况　　图 9-15　传感器电路断路时智能诊断仪显示情况

当检测仪上显示的发动机冷却液温度值与指针指示几乎相同需更换组合仪表，若异常则进入下一步。

图 9-16　故障码显示情况

8. 确认 DTC 输出

(1) 将智能检测仪连接到 DLC3。

(2) 将点火开关置于 ON(IG) 位置。

(3) 打开检测仪。

(4) 进入以下菜单项：Diagnosis/Powertrain/Engine and ECT/DTC Info/Clear Codes。

(5) 使车辆以高于 5km/h 的速度行驶至少 60s。

(6) 使车辆停止。

(7) 检查 DTC，如图 9-16 所示。

如果正常，更换新的组合仪表；如果异常，进入故障 P0118 的诊断工作(在此不再赘述)。

9.结束工作

作业课题完成后,拆除护裙、驾驶室内防护套,关闭发动机舱盖,清理器材,清洁地面卫生。搞好工位的清洁、整理工作。

三、评价与反馈

(1)对本学习课题进行评价,见表9-1。

评 分 表　　　　　　　　　　　　　　　表9-1

考核项目	评分标准	分数	学生自评	小组互评	教师评价	小 计
团队合作	是否协调	5				
活动参与	是否积极主动	5				
安全生产	有无安全隐患	5				
现场5S	是否做到	5				
任务方案	是否正确、合理	10				
操作过程	(1)检查CAN通信系统;	20				
	(2)用智能检测仪进行主动测试;	20				
	(3)读取智能检测仪的值;	5				
	(4)确认DTC输出	5				
任务完成情况	是否圆满完成	5				
工具和设备使用	是否规范、标准	5				
劳动纪律	是否能严格遵守	5				
工单填写	是否完整、规范	5				
总分		100				
教师签名:			年 月 日		得分:	

(2)能否独立检查丰田卡罗拉燃油表指针不动的故障原因?并换其他车型进行尝试。

课题二　燃油表指针不动故障的检修

一、资料收集

燃油表用来指示燃油箱内燃油的储存量。燃油表有电磁式、动磁式和电热式三种,传感器均为可变电阻式。

1.电磁式燃油表与可变电阻式燃油量传感器

1)电磁式燃油表与可变电阻式燃油量传感器结构组成

电磁式燃油表与可变电阻式燃油量传感器结构组成如图9-17所示。

项目九 冷却液温度表、燃油表指针不动故障的检修

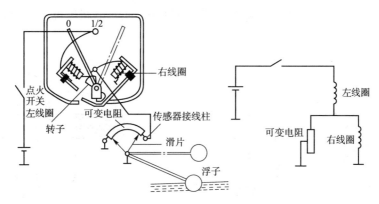

图9-17 电磁式燃油表与可变电阻式燃油量传感器

2)电磁式燃油表与可变电阻式燃油量传感器原理

当点火开关置ON时,电流由蓄电池正极→点火开关→燃油表接线柱→左线圈→接线柱→右线圈→搭铁→蓄电池负极。同时电流由接线柱→传感器接线柱→可变电阻→滑片→搭铁→蓄电池负极。左线圈和右线圈形成合成磁场,转子就在合成磁场的作用下转动,使指针指在某一刻度上。

当油箱无油时,浮子下沉,可变电阻上的滑片移至最右端,可变电阻被短路,右线圈也被短路,左线圈的电流达最大值,产生的电磁吸力最强,吸引转子,使指针停在最左面的"0"位上。

随着油箱中油量的增加,浮子上浮,带动滑片沿可变电阻滑动。可变电阻部分接入电路,左线圈电流相应减小,而右线圈中电流增大。转子在合成磁场的作用下向右偏转,带动指针指示油箱中的燃油量。如果油箱半满,指针指在"1/2"位;当油箱全满时,指针指在"1"位。

2. 动磁式燃油表与可变电阻式燃油量传感器

1)动磁式燃油表与可变电阻式燃油量传感器结构组成

如图9-18所示,左右磁化线圈互相垂直地绕在一个矩形塑料架上,塑料套筒轴承和金属轴穿过交叉线圈,金属轴上装有永久磁铁转子,转子上连有指针。

2)动磁式燃油表与可变电阻式燃油量传感器原理

工作原理与电磁式燃油表基本相同。

3. 电热式燃油表与可变电阻式燃油量传感器

1)电热式燃油表与可变电阻式燃油量传感器结构组成

电热式燃油表的基本结构和工作原理与电热式机油压力表相同,仅表盘刻度不同。电热式燃油表配用可变电阻式燃油量传感器,需串联一个稳压器。其基本结构如图9-19所示。

2)电热式燃油表与可变电阻式燃油量传感器原理

当油箱无油时,浮子下沉,滑片处于可变电阻的最右端,传感器的电阻全部串入电路中,此时电路中电流最小,燃油表加热线圈发热量小,双金属片变形小,带动指针指在"0"位。

当油箱内油量增加时,浮子上升,滑片向左移动,串入电路中的电阻减小,电路中的电

流增大,燃油表加热线圈发热量大,双金属片变形增大,带动指针向右偏转。

当油箱充满时,滑片移至最左端,将可变电阻短路,此时电路中电流最大,指针偏到最右边,指在"1"处。

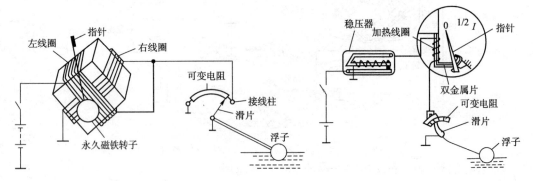

图9-18 动磁式燃油表与可变电阻式燃油量传感器　　图9-19 电热式燃油表与可变电阻式燃油量传感器

4. 卡罗拉轿车燃油表

卡罗拉轿车仪表CPU使用燃油表传感器总成来确定燃油箱内的燃油油位。燃油表传感器的电阻将在大约15Ω(浮子处于满位置时)和410Ω(浮子处于空位置时)之间变化。仪表通过并联安装在仪表ECU内部的两个820Ω电阻器输出蓄电池电压。仪表CPU测量燃油表传感器内的可变电阻器与并联安装在仪表内部的两个电阻器之间的电压。在该点测量的电压将随燃油表传感器浮子的移动而变化。观测到的最高电压应大约为蓄电池电压的一半。卡罗拉轿车燃油表电路如图9-20所示。

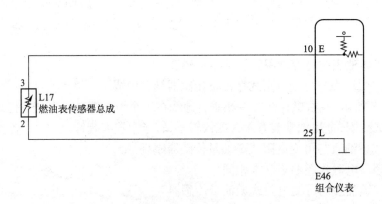

图9-20 卡罗拉燃油表电路图

◎**特别提示**:当燃油油位低于9.2L时,燃油油位警告灯将亮起。

二、实训操作

1. 技术标准与要求(以丰田卡罗拉ZRE151轿车为例)

(1)使用万用表前要先校表。

(2)拔下转向信号闪光灯总成时要关闭点火开关。

(3)在检验时,接通控制开关,将浮子臂分别摆到31°和89°位置进行检验,燃油表的

项目九　冷却液温度表、燃油表指针不动故障的检修

指针应相应地指在"0"和"1"位置。如果误差不超过10%,燃油表或传感器就可继续使用,否则应当进行调整或换用新品。

(4)在没有量角器的情况下,可用手扳动燃油传感器浮子进行检测。方法是将浮子放在最低位置(相当于31°位置)和抬高到水平位置(相当于89°位置)时,燃油表指针应相应地指在"0"或"1"位置。

2. 工具、设备和材料的准备

(1)万用表、智能检测仪、常用工具一套。

(2)磁力护裙、转向盘护套、变速杆手柄套、脚垫和座椅套。

(3)举升机。

(4)丰田卡罗拉轿车及维修手册。

3. 查询并填写信息

生产年份_____,车牌号码_____,行驶里程_____,发动机型号及排量_____,车辆识别代号(VIN)_____。

4. 作业前的准备

(1)汽车进入工位前,将工位清理干净,准备好相关的器材。

(2)将汽车停驻在举升机中央位置。

(3)拉紧驻车制动器操纵杆,并将变速杆置于空挡或驻车挡(P位)位置。

(4)套上转向盘护套、变速杆手柄套和座椅套,铺设脚垫。

(5)在车内拉动发动机舱盖手柄,在车外打开并支撑发动机舱盖。

(6)粘贴翼子板和前磁力护裙。

5. 用智能检测仪进行主动测试

(1)将智能检测仪连接到诊断接头。

(2)将点火开关置于ON(IG)位置。

(3)打开检测仪。

(4)进入以下菜单项:Diagnosis/OBD/MOBD/Combination Meter/Active Test。

(5)检查组合仪表工作情况,如图9-21～图9-23所示。如果异常更换组合仪表。

 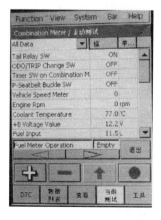

图9-21　燃油箱空时仪表和智能检测仪的显示情况

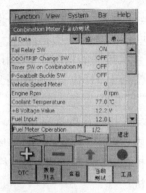

图 9-22 燃油箱 1/2 时仪表和智能检测仪的显示情况

图 9-23 燃油箱满时仪表和智能检测仪的显示情况

6. 读取智能检测仪的值

(1) 将智能检测仪连接到诊断接头。

(2) 将点火开关置于 ON(IG) 位置。

(3) 打开检测仪。

(4) 进入以下菜单项:Diagnosis/OBD/MOBD/Combination Meter/Data List。

(5) 检查组合仪表数值,如图 9-24 所示。如果异常,更换组合仪表。

图 9-24 燃油箱实际油量

7. 检查线束和插接器

(1) 断开插接器 E46(图 9-25) 和 L17(图 9-26)。

项目九 冷却液温度表、燃油表指针不动故障的检修

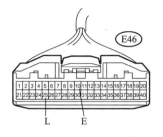
图9-25 线束插接器前视图(至组合仪表)

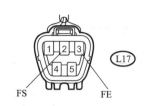
图9-26 线束插接器前视图(至燃油表传感器总成)

(2)根据表9-2所示,测量电阻,如果异常,应维修或更换线束或插接器。

8. 检查燃油表传感器总成

(1)断开燃油表传感器总成插接器(图9-27)。

(2)根据表9-3中的数值测量插接器端子2和3之间的电阻,如图9-28～图9-30所示。

标准电阻 表9-2

检测仪连接	规定状态
E46－10(E)—L17－3(FE)	小于1Ω
E46－25(L)—L17－2(FS)	小于1Ω
L17－2(FS)—车身搭铁	10kΩ 或更大
E46－25(L)—车身搭铁	10kΩ 或更大

插接器端子2和3之间的电阻 表9-3

浮子室液位高度	电阻(Ω)
F	13.5～16.5
在E和F之间	13.5～414.5(渐变)
E	405.5～414.5

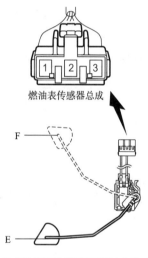
图9-27 线束插接器前视图(至燃油表传感器总成)

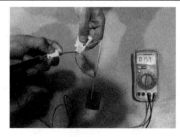
图9-28 浮子室液位高度为F时

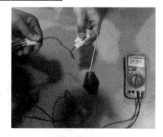
图9-29 浮子室液位高度在E和F之间时

图9-30 浮子室液位高度为E时

(3)拆下燃油表传感器总成。

(4)检查并确定浮子在F和E之间平滑移动。

(5)如果臂变形,检查燃油表传感器。

9. 结束工作

作业课题完成后,拆除护裙、驾驶室内防护套,关闭发动机舱盖,搞好工位的清洁、整理工作。

三、评价与反馈

(1) 对本学习课题进行评价,见表9-4。

评 分 表　　　　　　　　　　　　　　　　表9-4

考核项目	评分标准	分数	学生自评	小组互评	教师评价	小　计
团队合作	是否协调	5				
活动参与	是否积极主动	5				
安全生产	有无安全隐患	5				
现场5S	是否做到	5				
任务方案	是否正确、合理	10				
操作过程	(1)用智能检测仪进行主动测试; (2)读取智能检测仪的值; (3)检查线束和插接器; (4)检查燃油表传感器总成	20 20 5 5				
任务完成情况	是否圆满完成	5				
工具和设备使用	是否规范、标准	5				
劳动纪律	是否能严格遵守	5				
工单填写	是否完整、规范	5				
总分		100				
教师签名:			年　月　日		得分:	

(2) 能否独立检查丰田卡罗拉燃油表指针不动的故障原因?并换其他车型进行尝试。

项目十　车速-里程表精度的检测

汽车行驶速度与行车安全有着直接关系。行驶速度过高往往会使车辆失去操纵稳定性,使行驶制动距离大大增加。为了保证行车安全,特别是在限速道路上行驶时,驾驶员必须按照车速表的指示值,根据车辆、行人和道路状况,准确地控制车速。为此,车速表一定要准确可靠。如果车速表指示误差太大,驾驶员就难以正确地控制车速,极易因判断失误而造成交通事故。为确保车速表的指示精度,必须适时对车速表进行检测。

 学习目标

完成本项目学习后,你应当能:
1. 知道车速表误差形成的原因及标准;
2. 对卡罗拉轿车车速里程表精度进行检测。

 建议学时:4学时。

一、资料收集

(一)车速里程表的类型

车速里程表是用来指示汽车行驶速度和累计行驶里程数的仪表,由车速表和里程表两部分组成。分为磁感应式和电子式两种。

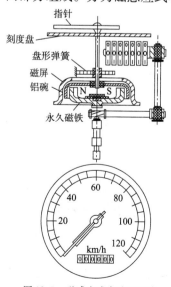

图 10-1　磁感应式车速里程表

1. 磁感应式车速里程表

1)结构

磁感应式仪表没有电路连接,磁感应式车速里程表由变速器(或分动器)内的蜗轮蜗杆经软轴驱动。其基本结构如图 10-1 所示。车速表是由与主动轴紧固在一起的永久磁铁、带有轴及指针的铝碗、磁屏和紧固在车速里程表外壳上的刻度盘等组成。里程表由蜗轮蜗杆机构和六位的十进制数字轮组成。

2)原理

(1)车速表工作原理。不工作时,铝碗在盘形弹簧的作用下,使指针指在刻度盘的零位。当汽车行驶时,主动轴带着永久磁铁旋转,永久磁铁的磁力线穿过铝碗,在铝碗上感应出涡流,铝碗在电磁转矩作用下克服盘形弹簧的弹力,向永久磁铁转动的方向旋转,直至与盘形弹簧弹力相平衡。由于涡流的强弱与车速成正比,指针转过角度与车速成正比,指针便在刻度盘上指示出相应的车速。

(2)里程表工作原理。汽车行驶时,软轴带动主动轴,主动轴经三对蜗轮蜗杆(或一套蜗轮蜗杆和一套减速齿轮系)驱动里程表最右边的第一数字轮。第一数字轮上的数字为1/10km,每两个相邻的数字轮之间的传动比为1:10。即当第一数字轮转动一周,数字由9翻转到0时,便使相邻的左面第二数字轮转动1/10周,成十进位递增。这样汽车行驶时,就可累计出其行驶里程数,最大读数为99999.9km。

2.电子式车速里程表

电子式车速里程表主要由车速传感器、电子电路、车速表和里程表四部分组成。

1)车速传感器

其作用是产生正比于车速的电信号。它由一个舌簧开关和一个含有4对磁极的转子组成。变速器驱动转子旋转,转子每转一周,舌簧开关中的触点闭合、打开8次,产生8个脉冲信号,该脉冲信号频率与车速成正比。车速传感器如图10-2所示。

2)电子电路

其作用是将车速传感器送来的电信号整形、触发,输出一个电流大小与车速成正比的电流信号。其基本组成主要包括稳压电路、单稳态触发电路、恒流源驱动电路、64分频电路和功率放大电路,如图10-3所示。

图10-2 车速传感器

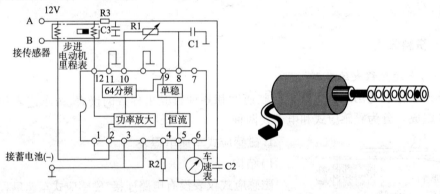

图10-3 电子式车速里程表电子电路

3)车速表

它是一个电磁式电流表,当汽车以不同车速行驶时,从电子电路接线端输出的与车速成正比的电流信号便驱动车速表指针偏转,即可指示相应的车速。

4)里程表

它由一个步进电动机和六位数字的十进位数字轮组成。车速传感器输出的信号,经64分频后,再经功率放大器放大到足够的功率,驱动步进电动机,带动数字轮转动,从而记录行驶的里程。

(二)桑塔纳2000型轿车电子车速里程表

桑塔纳2000型轿车采用电子车速里程表,是用来指示车辆瞬时行驶速度,并记录车辆行驶累计里程和短程里程的综合仪表。

项目十　车速-里程表精度的检测

电子车速里程表采用安装在变速器主传动输出端的车速传感器所输出的脉冲信号,通过导线输入车速里程表。图10-4所示为电子车速里程表,它由永久磁铁、矩形塑料框内线圈针轴、游丝、电子模块、步进电动机和机械计算器组成。

安装在主传动器输出端盖上的车速传感器,检测到输出轴上的脉冲齿轮的转速信号脉冲变化,并输送到车速表表头,信号频率越大,车速表指针偏转越大,指示车速越高。同时里程表中的电子模块把脉冲量转换成里程数,通过机械计算器累计起来。

车速里程表上,还有一个短程(单程)里程表,当需要消除短程里程时,只需按一次复位杆,短程里程表就会归零。

(三)车速表试验台

汽车车速表误差的测量原理如图10-5所示。被测车轮置于滚筒上使之旋转,以此模拟实际道路的行驶状态。根据汽车速度指示仪表指示值与试验台速度指示仪表指示值对比,测出其误差值。

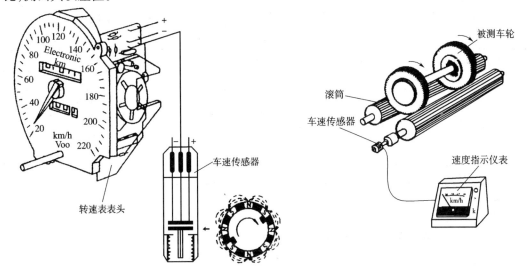

图10-4　电子车速里程表　　　　　图10-5　车速表误差的测量原理

车速表试验台,按有无驱动装置可分为标准型与电动机驱动型两种。标准型试验台无驱动装置,它靠被测汽车驱动车轮带动滚筒旋转;电动机驱动型试验台由电动机驱动滚筒旋转,再由滚筒带动车轮旋转。

(四)车速表误差形成的原因及标准

汽车的车速表一般是通过速度传感器将汽车行驶速度信号传递给车速表,以使其指示车辆的行驶速度。传感器和车速表的制造或装配误差、车速表性能下降、轮胎磨损或气压不符合规定等因素都可能引起车速表的指示车速与实际车速之间出现误差。

车速表是利用磁电互感作用,使指针摆动来显示汽车行驶速度的。在车速表内有可转动的活动盘、转轴、轴承、齿轮、游丝等机械元件和磁性元件。随着汽车行驶里程的增加,这些零件在工作过程中,不可避免地要产生磨损,磁性元件也会逐渐发生磁性变化。因此,会造成车速表的指示误差。

另一方面,汽车实际行驶速度与车轮滚动半径有关。随着汽车行驶里程的增加,轮胎磨损逐渐增加,其滚动半径逐渐减小。在变速器输出轴转速不变的情况下,汽车的实际行驶速度会因车轮滚动半径的减小而降低。但是由于车速表的软轴与变速器或分动器输出轴相接,车速表的指示值不会随车轮滚动半径的变化而变化,因而导致车速表指示值与实际车速形成误差。

为了控制车速表的指示误差,汽车安全检测时,必须在车速表试验台上对汽车车速表进行检测。在 GB 7258—2012《机动车运行安全技术条件》中,对汽车车速表的检查做了如下的规定:车速表指示误差(最高设计车速不大于 40km/h 的机动车除外)、车速表指示车速 V_1(单位:km/h)与实际车速 V_2(单位:km/h)之间应符合下列关系:

$$0 \leq V_1 - V_2 \leq (V_2/10) + 4$$

即当实际车速为 40km/h 时,车速表的指示值应为 40~48km/h;或当汽车车速表指示值为 40km/h 时,实际车速为 32.8~40km/h。超过上述范围为车速表的指示不合格。

(五)卡罗拉车速表精度的检测

1. 检查工作情况

使用速度表检测台(标定用底盘测功机),按照表 10-1 检查速度表读数。

车速参考表　　　　表10-1

底盘测功机读数(km/h)	容许范围(km/h)	底盘测功机读数(km/h)	容许范围(km/h)
20	(21.0~25.0)	140	145.8~151.8
40	41.7~46.2	160	166.2~173.2
60	62.7~67.2	180	186.9~194.5
80	83.4~88.4	200	207.7~215.7
100	104.3~109.3	220	228.4~236.8
120	125.1~130.6		

注:( )中的数据为参考值。

◇**特别提示**:轮胎磨损、充气过度或充气不足会导致误差。

2. 检查速度表读数与容许范围之间的偏差

速度表读数与容许范围之间的偏差参考值:低于 0.5km/h。

◇**特别提示**:如果读数不符合规定,应进行故障排除。

3. 卡罗拉仪表电路

仪表 CPU 通过 CAN 通信线路(CAN1 号总线)接收来自防滑控制 ECU 的车速信号。如图 10-6 所示,车速传感器检测电压,电压是根据车速变化而变化的。防滑控制 ECU 向车速传感器提供电源。防滑控制 ECU 基于电压脉冲检测车速信号。

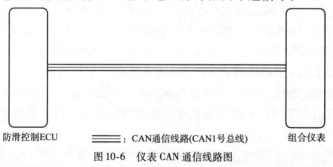

图 10-6　仪表 CAN 通信线路图

◇**特别提示**:影响显示车速的因素包括轮胎尺寸、轮胎充气和轮胎磨损。

项目十　车速-里程表精度的检测

车速表上显示的车速有误差允许范围,这可以使用车速表检测台(校准的底盘测功机)进行测试。

二、实训操作

1. 技术标准与要求(以丰田卡罗拉 ZRE151 轿车为例)

(1)应在点火开关关闭的情况下连接智能检测仪。

(2)轮胎尺寸、轮胎充气和轮胎磨损在正常范围内。

(3)当实际车速为 40km/h 时,车速表的指示值应为 40~48km/h;或当汽车车速表指示值为 40km/h 时,实际车速为 32.8~40km/h。超过上述范围为车速表的指示不合格。

2. 工具、设备和材料的准备

(1)智能检测仪、常用工具一套。

(2)磁力护裙、转向盘护套、变速杆手柄套、脚垫和座椅套。

(3)举升机。

(4)丰田卡罗拉轿车及维修手册。

3. 查询并填写信息

生产年份_____,车牌号码_____,行驶里程_____,发动机型号及排量_____,车辆识别代号(VIN)_____。

4. 作业前的准备

(1)汽车进入工位前,将工位清理干净,准备好相关的器材。

(2)将汽车停驻在举升机中央位置。

(3)拉紧驻车制动器操纵杆,并将变速杆置于空挡或驻车挡(P位)位置。

(4)套上转向盘护套、变速杆手柄套和座椅套,铺设脚垫。

5. 检测前的准备

1)车速表试验台的准备

(1)在滚筒静止状态检查指示仪表是否在零点上,若指针不在零点上,可用零点调整螺钉予以调零。

(2)检查滚筒上是否沾有油、水、泥等杂物,若有应予以清除。

(3)检查举升器动作是否自如和有无漏气(或漏油)部位,若动作阻滞或有漏气(或漏油)部位,应予修理。

(4)检查导线的接触情况,若有接触不良或断路,应予修理或更换。

2)被检测车辆的准备

(1)轮胎气压应符合汽车制造厂的规定。

(2)清除轮胎上沾有的水、油、泥和嵌入轮胎花纹沟槽内的石子等杂物。

6. 检查 CAN 通信系统

主要是检查是否输出 CAN 通信故障码,CAN 是否工作良好,如图 10-7 所示。如有故障显示进行故障排除,如无故障进入下一步骤。

7. 用智能检测仪进行主动测试

(1)将智能检测仪连接到 DLC3。

图10-7 检查CAN通信系统

(2)将点火开关置于ON(IG)位置。
(3)打开检测仪。
(4)进入以下菜单项:Diagnosis/OBD/MOBD/Combination Meter/Active Test。
(5)根据标准值检查操作仪表的显示情况,如图10-8所示。

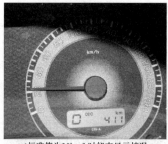

a)标准值为20km/h时仪表显示情况　　b)标准值为40km/h时仪表显示情况

c)标准值为60km/h时仪表显示情况　　d)标准值为80km/h时仪表显示情况

e)标准值为120km/h时仪表显示情况　　f)标准值为160km/h时仪表显示情况

图10-8 仪表的显示情况

如指针不正常更换组合仪表总成,如正常进入下一步骤。

项目十 车速-里程表精度的检测

8. 读取智能检测仪的值

(1)将智能检测仪连接到 DLC3。

(2)将点火开关置于 ON(IG)位置。

(3)打开检测仪。

(4)进入以下菜单项:Diagnosis/OBD/MOBD/Combination Meter/Data List。

(5)根据标准值,检查指示值如图 10-9 所示。正常情况下检测仪上显示的车速和使用速度表检测台(校准的底盘测功机)测量的实际车速几乎相等。注:使用速度表检测台(校准的底盘测功机)测量的实际车速的方法与步骤因设备型号不同有差异,故在此不讲述。

a)标准值为20km/h时智能　　b)标准值为40km/h时智能　　c)标准值为60km/h时智能
　检测仪显示情况　　　　　　　检测仪显示情况　　　　　　　检测仪显示情况

d)标准值为80km/h时智能　　e)标准值为120km/h时智能　　f)标准值为160km/h时智能
　检测仪显示情况　　　　　　　检测仪显示情况　　　　　　　检测仪显示情况

图 10-9　智能检测仪的显示情况

如正常更换组合仪表总成,如不正常进入下一步骤。

9. 读取智能检测仪的值

(1)将智能检测仪连接到 DLC3。

(2)将点火开关置于 ON(IG)位置。

(3)打开检测仪。

(4)进入以下菜单项:Diagnosis/Chassis/ABS/VSC/TRC/Data List。

(5)参考标准值,检查读数值如图 10-10 所示。

如正常应更换组合仪表总成,如不正常应转至制动控制系统进行故障排除。

10. 更换组合仪表

换上新的或正常的组合仪表,则速度表的工作情况恢

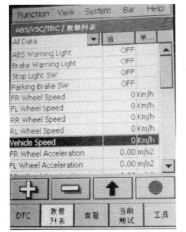

图 10-10　智能仪表显示数据

复正常,如有异常则更换防滑控制 ECU。

◇**特别提示**:正常情况下检测仪上显示的车速和使用速度表检测台(校准的底盘测功机)测量的实际车速几乎相等。

11. 结束工作

作业项目完成后,拆除护裙、驾驶室内防护套,搞好工位的清洁、整理工作。

三、评价与反馈

(1)对本学习项目进行评价,见表 10-2。

评 分 表 表 10-2

考核项目	评分标准	分数	学生自评	小组互评	教师评价	小 计
团队合作	是否协调	5				
活动参与	是否积极主动	5				
安全生产	有无安全隐患	5				
现场 5S	是否做到	5				
任务方案	是否正确、合理	10				
操作过程	(1)检查 CAN 通信系统; (2)用智能检测仪进行主动测试; (3)读取智能检测仪的值	20 15 15				
任务完成情况	是否圆满完成	5				
工具和设备使用	是否规范、标准	5				
劳动纪律	是否能严格遵守	5				
工单填写	是否完整、规范	5				
总分		100				
教师签名:			年 月 日		得分:	

(2)能独立进行车速里程表精度检测。

项目十一　组合开关的更换

目前汽车上组合开关有灯光控制、刮水器和洗涤液控制等都采用组合开关来集成控制,这样给操作者带来很大方便。对于灯光控制的组合开关有远近变光、雾灯和转向灯等功能。如果该组合开关不良时,需要对其进行更换。

 学习目标

完成本项目学习后,你应当能:

1. 独立进行组合开关通断关系测试;
2. 独立进行组合开关的更换。

 建议学时:10学时。

一、资料收集

1. 卡罗拉轿车灯光组合开关的功能

当灯控开关置于 AUTO 位置时,如图 11-1 所示,自动灯控传感器检测环境光照等级并将其输出至主车身 ECU。主车身 ECU 根据此信号控制近光前照灯和尾灯总成(驻车灯、尾灯和牌照灯)。借助于此功能,在夜间或当车辆进入隧道时等情况下,尾灯和近光前照灯会自动亮起。

手动灯控用来通过手动操作灯控开关使近光前照灯和尾灯总成(驻车灯、尾灯和牌照灯)亮起。当灯控开关转至 TAIL 位置时,主车身 ECU 使尾灯亮起。当灯控开关转至 HEAD 位置时,主车身 ECU 使近光前照灯和尾灯亮起。

远光控制用来照亮比平常更远的前方距离。当符合下列两个条件时,远光前照灯亮起:①用自动灯控或手动灯控使近光前照灯亮起;②变光开关置于 HIGH 位置。如图 11-1 所示。

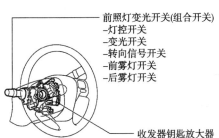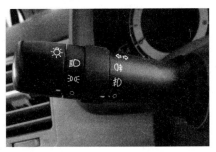

图 11-1　前照灯变光组合开关

会车灯控制:在能见度较差时,为了使前方来车注意到车辆的存在,当变光开关置于 HIGH FLASH 位置时,会车灯控制使远光前照灯亮起。

前雾灯控制:在能见度较差的情况下(如大雾中)行驶时,启用前雾灯控制以保持前方道路的能见度。当同时满足下列两个条件时,前雾灯亮起:①通过自动灯控或手动灯控使尾灯亮起。②前雾灯开关置于 ON 位置。当符合下列任一条件时,前雾灯熄灭:①前雾灯开关处于 OFF 位置;②尾灯熄灭。

后雾灯控制:在能见度较差的情况下(如大雾中)行驶时,启用后雾灯控制,使后方来车注意到车辆的存在。当同时满足下列所有条件时,后雾灯亮起:①用自动灯控或手动灯控使近光前照灯亮起;②前雾灯点亮;③后雾灯开关处于 ON 位置。当符合下列任何条件时,后雾灯熄灭:①尾灯熄灭;②前雾灯开关处于 OFF 位置;③后雾灯开关处于 OFF 位置。

2. 卡罗拉轿车灯光组合开关电路(图 11-2)

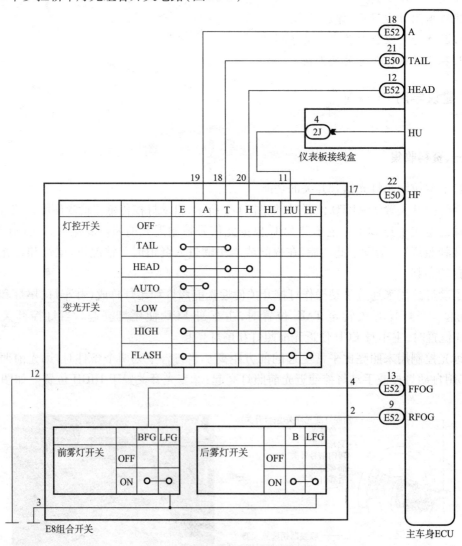

图 11-2 卡罗拉轿车灯光组合开关电路

二、实训操作

1. 技术标准与要求(以丰田卡罗拉 ZRE151 轿车为例)
(1)定位前轮,使其面向正前位置。
(2)如要拆 SRS 电缆,则应在断开蓄电池负极电缆后等待 90s,以防止气囊展开。
(3)断开蓄电池电缆后重新连接时,某些系统需要初始化。
(4)安装完转向盘装饰盖后,应确认喇叭可以鸣响并检查 SRS 警告灯。

2. 工具、设备和材料的准备
(1)"TORX"梅花套筒、SST 转向盘专用工具。
(2)磁力护裙、转向盘护套、变速杆手柄套、脚垫和座椅套。
(3)万用表、常用工具、举升机。
(4)丰田卡罗拉轿车及维修手册。

3. 查询并填写信息
生产年份_____,车牌号码_____,行驶里程_____,发动机型号及排量_____,车辆识别代号(VIN)_____等。

4. 作业前的准备
(1)汽车进入工位前,将工位清理干净,准备好相关的器材。
(2)将汽车停驻在举升机中央位置。
(3)拉紧驻车制动器操纵杆,并将变速杆置于空挡或驻车挡(P 位)位置。
(4)拆卸之前保证前轮和转向盘都在最中间位子。

5. 灯光组合开关的更换与检查
1)灯光组合开关的拆卸
(1)如图 11-3 所示,从蓄电池负极端子断开电缆。

注意:从蓄电池的负极(-)端子上断开电缆后,至少等待 90s,以防止气囊和安全带预紧器激活。

(2)如图 11-4 所示,使用头部缠有保护性胶带的螺丝刀,脱开卡爪并拆下转向盘 3 号下盖。

图 11-3 从蓄电池负极端子断开电缆

图 11-4 拆下转向盘 3 号下盖

(3)如图 11-5 所示,使用头部缠有保护性胶带的螺丝刀,脱开卡爪并拆下转向盘 2 号下盖。

(4)拆卸转向盘装饰盖。

①如图11-6所示,使用"TORX"梅花套筒(T30),松开2个"TORX"梅花螺钉,直至螺钉边沿的凹槽与螺钉座齐平。

②如图11-7所示,从转向盘总成中拉出转向盘装饰盖,并且如图所示用一只手支撑转向盘装饰盖。

小心:拆下转向盘装饰盖时,不要拉动气囊线束。

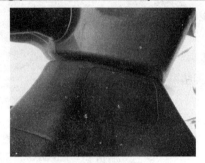

图11-5 拆下转向盘2号下盖　　图11-6 松开2个"TORX"梅花螺钉

③如图11-8所示,将喇叭插接器从转向盘装饰盖上断开。

图11-7 从转向盘总成中拉出转向盘装饰盖　　图11-8 喇叭插接器从转向盘装饰盖上断开

④如图11-9所示,使用头部缠有保护性胶带的螺丝刀,断开气囊插接器并拆下转向盘装饰盖。

◇**特别提示**:处理气囊插接器时,小心不要损坏气囊线束。

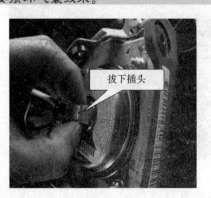

图11-9 断开气囊插接器并拆下转向盘装饰盖

(5) 拆下转向盘总成。

①如图 11-10 所示,用 19 号套筒拆下转向盘总成固定螺母。

②如图 11-11 所示,在转向盘总成和转向主轴上做装配标记。

③如图 11-12 所示,拆下转向盘总成。

 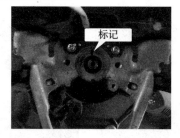 

图 11-10 拆下转向盘总成固定螺母　　图 11-11 在转向盘总成和转向主轴上做装配标记　　图 11-12 拆下转向盘总成

(6) 如图 11-13 所示,拆下转向盘管柱饰盖。

注意:饰盖都是卡扣连接,用小螺丝刀插入空内,撬开饰盖。

 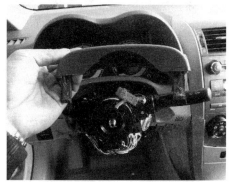

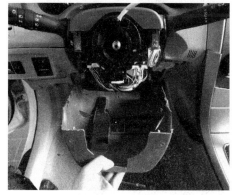 

图 11-13 拆下转向盘管柱饰盖

(7) 拔下所有插件,拆下螺旋弹簧(游丝)。

注意:不要过度转动螺旋弹簧。

①如图 11-14 所示,将插接器从螺旋电缆上拆开。

注意:处理气囊插接器时,小心不要损坏气囊线束。

②如图 11-15 所示,脱开 3 个卡爪并拆下螺旋电缆。

图 11-14　将插接器从螺旋电缆上拆开

图 11-15　脱开 3 个卡爪并拆下螺旋电缆

(8) 拆下组合开关。

如图 11-16 所示,夹松弹簧扣,向外压黑色按钮,拉组合开关。

图 11-16　夹松弹簧扣,拉组合开关

(9)如图11-17所示,最终拆下风窗玻璃刮水器开关、变光组合开关。

图11-17 拆下风窗玻璃刮水器开关、变光组合开关

2)灯光组合开关的检查(带自动灯控系统),如图11-2所示
(1)灯控开关电阻测量,见表11-1。

测量灯控开关电阻　　　　　　　　　　　　　表11-1

检测仪连接	开 关 状 态	规 定 状 态
12(E)—18(T)	OFF	10kΩ 或更大
18(T)—19(A)		
19(A)—20(H)		
12(E)—18(T)	TAIL	小于1Ω
12(E)—18(T)	HEAD	小于1Ω
18(T)—20(H)		
12(E)—19(A)	AUTO	小于1Ω

(2)变光开关电阻测量,见表11-2。

测量变光开关电阻　　　　　　　　　　　　　表11-2

检测仪连接	开 关 状 态	规 定 状 态
12(E)—17(HF)	HIGH FLASH	小于1Ω
11(HU)—12(E)	HIGH FLASH	小于1Ω
11(HU)—12(E)	HIGH	小于1Ω

(3)转向信号开关电阻测量,见表11-3。

测量转向信号开关电阻　　　　　　　　　　　表11-3

检测仪连接	开 关 状 态	规 定 状 态
12(E)—13(TR)	OFF	10kΩ 或更大
12(E)—15(TL)		
12(E)—13(TR)	RH	小于1Ω
12(E)—15(TL)	LH	小于1Ω

(4) 前雾灯开关电阻测量，见表11-4。

测量前雾灯开关电阻　　　表11-4

检测仪连接	开关状态	规定状态
3(LFG)—4(BFG)	OFF	10kΩ 或更大
3(LFG)—4(BFG)	ON	小于1Ω

(5) 后雾灯开关电阻测量，见表11-5。

测量后雾灯开关电阻　　　表11-5

检测仪连接	开关状态	规定状态
2(B)—3(LFG)	OFF	10kΩ 或更大
2(B)—3(LFG)	ON	小于1Ω

3) 灯光组合开关的安装

(1) 如图11-18所示，安装组合开关。

(2) 如图11-19所示，安装螺旋弹簧，接上所有插件。

图11-18　安装组合开关　　　图11-19　安装螺旋弹簧，接上插件

注意：安装螺旋弹簧时也要保证处在最中间位置，(总行程约5圈多，每边各两圈半)。

(3) 如图11-20所示，安装转向盘管柱饰盖。

(4) 如图11-21所示，按记号安装转向盘。

 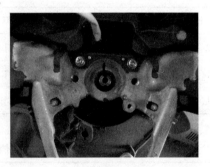

图11-20　安装转向盘管柱饰盖　　　图11-21　安装转向盘

(5) 如图11-22所示，拧紧转向盘螺栓，拧紧力矩为50N·m。

(6) 如图11-23所示，接上气囊插头和喇叭线束插头。

(7) 如图11-24所示，拧紧气囊固定螺栓(左右两只，力矩为8.8N·m)。

(8) 如图11-25所示，安装2号和3号盖板。

(9)如图11-26所示,接上电源,用解码仪清除故障码,做好匹配。

图11-22 拧紧转向盘螺栓　　　图11-23 接上气囊插头和喇叭线束插头

图11-24 拧紧气囊固定螺栓　　图11-25 安装盖板　　图11-26 接上电源

6. 结束工作

作业项目完成后,清洁车内各拆装部位,并拆除护裙和驾驶室内防护套,关闭发动机舱盖,清理器材,搞好工位的清洁、整理工作。

三、评价与反馈

对本学习项目进行评价,见表11-6。

评 分 表　　　　　　　　　　　　　表11-6

考核项目	评分标准	分数	学生自评	小组互评	教师评价	小 计
团队合作	是否协调	5				
活动参与	是否积极主动	5				
安全生产	有无安全隐患	5				
现场5S	是否做到	5				
任务方案	是否正确、合理	10				
操作过程	(1)灯光组合开关拆卸;	15				
	(2)灯光组合开关检查;	20				
	(3)灯光组合开关装复	15				
任务完成情况	是否圆满完成	5				
工具和设备使用	是否规范、标准	5				
劳动纪律	是否能严格遵守	5				
工单填写	是否完整、规范	5				
总分		100				
教师签名:				年　月　日	得分:	

项目十二　刮水器与洗涤器不工作故障的检修

刮水器与洗涤器系统目前有前风窗玻璃刮水器与洗涤器系统和前照灯刮水器与洗涤器系统。对于前风窗玻璃刮水器与洗涤器系统的作用主要是刮除或清洗前风窗玻璃上的障碍物,确保驾驶员有良好的视野。目前,刮水器有真空式、气动式和电动式三种。气动式只适用于有压缩空气气源的汽车,电动式刮水器则应用较广。

 学习目标

完成本项目学习后,你应当能:
1. 分析电动刮水器、洗涤器的控制电路;
2. 独立拆装刮水器刮水片及橡胶条;
3. 独立进行洗涤器喷嘴更换及喷水方向调试;
4. 诊断电动刮水器、洗涤器不工作常见故障。

 建议学时:6学时。

课题一　刮水器的刮水片拆装和洗涤器喷嘴的更换

一、资料收集

(一)电动刮水器的结构和原理

电动刮水器一般由刮水电动机、传动机构、刮水器三大部分组成。其控制电路还包括刮水器开关、间歇继电器等附件。其中,风窗刮水器由微型直流电动机驱动,通过联动机构使风窗玻璃外表面上的刮水片来回摆动,从而清除风窗玻璃上的雨雪或污物。一般轿车电动刮水器的结构如图12-1所示。永磁式电动机11固装在支架12上,拉杆3、7、8和摆杆2、4、6组成杠杆联动机构,摆杆2、6上连接有刮片架,刮片架1、5的上端连接橡胶刮水片。电动机的旋转运动由轴端的蜗杆10传给蜗轮9并转换为往复运动,蜗轮上的偏心销与连杆8铰接。蜗轮运动时,通过拉杆8、7、3带动摆杆4、6、2摆动,风窗玻璃上的刮水片便在刮片架1和5的带动下摆动刮水。

刮水电动机现多为永磁式电动机。它的磁极为铁氧体永久磁铁,铁氧体具有陶瓷的脆性、硬性和不耐冲击的特点,但它不易退磁,且价廉,所以在汽车上得到广泛使用。双速永磁刮水电动机结构如图12-2所示、变速原理如图12-3所示,其定子磁极采用铁氧体永久磁铁,转子电枢采用对称叠绕式电枢绕组.转轴换向器上装有三个电刷,利用三个电刷的换接来改变正负电刷之间串联的电枢绕组线圈个数实现高低速控制。

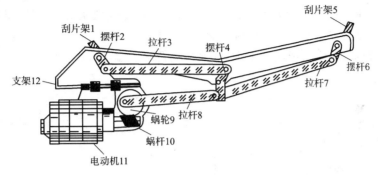

图 12-1　电动刮水器

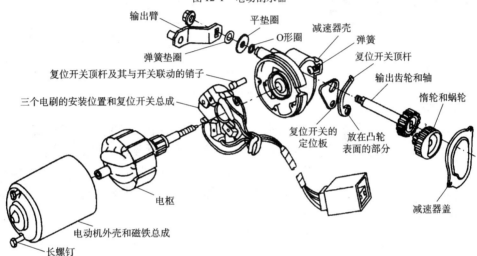

图 12-2　永磁式电动机结构

1. 调速原理

直流电动机的转速公式为：

$$n = (U - I_a \cdot R_a)/K \cdot Z \cdot \Phi$$

式中：n——电动机的转速；

U——电动机端电压；

I_a——电枢绕组中的电流；

R_a——电枢绕组的电阻；

K——常数；

Z——正、负电刷间串联的导体数；

Φ——磁极磁通。

如图 12-3 所示,刮水电动机通常采用改变两电刷串联的导体数来进行调整,电刷 B_3 为高低速公用电刷,B_1 用于低速,B_2 用于高速,B_1 和 B_2 相差 60°。电枢采用对称叠绕式。

永磁式三刷电动机,是利用三个电刷改变正负电刷之间串联的线圈数实现变速的。当开关拨向 L 时,电源电压 U 加在 B_1 和 B_3 之间,分别有线圈①⑥⑤和线圈②③④两条支路,各三个线圈。这三个线圈产生的全部反电势与电源电压平衡后,电动机便稳定旋转。

由于有三个线圈串联的反电动势与电源电压 U 平衡,故转速较低。当开关拨向 H 时,电源电压 U 加在 B_2 和 B_3 之间,分别有线圈②①⑥⑤和线圈③④两条支路串联,其中线圈②与线圈①⑥⑤的反电势相反,互相抵消后,变为只用两个线圈的反电动势与电源电压 U 平衡,因而只有转速升高使反电动势增大,才能得到新的平衡,故转速较高。

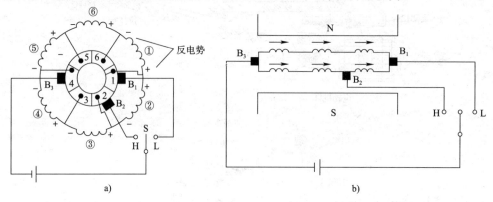

图 12-3　永磁电动机变速原理

2. 刮水器的自动复位原理

为了不影响驾驶员的视线,要求刮水片自动复位,不管在什么时候切断电源,刮水片都能自动停止在风窗玻璃的下部。图 12-4 所示为刮水器自动复位装置的示意图。

在减速蜗轮 8 上,嵌有铜环,其中较大的一片铜环 9 与电动机外壳相连而搭铁,触点臂 3、5 用磷铜片制成,其中外触点臂只能断续地与短铜环 7 接触,内触点臂位于长铜环的半径处,运动过程中分别与长短铜环接触。

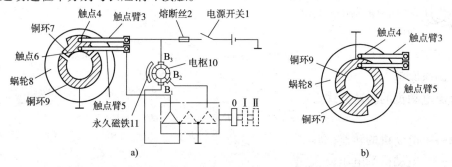

图 12-4　电动双速刮水器的自动复位装置

自动复位功能的永磁电动机双速刮水器的基本控制电路如下:

(1) 接通电源总开关,当刮水变速开关置 I 挡,其电路为:蓄电池"+"→总开关→熔断丝→电刷→电枢→电刷"L"→变速开关"I"→搭铁。此时,电动机以低速运转。

(2) 当变速开关 II 挡时,其电路为:蓄电池"+"→总开关→熔断丝→电刷→电枢→电刷"H"→变速开关"II"→搭铁。

根据转速特性公式: $n = (U - I_a \cdot R_a)/K \cdot Z \cdot \Phi$ 可以看出,直流电动机的转速与穿过电枢绕组的磁通成反比。当刮水器的开关拉到 II 挡时,由于电枢电压降 $I_a R_a$ 变化不大,电动机的端电压基本保持稳定,但由电刷 5 比电刷 6 偏转了 30°,使电枢磁通发生歪曲,所以合磁通被削弱,电动机的转速随着升高了。

当刮水器开关推到"0"位时,若刮水片尚未达到停放位置,其内触片与长滑片接触,触片处于开路状态。其电路为:蓄电池"+"→总开关→熔断丝→电刷→电枢→电刷"L"→刮水器开关"0"挡→内触片→长滑片→搭铁→蓄电池"−"。此时刮水器低速运转,当摇臂摆到停止位置时,内外触片都与短滑片接触,电动机被短路而停转。与此同时电枢由于惯性而产生感生电流,产生制动力矩,刮水器处于复回状态。

3. 电动刮水器间歇式刮水

汽车在毛毛细雨或雾天、小雪天气中行驶时,如按前述的刮水器速度(哪怕是低速)进行刮拭,那么风窗玻璃上的微量水分和灰尘就会形成一个发黏的覆盖层。因此,不仅不能将风窗玻璃刮拭干净,反而会使玻璃模糊不清,留下污斑,影响驾驶员的视线。因此现代汽车上一般都增设了电子间歇系统。在碰到上述情况时,开动间歇开关,使刮水器按一定周期自动停止和刮拭,即每刮水一次停止 2~12s,这样,可使驾驶员获得良好的视野。图12-5所示为互补间歇振动电路的间歇式电动刮水器。

当刮水器开关置于断开位置("0"挡),间歇开关置于接通时,电源便向 C 充电。当 C 两端电压增加到一定值时,T_1 导通,T_2 也随之导通,继电器 J 得电,动断触点打开,动合触点闭合,刮水电动机运转。此时的电路为蓄电池正极→B_3→B_1→刮水器开关→J 的动合触点→搭铁→蓄电池负极。

当刮水电动机转动使自停触点与下边接触时,电容器 C 便通过 D 迅速放电,此时刮水电动机仍然继续运转。电容 C 放电,使 T_1 的基极电位降低,从而使 T_1、T_2 转为截止状态,J 中的电流中断,动断触点闭合。但由于这时自停触点与下边接触,故刮水电动机仍然继续转动,直到刮水片刷摆回原位,自停触点与上边接通为止,电动机才因电枢短路而停止。接着电源又通过自停触点向 C 充电,重复上述过程,使刮水器刮水片间歇动作。其停歇时间长短取决于 R_1、C 的充电时间常数。并且由上述工作原理可知,这种电路保证每个停歇周期内,刮水器只摆动一次。

(二)洗涤装置

洗涤装置一般由洗涤液罐、电动泵、水管和喷嘴等组成,如图12-6所示。其中电动泵由永磁式微型电动机、离心式叶片水泵组成,水泵的叶片转子固定在水泵轴上,水泵轴用联轴器与清洗器电动机轴连接。出水软管用胶管分别与安装在风窗玻璃下面的四个喷嘴连接,其喷嘴的方向可以调节,使水喷射在风窗的合适位置。电动泵连续工作时间一般不超过1min,且应先开动电动泵,后开动刮水器。在喷水停止后,刮水器应继续刮 3~5 次,这样配合使用才能达到良好的洗涤效果。所以洗涤器的电路,一般都是与刮水器开关联合工作的。

当电动机电枢接通电流时,电枢绕组便在永久磁铁产生的磁场中受力旋转。电枢轴转动时,通过联轴器驱动水泵轴和泵转子一同旋转,泵转子便将储液罐内的洗涤剂泵入出水软管,并经风窗玻璃前端的喷嘴喷向风窗玻璃。与此同时,刮水器同步工作,刮水片同时摆动,从而将风窗玻璃清洗干净。

(三)刮水器、洗涤器使用注意事项

1. 刮水器的使用注意事项

(1) 汽车风窗玻璃应避免沾有酸、碱、油污,以防橡胶条接触后过早老化。

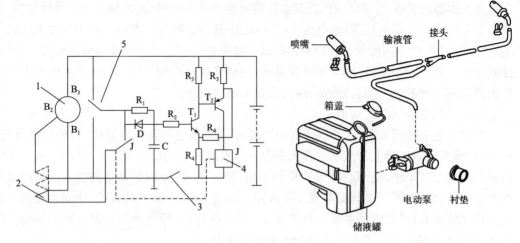

图 12-5　互补间歇振动电路的间歇式电动刮水器　　　　图 12-6　风窗玻璃洗涤器
1-刮水电动机;2-刮水器开关;3-间歇刮水开关;4-继电器;5-自停开关

(2) 避免干刮,因为在干刮时,会使橡胶条刃口严重损坏,还会刮毛玻璃。

(3) 在刮水器寿命中后期,应注意刮水器的工作状态,防止刮水片在有侧偏角存在时进行工作,这样会使玻璃碰擦而划坏玻璃。

2. 洗涤器的使用注意事项

(1) 洗涤装置连续工作时间不能过长,一般不超过 1min。储液罐内无洗涤液时,不得接通洗涤装置,以防损坏电动机。

(2) 洗涤液应保持清洁,以免堵塞喷嘴。

(3) 要经常检查和补充洗涤液。

◇**特别提示**:冬季应在洗涤液罐内加注防冻添加剂,以免冻裂储液罐。

(四) 卡罗拉轿车风窗玻璃刮水器

图 12-7 所示为卡罗拉轿车风窗玻璃刮水器电动机及连杆总成。

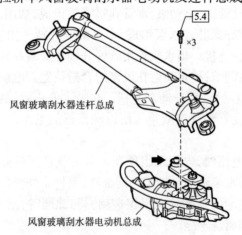

图 12-7　风窗玻璃刮水器电动机及连杆总成

项目十二 刮水器与洗涤器不工作故障的检修

图 12-8 所示为卡罗拉轿车刮水器及其拆装的相关零部件。

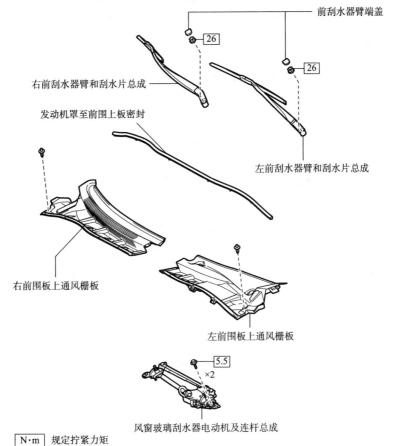

图 12-8 卡罗拉轿车风窗玻璃刮水器及其拆装的相关零部件

二、实训操作

(一)技术标准与要求(以丰田卡罗拉 ZRE151 轿车为例)

(1)应安装丰田卡罗拉轿车配套使用的刮水器橡胶条和洗涤器喷嘴。

(2)严禁使用金属丝等硬器清洁洗涤器喷嘴。

(3)清洗器喷嘴角度无需调整。

(二)工具、设备和材料的准备

(1)洗涤液。

(2)磁力护裙、转向盘护套、变速杆手柄套、脚垫和座椅套。

(3)常用工具、举升机。

(4)丰田卡罗拉轿车及维修手册。

(三)查询并填写信息

生产年份_____,车牌号码_____,行驶里程_____,发动机型号及排量_____,车辆识别代号(VIN)_____。

（四）作业前的准备

(1)汽车进入工位前,将工位清理干净,准备好相关的器材。

(2)将汽车停驻在举升机中央位置。

(3)拉紧驻车制动器操纵杆,并将变速杆置于空挡或驻车挡(P位)位置。

(4)检查并加注洗涤器液面至正常。

（五）前风窗玻璃刮水器刮水片及橡胶条的拆装

1. 拆卸前风窗玻璃刮水器刮水片

如图12-9所示,脱开前风窗玻璃刮水器刮水片的固定架,从前风窗玻璃刮水器臂上拆下前刮水器刮水片。

◇特别提示:拆下刮水器刮水片后,不要弯曲前刮水器臂,因为刮水器臂的端部可能损坏风窗玻璃表面。

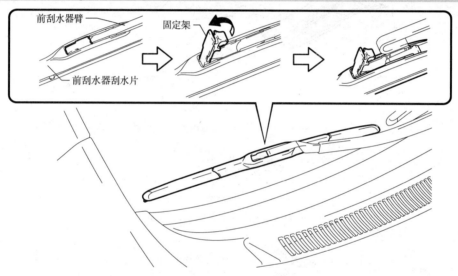

图12-9　拆卸前风窗玻璃刮水器刮水片

2. 拆卸刮水器橡胶条

(1)如图12-10所示,从前刮水器刮水片上拆下刮水器橡胶条和刮水器橡胶条背板。

(2)如图12-11所示,从刮水器橡胶条上拆下2个刮水器橡胶条背板。

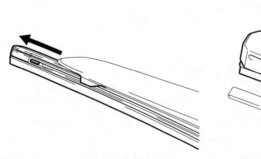

图12-10　拆卸刮水器橡胶条及背板

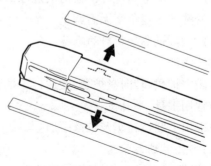

图12-11　拆卸刮水器橡胶条背板

项目十二 刮水器与洗涤器不工作故障的检修

3. 安装刮水器橡胶条

(1) 如图 12-12 所示,将 2 个刮水器橡胶条背板安装至刮水器橡胶条。

◇**特别提示:** 将刮水器橡胶条的凸出部分与背板上的槽口对齐,将背板的曲线与玻璃的曲线对齐。

(2) 如图 12-13 所示,将刮水器橡胶条安装至刮水片上,使橡胶条的端部(弯曲端)朝向刮水器臂轴。

◇**特别提示:** 将刮水器橡胶条紧紧压入刮水片,使它们牢固啮合。

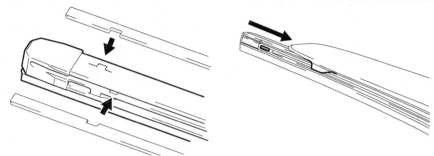

图 12-12 安装刮水器橡胶条背板　　　图 12-13 安装刮水器橡胶条

4. 安装前风窗玻璃刮水器刮水片

(1) 如图 12-14 所示,安装前刮水器刮水片。
(2) 卡紧前刮水器刮水片的固定架。

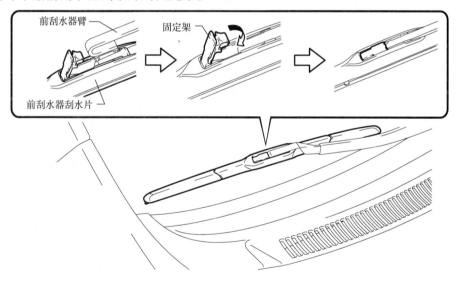

图 12-14 安装前风窗玻璃刮水器刮水片

5. 刮水器刮水片及橡胶条装复试验

刮水器刮水片安装后,应进行湿刮试验。湿刮的水可以人工喷洒或洗涤器喷洒,试验时观察运转是否平稳,有无机械摩擦声,清除效果是否良好等。

6. 洗涤器喷水方向的检查和喷嘴的更换(以丰田卡罗拉轿车为例)

1) 检查洗涤器喷嘴喷射位置

发动机运转时,检查清洗液在风窗玻璃上的喷射位置,图 12-15 所示为洗涤液在风窗玻璃上的喷射区域。

◆特别提示:如果结果不符合规定,更换洗涤器喷嘴。

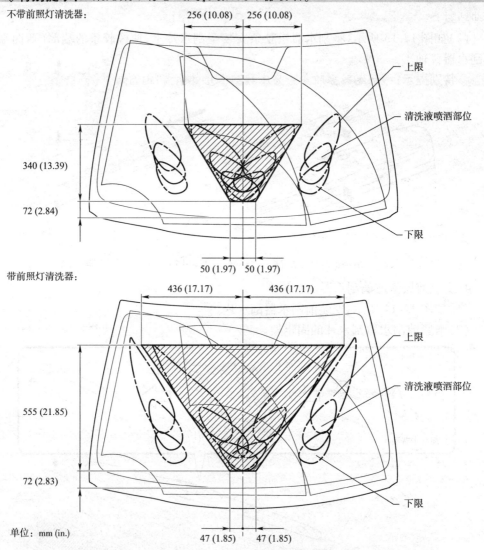

图 12-15　洗涤器喷嘴喷射位置

2)洗涤器喷嘴的更换

(1)拆卸洗涤器喷嘴。

①如图 12-16 所示,用螺丝刀脱开 2 个卡爪并拆下洗涤器喷嘴。

◆特别提示:注意不要损坏风窗玻璃,使用螺丝刀之前,请在螺丝刀头部缠上胶带。

②如图 12-17 所示,从洗涤器软管上断开洗涤器喷嘴。

◆特别提示:洗涤器喷嘴不能重复使用。

(2)调整洗涤器喷嘴。如图 12-18 所示,选择一个洗涤器喷嘴分总成,以保证清洗液的喷射区域符合标准。

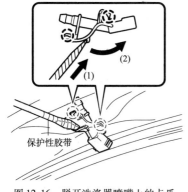
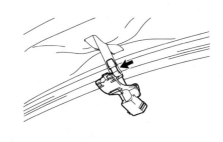

图 12-16 脱开洗涤器喷嘴上的卡爪 　　图 12-17 从洗涤器软管上断开洗涤器喷嘴

可用洗涤器喷嘴：

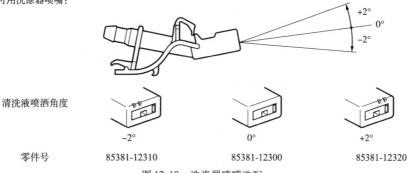

图 12-18 洗涤器喷嘴选配

（3）安装洗涤器喷嘴。

①如图 12-19 所示，将新的洗涤器喷嘴分总成连接至洗涤器软管。

②如图 12-20 所示，接合 2 个卡爪并连接洗涤器喷嘴。

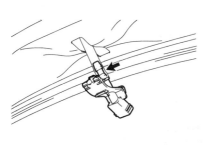

图 12-19 洗涤器喷嘴连接至洗涤器软管　　图 12-20 安装洗涤器喷嘴卡爪

（4）洗涤器喷嘴调整的注意事项

①严禁使用金属销等工具清洁洗涤器喷嘴或调整洗涤器喷嘴角度，因为洗涤器喷嘴顶端由树脂制成，可能会被损坏；而且这种喷射类型的洗涤器喷嘴无需调整。如有必要改变喷嘴角度，则用一个喷嘴角度不同的洗涤器喷嘴进行更换。

②如果洗涤器喷嘴被蜡等物质堵塞，应使用软树脂毛刷或其他软清洁工具清洁喷嘴。

（六）结束工作

作业项目完成后，再次检查并加注洗涤器液面至正常，并拆除护裙和驾驶室内防护套，关闭发动机舱盖，清理器材，搞好工位的清洁、整理工作。

三、评价与反馈

对本学习课题进行评价,见表12-1。

评 价 表　　　　　　　　　　　　　　表12-1

考核项目	评分标准	分数	学生自评	小组互评	教师评价	小 计
团队合作	是否协调	5				
活动参与	是否积极主动	5				
安全生产	有无安全隐患	5				
现场5S	是否做到	5				
任务方案	是否正确、合理	10				
操作过程	(1)刮水片及橡胶条的拆装; (2)刮水片及橡胶条的试验; (3)洗涤器的拆装	20 10 20				
任务完成情况	是否圆满完成	5				
工具和设备使用	是否规范、标准	5				
劳动纪律	是否能严格遵守	5				
工单填写	是否完整、规范	5				
总分		100				
教师签名:				年　月　日	得分:	

课题二　刮水器开关、洗涤器电动机的检查

一、资料收集

(一)卡罗拉轿车刮水器、洗涤器的相关零部件在车上的位置,如图12-21所示

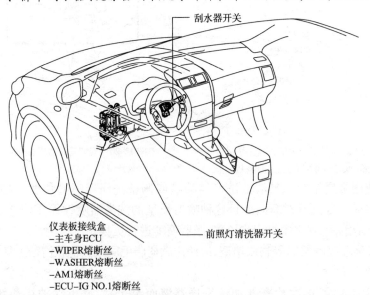

图12-21　卡罗拉轿车刮水器、洗涤器的相关零部件在车上的位置

项目十二　刮水器与洗涤器不工作故障的检修

（二）丰田卡罗拉轿车刮水器和洗涤器控制电路

图 12-22 所示为丰田卡罗拉轿车刮水器和洗涤器控制电路。

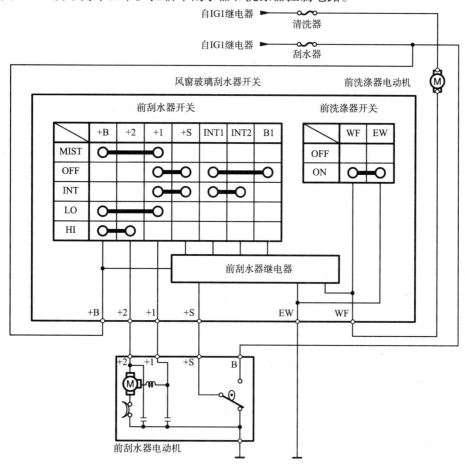

图 12-22　丰田卡罗拉刮水器和洗涤器控制电路

（三）故障现象

（1）提示：使用表 12-2 可帮助诊断故障原因。以递减的顺序表示故障原因的可能性，按顺序检查每个可疑部位，必要时维修或更换有故障的零件或进行调整，检查下列可疑部位前，应先检查与本系统相关的熔断丝和继电器。

（2）前刮水器和洗涤器系统故障现象见表 12-2。

前刮水器和洗涤器系统故障现象表　　　　　　表 12-2

故　障　现　象	可　疑　部　位
前刮水器和洗涤器系统不工作	（1）风窗玻璃刮水器开关； （2）线束
在 LO 或 HI 位置，前刮水器系统不工作	（1）WIPER 熔断丝； （2）风窗玻璃刮水器开关； （3）前刮水器电动机； （4）线束

续上表

故障现象	可疑部位
在 INT 位置,前刮水器系统不工作	(1)WIPER 熔断丝; (2)风窗玻璃刮水器开关; (3)前刮水器电动机; (4)线束
前洗涤器系统不工作	(1)WASHER 熔断丝; (2)风窗玻璃刮水器开关; (3)前洗涤器电动机; (4)线束
刮水器开关置于 OFF 位置时,前刮水器臂不能返回至其初始位置	(1)前刮水器电动机; (2)线束

二、实训操作

(一)技术标准与要求(以丰田卡罗拉 ZRE151 轿车为例)

(1)如要拆刮水器开关和电动机,则要求从蓄电池负极端子上断开电缆。断开蓄电池电缆后重新连接时,某些系统需要初始化。

(2)如要拆 SRS 电缆,则应在断开蓄电池负极电缆后等待 90s,以防止气囊展开。

(3)检查完洗涤器电动机及泵后应加注清洗液至规定高度。

(二)工具、设备和材料的准备

(1)洗涤液,储液盆。

(2)磁力护裙、转向盘护套、变速杆手柄套、脚垫和座椅套。

(3)万用表、常用工具、举升机。

(4)丰田卡罗拉轿车及维修手册。

(三)查询并填写信息

生产年份_____,车牌号码_____,行驶里程_____,发动机型号及排量_____,车辆识别代号(VIN)_____。

(四)作业前的准备

(1)汽车进入工位前,将工位清理干净,准备好相关的器材。

(2)将汽车停驻在举升机中央位置。

(3)拉紧驻车制动器操纵杆,并将变速杆置于空挡或驻车挡(P 位)位置。

(4)定位前轮,使其面向正前位置;从蓄电池负极端子上断开电缆;拆卸仪表板底罩,拆卸仪表板下装饰板;如图 12-23 所示,拆卸转向盘下盖,拆卸转向盘装饰盖,拆卸转向盘;拆卸转向柱盖。

(5)如图 12-24 所示,拆卸风窗玻璃刮水器开关,断开 2 个连接器,脱开卡爪并拆下风窗玻璃刮水器开关。

注意:如果按下卡爪时用力过大,卡爪可能损坏。

(6)如图 12-25 所示,拆卸散热器上空气导流板,拆卸散热器格栅防护罩,拆卸前保险杠总成。

(7) 如图12-26所示,从风窗玻璃洗涤器电动机和泵总成上断开洗涤器软管,并排放清洗液;断开插接器,拆下风窗玻璃洗涤器电动机和泵总成。

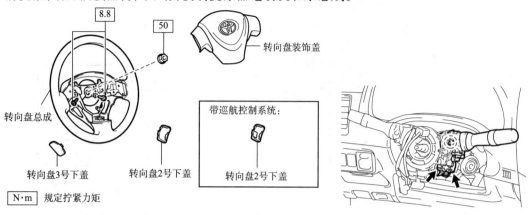

图12-23 拆卸转向盘下盖、装饰盖和转向盘　　图12-24 拆卸刮水器开关

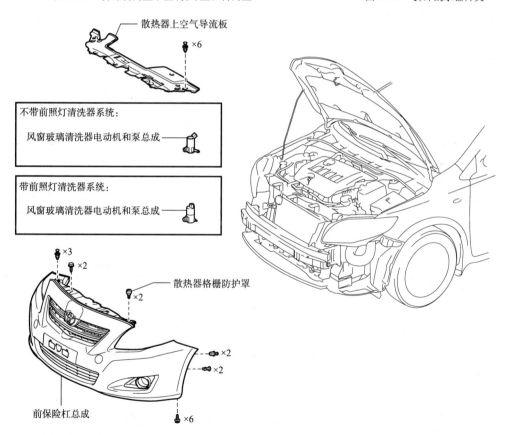

图12-25 拆卸空气导流板、散热器格栅防护罩和前保险杠总成

(五) 风窗玻璃刮水器开关、洗涤器电动机及泵的检查

1. 风窗玻璃刮水器开关的检查

(1) 检查刮水器开关功能,如图12-27所示。

图 12-26 清洗液排放、洗涤器电动机及泵的拆卸

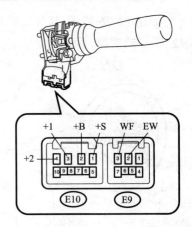

图 12-27 刮水器开关及连接端子

根据表 12-3 所示的测量电阻值,如果结果不符合规定,更换风窗玻璃刮水器开关。

刮水器开关电阻值　　　　表 12-3

检测仪连接	开关状态	规定状态
E10—1(+S)—E10-3(+1)	INT	小于1Ω
	OFF	
E10—2(+B)—E10-3(+1)	MIST	
	LO	
E10—2(+B)—E10-4(+2)	HI	

(2)检查洗涤器开关功能。

根据表 12-4 所示的测量电阻值,如果结果不符合规定,更换风窗玻璃洗涤器开关。

洗涤器开关电阻值　　　　表 12-4

检测仪连接	开关状态	规定状态
E9—2(EW)—E9-3(WF)	ON	小于1Ω
	OFF	10kΩ 或更大

(3)检查间歇性运行(不带间歇正时调整)。

①将电压表正极(+)引线连接至端子 E10-3(+1),并将电压表负极(-)引线连接至端子 E9-2(EW)。

②将蓄电池正极(+)引线连接至端子 E10-2(+B),并将蓄电池负极(-)引线连接至端子 E9-2(EW)和 E10-1(+S)。

③将刮水器开关置于 INT 位置。

④将蓄电池正极(+)引线连接至端子 E10-1(+S),并保持5s。

⑤将蓄电池负极(-)引线连接至端子 E10-1(+S)。操作间歇式刮水器继电器并检查端子 E10-3(+1)和 E9-2(EW)之间的电压。

正常电压变化如图 12-28 所示。如果结果不符合规定,更换开关总成。

(4)检查间歇性运行(带间歇正时调整)。

①将电压表正极(+)引线连接至端子 E10-3(+1),并将电压表负极(-)引线连接

至端子 E9-2(EW)。

②将蓄电池正极(+)引线连接至端子 E10-2(+B),并将蓄电池负极(-)引线连接至端子 E9-2(EW)和 E10-1(+S)。

③将刮水器开关置于 INT 位置。

④将蓄电池正极(+)引线连接至端子 E10-1(+S),并保持 5s。

⑤将蓄电池负极(-)引线连接至端子 E10-1(+S)。操作间歇式刮水器继电器并检查端子 E10-3(+1)和 E9-2(EW)之间的电压。

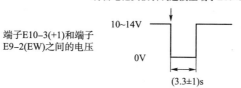

图 12-28　端子 E10-3(+1)和 E9-2(EW)之间的电压

正常电压变化如图 12-29 所示。如果结果不符合规定,更换刮水器开关总成。

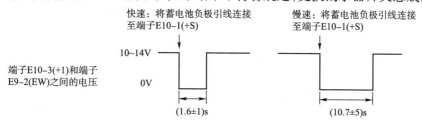

图 12-29　端子 E10-3(+1)和 E9-2(EW)之间的电压

(5)检查前洗涤器的运行。

①将刮水器开关置于 OFF 位置。

②将蓄电池正极(+)引线连接至端子 E10-2(+B),并将蓄电池负极(-)引线连接至端子 E10-1(+S)和 E9-2(EW)。

③将电压表正极(+)引线连接至 E10-3(+1),并将电压表负极(-)引线连接至端子 E9-2(EW)。

④将洗涤器开关置于 ON 和 OFF 位置,并检查端子 E10-3(+1)和 E9-2(EW)之间的电压,正常电压变化如图 12-30 所示;如果结果不符合规定,更换开关总成。

2. 风窗玻璃洗涤器电动机及泵的检查(不带前照灯洗涤器系统)

(1)拆下清洗液罐。

(2)断开风窗玻璃洗涤器电动机和泵连接器。

◇**特别提示**:应在风窗玻璃清洗器电动机和泵安装到清洗液罐上的情况下进行检查。

(3)将清洗液罐加满清洗液。

(4)如图 12-31 所示,将蓄电池正极(+)引线连接到风窗玻璃洗涤器电动机及泵的端子 2,并将蓄电池负极(-)引线连接到端子 1。

(5)检查并确认清洗液从清洗罐中流出。正常为清洗液从清洗罐中流出;如果结果不符合规定,则更换洗涤器电动机及泵总成。

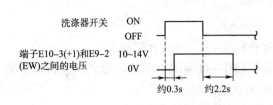
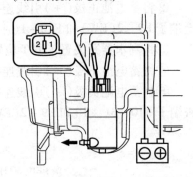

图 12-30　端子 E10-3(+1) 和 E9-2(EW) 之间的电压　　　图 12-31　洗涤器电动机及泵的检查

(六) 结束工作

检查作业项目完成后,将各拆卸部件装复,并拆除护裙和驾驶室内防护套,关闭发动机舱盖,清理器材,搞好工位的清洁、整理工作。

三、评价与反馈

对本学习课题进行评价,见表 12-5。

评 分 表　　　　　　　　　　　　　　　　表 12-5

考核项目	评分标准	分数	学生自评	小组互评	教师评价	小　计
团队合作	是否协调	5				
活动参与	是否积极主动	5				
安全生产	有无安全隐患	5				
现场 5S	是否做到	5				
任务方案	是否正确、合理	10				
操作过程	(1) 前期准备工作; (2) 风窗玻璃刮水器开关检查: 　①检查刮水开关功能; 　②检查洗涤开关功能; 　③检查间歇性运行; 　④检查前洗涤器的运行 (3) 洗涤器电动机及泵的检查	10 20 20				
任务完成情况	是否圆满完成	5				
工具和设备使用	是否规范、标准	5				
劳动纪律	是否能严格遵守	5				
工单填写	是否完整、规范	5				
总分		100				
教师签名				年　月　日	得分:	

项目十二 刮水器与洗涤器不工作故障的检修

四、学习拓展

桑塔纳 2000GSI 轿车电动刮水器及洗涤器的控制电路

图 12-32 所示为桑塔纳 2000GSI 轿车电动刮水器及洗涤器的控制电路,其刮水器电动机 V、清洗泵 V4 由三挡五位和点动控制的刮水器组合开关 E22 控制,E22 位于转向盘的右侧,电源来自 X 路电源经熔断丝 S11,刮水器电动机 V 为双速直流电动机,电动机动力输出经蜗轮蜗杆减速驱动曲柄转动。刮水器电动机总成内附有单掷二位自动开关,只有当刮水片处于右下端位置时,开关处于 2 位,此时,电动机总成内的开关通过 E22 第二掷和刮水器继电触点将刮水器电动机 V 两端断电并短接制动。刮水器和洗涤器的工作情况如下。

1. 点动挡

将刮水器开关拨到点动挡时,蓄电池将通过刮水器开关、刮水间歇继电器动断触点向刮水器电动机供电,其控制电路为:蓄电池→X 线→熔断丝 11→刮水器开关"53a"接柱→刮水器开关"53"接柱→刮水器间歇继电器动断触点→刮水器电动机→蓄电池负极,此时电动机以低速运转。当手离开刮水器开关时,开关将自动回到空位。如果此时刮水片处在影响驾驶员视线的位置上,自动复位装置的动断触点打开,动合触点闭合,刮水器电动机电枢继续有电流通过,其控制电路为:蓄电池→X 线→熔断丝 11→复位装置动合触点→刮水器开关"53e"接柱→刮水器开关"53"接柱→刮水器间歇继电器动断触点→刮水器电动机→蓄电池负极,此时电动机仍以低速运转,直到刮水片落到位,自动复位装置动合触点打开,动断触点闭合,刮水器电动机停止转动。

2. 低速挡

当刮水器开关拨到低速挡时,刮水器的控制电路与点动挡相同,电动机以 42~52r/min 的转速低速运行。

3. 高速挡

当刮水器处于高速挡时,E22 第一掷直接接通刮水器电动机 V,其控制电路为:蓄电池→X 线→熔断丝 11→刮水器开关"53a"接柱→刮水器开关"53b"接柱→刮水器电动机→蓄电池负极,此时电动机以 6~80r/min 的转速做高速运转。

4. 间歇挡

当刮水器开关拨到间歇挡时,E22 第三掷将刮水器间歇继电器接通电源而工作,使触点不断地开闭。当刮水器间歇继电器的动断触点打开,动合触点闭合时,蓄电池向刮水器电动机供电,其控制电路为:蓄电池→X 线→熔断丝 11→刮水器间歇继电器动断触点→刮水器电动机→蓄电池负极,此时电动机以低速运转。当刮水器间歇继电器断电,其触点复位(动断触点闭合,动合触点打开)时,电动机将停止运转。在刮水器间歇继电器的作用下,刮水器电动机第 6s 使曲柄旋转一周。

5. 洗涤泵工作

当洗涤泵开关按通时,洗涤泵电路接通,其控制电路为:蓄电池→X 线→熔断丝 11→洗涤开关 E21→洗涤泵 V4→蓄电池负极。位于发动机舱盖上的两个喷嘴同时向风窗玻璃喷射清洗液。与时同时,也接通了刮水器间歇继电器的控制电路,其控制电路为:蓄电池→X

线→熔断丝11→洗涤开关E21→刮水器间歇继电器→蓄电池负极,从而使刮水器间歇继电器动断触点打开,动合触点闭合,刮水器电动机以低速运转。当驾驶员松开控制手柄时,洗涤开关自动复位,切断洗涤泵的控制电路,喷嘴停止喷射清洗液,刮水器电动机在自动复位开关起作用后,将刮水片停靠在风窗玻璃的下方。

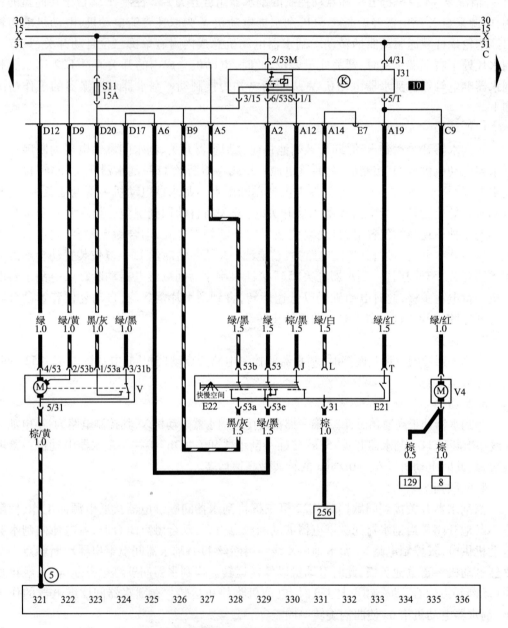

图12-32 桑塔纳2000GSi型轿车风窗刮水器、洗涤器控制电路

E21-前风窗清洗泵开关;E22-前风窗刮水器开关;J31-刮水继电器;S11-前风窗刮水器、清洗器熔断丝(15A);V-前风窗刮水器电动机;V4-前风窗清洗泵;⑤-搭铁点(在中央线路板右侧星形搭铁爪上)

项目十三　电动车窗不能升降的检修

现代轿车普遍采用电动车窗,可以由各车门上的升降器开关控制车窗玻璃升降,还可用驾驶侧前车门上总控车窗开关来控制各车门玻璃升降,这给使用者带来极大方便,但如果该系统出了故障,就需要维修人员掌握电动车窗结构和控制原理及相关检修技能。

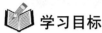 学习目标

完成本项目学习后,你应当能:
1. 分析电动车窗电动机的控制线路;
2. 进行电动车窗不能升降故障诊断。

 建议学时:12学时。

一、资料收集

(一)电动车窗的结构和控制原理

1. 电动车窗的结构

电动车窗一般由电动机、减速装置、车窗玻璃、车窗升降器、控制开关等组成。

汽车上的电动车窗上的电动机是双向直流电动机,有永磁式和双绕组串励式两种。由于永磁式电动机具有体积小、结构简单等诸多优点,应用较为广泛。每个车窗各装有一个电动机,通过开关控制电动机中的电流方向实现电动机的正反转,电动机再通过驱动车窗玻璃升降器,从而实现车窗玻璃的升降。

电动车窗控制开关一般有两套:一套为主控开关,一套为分控开关,分别如图13-1、图13-2所示。主控开关通常安装在驾驶员侧的车门内饰板或仪表板上,其中包括有控制左前、右前、左后、右后四个车窗的控制开关,这样驾驶员就可以很方便地控制每个车窗玻璃的升降。分控开关分别安装在除驾驶员车窗外的每个车窗上。另外,在主控开关中还常设有车窗断路开关,当按下断路开关时,该开关将切断所有分控开关的电源,即只有驾驶员可以控制所有车窗的升降,其他座位上的乘客无法控制车窗。

电动车窗升降器常见的有交臂式、绳轮式两种,分别如图13-3和图13-4所示。

2. 控制原理

不同汽车所采用的电动车窗的控制电路不同,按电动机是否直接搭铁可分为电动机不搭铁和电动机搭铁两种。电动机不搭铁的控制电路是指电动机不直接搭铁,电动机的搭铁受开关控制,通过改变主控开关或各分控开关来控制电动机的电流方向来改变电动机的转向,从而实现车窗的升降,图13-5所示为汽车电动车窗的基本控制电路。电动机不

搭铁的控制方式,因为开关既控制电动机的电源线,又控制电动机的搭铁线,其开关结构和线路比较复杂,但是电动机结构简单,应用比较广泛。

图 13-1　主控开关

图 13-2　分控开关

图 13-3　交臂式电动车窗升降器

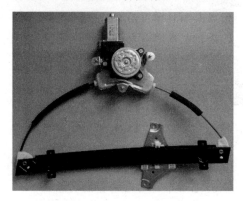

图 13-4　绳轮式电动车窗升降器

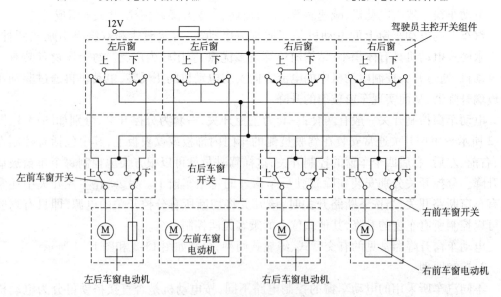

图 13-5　电动机不搭铁的电动车窗基本控制电路

电动机搭铁的控制电路是指电动机一端直接搭铁,而电动机有两组磁场绕组,通过接通不同的磁场绕组,使电动机的转向不同,实现车窗的升降,控制电路如图 13-6 所示。

项目十三 电动车窗不能升降的检修

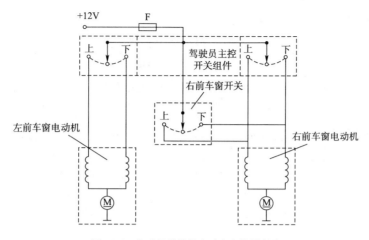

图 13-6 电动机搭铁的电动车窗控制电路

(二)卡罗拉轿车电动车窗结构与原理

1. 电动车窗的结构与功能

(1)电动车窗控制系统主要的控制装置有:电动车窗主开关和带集成 ECU 的电动机(安装在驾驶员侧车门上)、前乘客电动车窗开关(安装在乘客侧车门上)、左后电动车窗开关(安装在左后侧车门上)、右后电动车窗开关(安装在右后侧车门上)、(前乘客侧和后左右)车门升降器及电动机等组成,如图 13-7 所示。

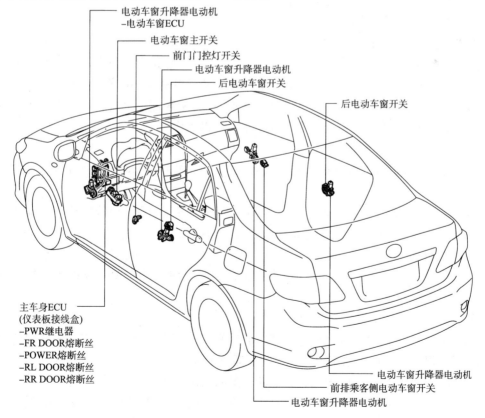

图 13-7 卡罗拉轿车电动车窗的结构组成

(2)电动车窗控制系统具有的功能见表13-1。

电动车窗控制系统功能　　　　　　　　　　　　　表13-1

功　　能	概　　要
手动上升和下降功能	功能:当将电动车窗开关向上拉到中途时,使车窗上升;当将开关向下推到中途时,使车窗下降;开关一松开,车窗就会停止
驾驶员侧门窗自动上升和下降功能	功能:通过按下一次电动车窗开关,使驾驶员侧门窗完全打开或关闭
防夹功能	功能:自动上升操作(驾驶员车门)期间,如果有异物卡滞在门窗内,使电动车窗自动停止并向下移动
遥控功能	该功能可让电动车窗主开关控制前排乘客侧门窗和后门窗的手动上升和下降操作
Key-Off 操作功能	在将点火开关置于ON(IG)或OFF位置后大约45s内,如果任一前门未打开,则该功能使得电动车窗仍可以工作
诊断	该功能在电动车窗开关检测到电动车窗系统故障时,可让电动车窗开关进行故障部位的诊断。电动车窗开关灯亮起或闪烁,以通知驾驶员
失效保护	如果电动车窗电动机内的脉冲传感器出现故障,失效保护功能能够禁用部分电动车窗功能 驾驶员车门的自动上升和下降功能以及遥控功能被禁用

2.卡罗拉轿车电动车窗电路原理图(图13-8)

3.车窗相关功能的检查

1)检查车窗锁止开关

(1)检查当电动车窗主开关的车窗锁止开关按下时,前排乘客侧电动车窗和后电动车窗的操作是否被禁用。正常:前排乘客侧电动车窗和后电动车窗操作被禁用。

(2)检查并确认当再次按下车窗锁止开关时,前排乘客侧电动车窗和后电动车窗可以操作。正常:前排乘客侧电动车窗和后电动车窗可以操作。

2)检查手动上升/下降功能

(1)当点火开关置于ON(IG)位置,检查并确认驾驶员侧电动车窗部分拉起和按下都正常。

(2)当点火开关置于ON(IG)位置,车窗锁止开关置于OFF位置时,检查并确认除驾驶员侧电动车窗以外的其他电动车窗拉起和按下都正常。

3)检查自动上升/下降功能

当点火开关置于ON(IG)位置,检查并确认驾驶员侧电动车窗完全拉起和按下都应正常。

4)检查遥控手动上升/下降功能

当点火开关置于ON(IG)位置,车窗锁止开关置于OFF位置时,检查并确认除驾驶员侧电动车窗以外的其他电动车窗拉起和按下都应正常。

5)检查点火开关置于OFF位置后电动车窗的操作功能

(1)检查并确认将点火开关置于OFF位置后,电动车窗主开关可以操作所有电动车窗。

(2)检查并确认驾驶员侧或乘客侧车门打开后,Key-Off 操作功能不可用。

(3)检查并确认将点火开关置于 OFF 位置后大约过 45s 后,所有电动车窗不能操作。

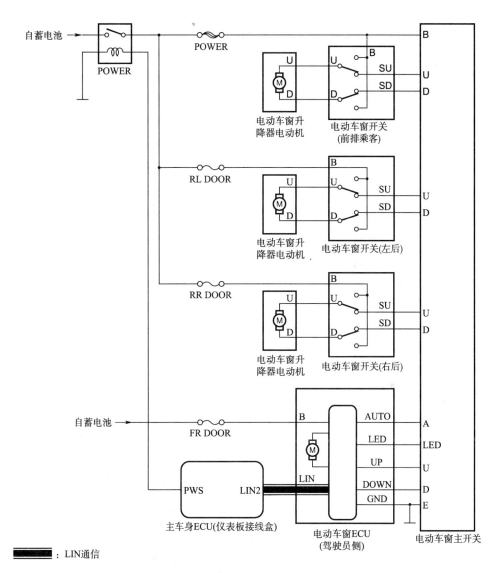

图 13-8 卡罗拉轿车电动车窗电路原理图

6)检查防夹功能(驾驶员车门电动车窗)

点火开关置于 ON(IG)位置时,使用自动上升功能或手动上升功能可激活防夹功能。将点火开关置于 OFF 位置后 45s 内,只要驾驶员车门处于关闭状态,防夹功能也可激活。

◇**特别提示**:不应用四肢、手指或身体其他部位来测试防夹功能。不要让移动的车窗或升降器卡住身体的任何部位。

(1)检查车窗倒退距离。

①完全打开车门玻璃。

②在车窗全关位置附近放置4~10mm厚的检查夹具。

③通过自动或手动操作关闭车门玻璃时,检查并确认车门玻璃在接触检查夹具后降下。车门玻璃应下降至距离检查夹具200~240mm处。

④车门玻璃下降时,验证不能用电动车窗主开关使玻璃升起。

(2)检查车窗倒退距离。

①完全打开车门玻璃。

②在车窗全关位置附近放置200~250mm厚的检查夹具。

③通过自动或手动操作关闭车门玻璃时,检查并确认车门玻璃在接触检查夹具后降下。车门玻璃应下降至距离检查夹80~100mm处。

④车门玻璃下降时,验证不能用电动车窗主开关使玻璃升起。

7)检查PTC操作

提示:PTC操作的功能是通过停止电动机以防止电动车窗升降器过载。当电动车窗开关操作预定时间时,PTC操作激活。

(1)拉起并拉住电动车窗开关超过90s。然后松开开关。

(2)检查并确认按下开关不能移动车窗。

(3)从第一步松开开关后等待60s。检查并确认按下开关可正常移动车窗。

4. 故障现象表(表13-2)

故障现象表　　　　表13-2

现　象	可疑部位
用电动车窗主开关无法操作电动车窗	(1)POWER、PWR、RR DOOR LH 和 RR DOOR RH 熔断丝; (2)数据表/主动测试; (3)电动车窗主开关电路(电源); (4)电动车窗升降器电动机电路; (5)电动车窗主开关
用电动车窗开关无法操作前排乘客侧电动车窗	(1)电动车窗开关电路(电源); (2)电动车窗升降器电动机电路(前排乘客侧); (3)电动车窗开关(前排乘客侧); (4)线束或插接器
电动车窗开关无法操作左后侧电动车窗	(1)电动车窗开关电路(电源); (2)电动车窗升降器电动机电路(左后侧); (3)电动车窗开关(左后侧); (4)线束或插接器
电动车窗开关无法操作右后侧电动车窗	(1)电动车窗开关电路(电源); (2)电动车窗升降器电动机电路(右后侧); (3)电动车窗开关(右后侧); (4)线束或插接器
驾驶员侧自动上升/下降功能不起作用(仅防夹辅助功能)	(1)诊断检查; (2)电动车窗升降器电动机重置; (3)电动车窗主开关; (4)线束或插接器

续上表

现象	可疑部位
遥控上升/下降功能不起作用	(1)电动车窗主开关; (2)线束或插接器
将点火开关置于OFF位置后,即使不满足工作条件,电动车窗仍然可以工作	(1)前门门控灯开关; (2)线束或插接器(LIN通信线路)
自动操作不能完全关闭驾驶员侧电动车窗(防夹功能被触发)	(1)电动车窗升降器电动机重置; (2)检查和清洁车窗玻璃升降槽; (3)电动车窗主开关
驾驶员侧自动下降功能不起作用(仅自动下降)	(1)电动车窗主开关; (2)电动车窗升降器电动机电路(驾驶员侧); (3)线束或插接器
乘客侧PTC功能不起作用	电动车窗升降器电动机(前排乘客侧)
左后侧PTC功能不起作用	电动车窗升降器电动机(左后侧)
右后侧PTC功能不起作用	电动车窗升降器电动机(右后侧)

5. 电动车窗控制系统诊断故障码表(表13-3)

故障码表　　　　　　　　　　　　　　表13-3

DTC代码	检测项目	故障部位
B2311	驾驶员车门电动机故障	(1)当点火开关置于ON(IG)位置时蓄电池断开; (2)电动车窗升降器电动机(驾驶员侧); (3)电动车窗零部件安装错误; (4)电动车窗升降器电动机(驾驶员侧)过热
B2312	驾驶员侧车门主开关故障	(1)电动车窗升降器电动机(驾驶员侧); (2)电动车窗主开关; (3)线束或插接器; (4)在同一位置按住电动车窗主开关超过20s
B2313	玻璃位置初始化未完成	(1)电动车窗升降器电动机(驾驶员侧); (2)电动车窗升降器电动机(驾驶员侧)未初始化
B2321	驾驶员侧车门ECU通信终止	(1)电动车窗升降器电动机(驾驶员侧); (2)主车身ECU(仪表板接线盒); (3)线束或插接器

6. 数据读取

使用智能检测仪读取数据表,可以读取开关、传感器、执行器及其他项的数值或状态,而无需拆下任何零件。这种非侵入式检查非常有用,因为可在扰动零件或配线之前发现间歇性故障或信号。在故障排除时,尽早读取数据表信息是节省诊断时间的方法之一。表13-4为驾驶员车门电动车窗数据表,表13-5为车身数据表。

(1)将智能检测仪连接到DLC3。

(2)将点火开关置于ON(IG)位置。

(3)根据检测仪的显示读取数据表。

驾驶员车门电动车窗数据表　　　　　　表13-4

检测仪显示	测量项目/范围	正常状态
D Door P/W Auto SW	驾驶员车门电动车窗自动开关信号/ON 或 OFF	ON:驾驶员车门电动车窗自动开关工作; OFF:驾驶员车门电动车窗自动开关不工作
D Door P/W Up SW	驾驶员车门电动车窗手动上升开关信号/ON 或 OFF	ON:驾驶员车门电动车窗手动上升开关工作; OFF:驾驶员车门电动车窗手动上升开关不工作
D Door P/W Down SW	驾驶员车门电动车窗手动下降开关信号/ON 或 OFF	ON:驾驶员车门电动车窗手动下降开关工作; OFF:驾驶员车门电动车窗手动下降开关不工作
Glass Position (Close-1/4)	防夹操作范围从全关至1/4开车窗; 玻璃位置/OK 或 CAUTION	OK:手动 UP 操作时有足够的车窗玻璃边缘; CAUTION:当各位置未受到阻力时,可能显示 CAUTION 字样。在这种情况下,此位置上卡有异物
Glass Position(1/4-2/4)	防夹操作范围从1/4至1/2开车窗; 玻璃位置/OK 或 CAUTION	OK:手动 UP 操作时有足够的车窗玻璃边缘; CAUTION:当各位置未受到阻力时,可能显示 CAUTION 字样。在这种情况下,此位置上卡有异物
Glass Position(2/4-3/4)	防夹操作范围从1/2~3/4开车窗; 玻璃位置/OK 或 CAUTION	OK:手动 UP 操作时有足够的车窗玻璃边缘; CAUTION:当各位置未受到阻力时,可能显示 CAUTION 字样。在这种情况下,此位置上卡有异物
Glass Position(3/4-Open)	防夹操作范围从3/4至全开车窗玻璃位置/OK 或 CAUTION	OK:手动 UP 操作时有足够的车窗玻璃边缘; CAUTION:当各位置未受到阻力时,可能显示 CAUTION 字样。在这种情况下,此位置上卡有异物

车　身　数　据　表　　　　　　表13-5

检测仪显示	测量项目/范围	正常状态
Communication D Door Motor	电动车窗升降器电动机(驾驶员车门)和主车身 ECU(仪表板接线盒)之间的连接状态/OK 或 Stop	OK:通信正常; STOP:通信停止
D Door Courtesy SW	驾驶员侧门控灯开关信号/ON 或 OFF	ON:驾驶员侧车门打开; OFF:驾驶员侧车门关闭

7. 主动测试

使用智能检测仪进行主动测试,无需拆下任何零件就可进行继电器、VSV、执行器和其他项目的测试。这种非侵入式功能检查非常有用,因为可在扰动零件或配线之前发现间歇性操作。排除故障时,尽早进行主动测试可以缩短诊断时间。执行主动测试时,可显示数据表13-6、表13-7所示信息。

(1)将智能检测仪连接到 DLC3。

(2)将点火开关置于 ON(IG)位置,操作仪器读取相关信息。

项目十三 电动车窗不能升降的检修

驾驶员车门电动机 　　　　　　　　　　　　　　　　　　　表 13-6

检测仪显示	测试部位	控制范围
Power Window	电动车窗	UP 或 OFF
Power Window	电动车窗	DOWN 或 OFF

车　　身 　　　　　　　　　　　　　　　　　　　　　　　表 13-7

检测仪显示	测试部位	控制范围
IG OFF P/W Control PermissionOutput	电动车窗	ON 或 OFF(点火开关置于 OFF 位置后)

二、实训操作

(一)技术标准与要求(以丰田卡罗拉 ZRE151 轿车为例)

(1)如果更换了电动车窗电动机或电动车窗升降器,则需要进行初始化(蓄电池负极端子断开并重新连接后,没有必要进行初始化)。

(2)如要拆 SRS 电缆,则应在断开蓄电池负极电缆后等待 90s,以防止气囊展开。

(3)检查完洗涤器电动机及泵后应加注清洗液至规定高度。

(二)工具、设备和材料的准备

(1)洗涤液,储液盆。

(2)磁力护裙、转向盘护套、变速杆手柄套、脚垫和座椅套。

(3)万用表、常用工具、举升机。

(4)丰田卡罗拉轿车及维修手册。

(三)查询并填写信息

在故障诊断过程中,为准确判明故障现象,应向客户询问故障发生时的现象和条件等相关信息非常重要。收集故障信息有以下 5 项分析要点:①何物:指车型、系统名称;②何时:指日期、时间、发生频率;③何地:指路况;④何种条件:指驾驶条件、天气条件;⑤如何发生:指故障症状。并记录车辆相关信息:生产年份_____,车牌号码_____,行驶里程_____,发动机型号及排量_____,车辆识别代号(VIN)_____等。

(四)作业前的准备

(1)汽车进入工位前,将工位清理干净,准备好相关的器材。

(2)将汽车停驻在举升机中央位置。

(3)拉紧驻车制动器操纵杆,并将变速杆置于空挡或驻车挡(P 位)位置。

(五)车窗不能升降故障诊断与检查

1.电动车窗工作情况确认

检查手动和自动上升/下降功能:

(1)当点火开关置于 ON(IG)位置,检查并确认驾驶员侧电动车窗部分拉起和按下是否正常。

(2)当点火开关置于 ON(IG)位置,车窗锁止开关置于 OF 位置时,检查并确认除驾驶员侧电动车窗以外的其他电动车窗拉起和按下是否正常。

2. 检查蓄电池电压

测量蓄电池电压。标准电压为 11~14V,如果电压低于 11V,在转至下一步前对蓄电池充电或更换蓄电池。

3. 检查 DTC

(1)将智能检测仪连接到 DLC3。

(2)将点火开关置于 ON(IG)位置。

(3)如图 13-9 所示读取 DTC,清除 DTC;再检查 DTC,如果输出任何 DTC,则按故障码表进行故障排除。

◎特别提示:在诊断仪和诊断连接器及线路正常的条件下,如果不能进行读取故障码,此类故障应根据车窗故障现象表 13-2 所示,检查、调整、维修或更换相关部件。

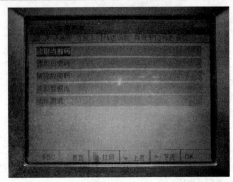
a)读取故障码

b)清除故障码

图 13-9 读取故障码和清除故障码

4. DTC B2311 驾驶员车门电动机故障

驾驶员车门中的电动车窗控制系统由电动车窗主开关、升降器和带集成 ECU 的电动机等组成。当操作电动车窗主开关时(带防夹功能的车型),驾驶员车门电动车窗升降器电动机由 ECU 控制。当驾驶员车门电动车窗升降器电动机的 ECU 故障时,设置 DTC B2311,其故障部位见表 13-8。

DTC B2311 故障   表 13-8

DTC 代码	DTC 检测条件	故障部位
B2311	符合下列条件之一时: (1)电动车窗升降器电动机(驾驶员侧)故障; (2)电动车窗升降器电动机(驾驶员侧)的 ECU 确定车窗全关位置偏离正常位置约 20mm(0.79in)或更大时	(1)当点火开关置 ON(IG)位置时,蓄电池断开; (2)电动车窗升降器电动机(驾驶员侧); (3)电动车窗零部件安装错误; (4)电动车窗升降器电动机(驾驶员侧)过热

5. DTC B2312 驾驶员侧车门主开关故障

当 ECU 确定电动车窗主开关卡住时,将设置 DTC B2312。其电路如图 13-10 所示。

(1)读取智能检测仪的数据值。

①将智能检测仪连接到 DLC3。

②将点火开关置于 ON(IG)位置。

③操作检测仪读取驾驶员车门电动车窗数据,如图 13-11 所示。

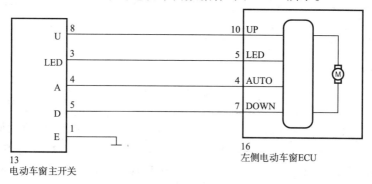

图 13-10 电动车窗主开关与左侧电动车窗 ECU 连接线路

a)

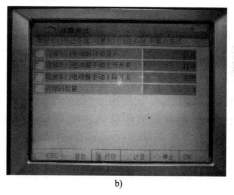
b)

图 13-11 读取驾驶员车门电动车窗数据

④利用表 13-9 数据表,检查驾驶员车门电动车窗 ECU(电动车窗升降器电动机)的功能。

电动车窗 ECU(电动车窗升降器电动机)的功能　　　　　　　　表 13-9

检测仪显示	测量项目/范围	正 常 状 态
D Door Auto SW	驾驶员车门电动车窗自动开关信号/ON 或 OFF	ON:驾驶员车门电动车窗自动开关工作; OFF:驾驶员车门电动车窗自动开关不工作
D Door Up SW	驾驶员车门电动车窗手动上升开关信号/ON 或 OFF	ON:驾驶员车门电动车窗手动上升开关工作; OFF:驾驶员车门电动车窗手动上升开关不工作
D Door Down SW	驾驶员车门电动车窗手动下降开关信号/ON 或 OFF	ON:驾驶员车门电动车窗手动下降开关工作; OFF:驾驶员车门电动车窗手动下降开关不工作

正常:屏幕上显示 ON(开关工作)。

◇**特别提示**:当电动车窗工作正常时,故障由不规则的开关工作引起(例如,电动车窗升降器主开关保持在同一位置超过 20s)。

(2)检查电动车窗主开关。根据表 13-10 所示值测量电阻。如不正常,更换电动车窗主开关。

电动车窗主开关标准电阻　　　　　　　　　　　　　表 13-10

检测仪连接	条　件	规 定 状 态
8(U)—1(E)-4(A)	自动上升	小于1Ω
8(U)—1(E)	手动上升	小于1Ω
5(D)—1(E)	手动下降	小于1Ω
4(A)—5(D)-1(E)	自动下降	小于1Ω

（3）检查线束和插接器（电动车窗主开关—车窗升降器电动机）。断开插接器 13 和 16。测量如下端子之间的电阻：13-8(U)与16-10(UP)、13-3(LED)与16-5(LED)、13-4(A)与16-4(AUTO)、13-5(D)与16-7(DOWN)应小于1Ω；13-8(U)、13-3(LED)、13-4(A)、13-5(D)与搭铁之间应始终10kΩ或更大。如不正常，应维修或更换线束、插接器。

6. DTC B2313 玻璃位置初始化未完成

当 ECU 确定驾驶员车门电动车窗升降器电动机未初始化时，设置 DTC B2313，其故障部位见表 13-11。更换车门玻璃或车门玻璃升降槽可能导致当前车门玻璃位置与 ECU 中存储的位置之间产生差异。在这种情况中，防夹功能将无法正常工作。使系统返回到初始化前的状态并对系统重新进行初始化。要将系统返回到初始化前的状态：在电动车窗操作过程中，断开车窗升降器电动机连接器。

DTC B2313 故障　　　　　　　　　　　　　　　　　　表 13-11

DTC 代码	DTC 检测条件	故障部位
B2313	（1）电动车窗升降器电动机（驾驶员侧）未初始化； （2）电动车窗升降器电动机（驾驶员侧）故障	（1）电动车窗升降器电动机（驾驶员侧）； （2）电动车窗升降器电动机（驾驶员侧）未初始化

（1）检查 DTC 输出。
①将点火开关置于 OFF 位置。
②至少等待 10s，然后将点火开关置于 ON(IG) 位置。
③检查 DTC 是否再次输出。
（2）如 DTC 仍输出，则检查初始化系统（电动车窗控制系统）。
①将点火开关置于 ON(IG) 位置。电动车窗主开关指示灯将闪烁。
②通过操作电动车窗主开关完全关闭车门玻璃。车门玻璃停止后，将电动车窗主开关保持在 AUTO UP 位置至少 1s。
③检查并确认电动车窗主开关指示灯一直亮。
④将点火开关置于 OFF 位置，至少等待 10s，然后将点火开关置于 ON(IG) 位置。
⑤检查 DTC 是否再次输出。
（3）DTC 仍输出，则更换前排驾驶员侧电动车窗升降器电动机。

◇注意：①如果更换了电动车窗电动机或电动车窗升降器，则需要进行初始化（蓄电池负极端子断开并重新连接后，没有必要进行初始化）。
②初始化期间不应操作其他电气系统。如果电动车窗电动机的电源电压出现下降，

项目十三 电动车窗不能升降的检修

则初始化将中断。

③更换车门玻璃或车门玻璃升降槽可能导致当前车门玻璃位置与 ECU 中存储的位置之间产生差异。在这种情况中,防夹功能将无法正常工作。使系统返回到初始化前的状态并对系统重新进行初始化。

④初始化完成后,自动上升功能才起作用。

⑤点火开关置于 ON(IG)位置时,电动车窗主开关指示灯将开始闪烁,并且持续闪烁至初始化完成。成功完成初始化后指示灯一直亮。

◎**特别提示**:如果指示灯不是一直亮,则意味着初始化未成功完成。这种情况下,降下车门玻璃至少 50mm,并在车窗全关后,将电动车窗主开关保持在 AUTO UP 位置 1s。

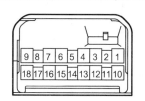

图 13-12 电动车窗主开关插接器

7. 无故障码、各车窗开关不能升降故障症状的相关电路检查

1)电动车窗主开关电路检查

(1)检查线束和插接器(电动车窗主开关—蓄电池和车身搭铁)。断开至电动车窗主开关插接器,如图 13-12 所示。检查 13-1(E)与车身搭铁应小于 1Ω;检查 13-6(B)与 13-1(E)之间的电压,在点火开关置 ON(IG)位置应在 11~14V,点火开关置于 OFF 位置低于 1V。如果结果不符合规定,则线束或插接器可能有故障。

(2)检查电动车窗主开关。根据表 13-12 所示的值测量电阻,如不正常,更换电动车窗主开关。

电动车窗主开关 表 13-12

检测仪连接	条 件	规 定 状 态
6(B)—16(U)—15(D)—1(E)	UP(乘客侧)	小于 1Ω
6(B)—15(D)—16(U)—1(E)	DOWN(乘客侧)	小于 1Ω
6(B)—12(U)—13(D)—1(E)	UP(左后)	小于 1Ω
6(B)—13(D)—12(U)—1(E)	DOWN(左后)	小于 1Ω
6(B)—10(U)—18(D)—1(E)	UP(右后)	小于 1Ω
6(B)—18(D)—10(U)—1(E)	DOWN(右后)	小于 1Ω

(3)检查主开关—(前排乘客、左后/右后开关)线束和插接器。如图 13-13 所示,断开主开关插接器 13。

①检查主开关—前排乘客开关线束和插接器。断开前排乘客插接器 13 和 H7,测量 13-16(U)与 H7-5(SU)、13-15(D)与 H7-2(SD)之间电阻值应小于 1Ω;13-16(U)与车身搭铁、13-15(D)与车身搭铁之间电阻值应为 10kΩ 或更大。如不正常,维修或更换线束或插接器。

②检查主开关—左后乘客开关线束和插接器。断开插接器 K1,测量 13-12(U)与 K1-5(SU)、13-13(D)与 K1-2(SD)之间电阻值应小于 1Ω;13-12(U)与车身搭铁、13-13(D)与车身搭铁之间电阻值应为 10kΩ 或更大。如不正常,维修或更换线束或插接器。

③检查主开关—前排乘客开关线束和插接器。断开插接器 J1,测量 13-10(U)与 J1-5(SU)、13-18(D)与 J1-2(SD)之间电阻值应小于 1Ω;13-10(U)与车身搭铁、13-18

(D)与车身搭铁之间电阻值应为10kΩ或更大。如不正常,维修或更换线束或插接器。

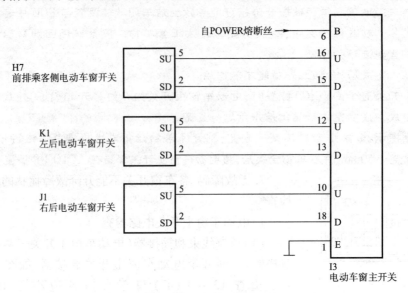

图13-13 电动车窗主开关—(前排乘客、左后/右后开关)线路连接

2)前排乘客侧、后左和后右电动车窗开关电源电路检查

(1)前排乘客侧电动车窗开关电源电路检查。断开插接器H7,点火开关置于ON(IG)位置,检查H7-3(B)与车身搭铁之间的电压应为11~14V,否则维修或更换线束或插接器。

(2)后左电动车窗开关电源电路检查。断开插接器K1,点火开关置于ON(IG)位置,检查K1-3(B)与车身搭铁之间的电压应为11~14V,否则维修或更换线束或插接器。

(3)后右电动车窗开关电源电路检查。断开插接器J1,点火开关置于ON(IG)位置,检查J1-3(B)与车身搭铁之间的电压应为11~14V,否则维修或更换线束或插接器。

3)前排乘客侧、后左和后右开关至各电动车窗电动机电路的检查

(1)前排乘客侧电动车窗电动机电路的检查,如图13-14所示。

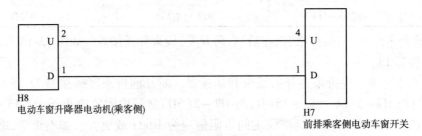

图13-14 前排乘客侧电动车窗开关至电动车窗电动机电路

①检查电动车窗升降器电动机,向电动机插接器施加蓄电池电压,蓄电池正极(+)与电动机端子2相接,蓄电池负极(-)与电动机端子1相接,电动机齿轮顺时针旋转;反之逆转。

◇特别提示:不要对除端子1和2外的任何端子施加蓄电池电压。

②断开插接器H7和H8,测量H7-4(U)与H8-2(U)、H7-1(D)与H8-1(D)之间电阻

值应小于1Ω;H7-4(U)与车身搭铁、H7-1(D)与车身搭铁之间电阻值应为10kΩ或更大。

(2)后左开关至各电动车窗电动机电路检查,如图13-15所示。

①同上方法检查电动机。

②断开连接器K1和K2,测量K1-4(U)与K2-1(U)、K1-1(D)与K2-2(D)之间电阻值应小于1Ω;K1-4(U)与车身搭铁、K1-1(D)与车身搭铁之间电阻值应为10kΩ或更大。

(3)右后开关至各电动车窗电动机电路检查,如图13-16所示。

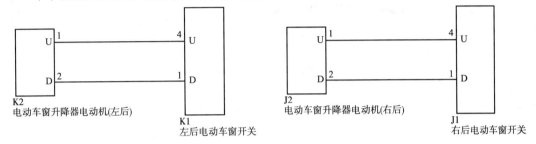

图13-15 左后电动车窗开关至电动车窗电动机电路 　图13-16 右后电动车窗开关至电动车窗电动机电路

①同上方法检查电动机。

②断开插接器J1和J2,测量J1-4(U)与J2-1(U)、J1-1(D)与J2-2(D)之间电阻值应小于1Ω;J1-4(U)与车身搭铁、J1-1(D)与车身搭铁之间电阻值应为10kΩ或更大。否则,更换线束或插接器。

(六)结束工作

检查作业项目完成后,将各拆卸部件装复,并拆除护裙和驾驶室内防护套,关闭发动机舱盖,清理器材,搞好工位的清洁、整理工作。

三、评价与反馈

对本学习项目进行评价,见表13-13。

评 分 表　　　　　　　　　　表13-13

考核项目	评分标准	分数	学生自评	小组互评	教师评价	小 计
团队合作	是否协调	5				
活动参与	是否积极主动	5				
安全生产	有无安全隐患	5				
现场5S	是否做到	5				
任务方案	是否正确、合理	10				
操作过程	(1)电动车窗故障码的读取与清除;	5				
	(2)读取检测仪的车窗数据值;	5				
	(3)电动车窗初始化工作;	5				
	(4)DTC B2311驾驶员车门电动机故障检查;	10				

续上表

考核项目	评分标准	分数	学生自评	小组互评	教师评价	小 计
操作过程	（5）DTC B2312 驾驶员侧车门主开关故障检查；	10				
	（6）无故障码、各车窗开关不能升降故障症状的相关电路检查：（任选一项）： ①电动车窗主开关电路检查； ②前排乘客侧、后左和后右电动车窗开关电源电路检查； ③前排乘客侧、后左和后右开关至各电动车窗电动机电路的检查。	15				
任务完成情况	是否圆满完成	5				
工具和设备使用	是否规范、标准	5				
劳动纪律	是否能严格遵守	5				
工单填写	是否完整、规范	5				
	总分	100				
教师签名：			年　月　日		得分：	

四、学习拓展

1. 桑塔纳 2000 系列轿车电动车窗

如图 13-17 所示，桑塔纳 2000 系列轿车采用永磁直流电动机，它是通过改变电枢电流的方向来改变电动机的旋转方向使车窗玻璃升或降。当电动玻璃升降器中的直流永磁电动机接通额定电压后，转轴输出转矩，经蜗轮蜗杆减速后，再由缓冲联轴器传递到卷丝筒，带动卷丝筒旋转，使钢丝绳拉动安装在玻璃托架上的滑动支架在导轨上下运动，达到使车门玻璃升降的目的。

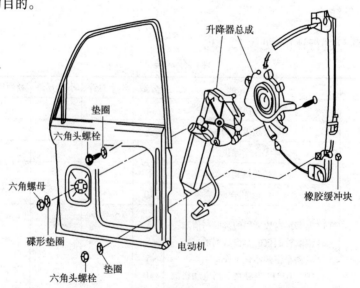

图 13-17　桑塔纳 2000 系列轿车电动车门玻璃升降器

项目十三 电动车窗不能升降的检修

电动车窗一般有两套控制开关,一套为总开关,由驾驶员控制每个车窗的升降;另一套是分别装在每个车窗中部的分开关,可由乘客操纵。

桑塔纳2000电动车窗控制电路如图13-18所示。电动车门玻璃升降器的组合控制开关,位于仪表板下方、前排左右座椅之间的中央通道面板上。将点火开关置于"ON"位置,通过组合开关的四个白色按键开关可以方便地控制四扇车窗玻璃的升降,后排座位的乘客还可使用左右后门上的按键开关进行操作。中间黄色开关为锁定开关,按下此开关,后门的玻璃升降开关就失去作用。驾驶员侧的左前窗操作与其他车窗有所不同,只需点按一下升降键,车窗自动继电器会自动保持按通约300ms的时间,将玻璃升降到底,如需中途停下,点一下反向键即可。当点火开关处于"OFF"时,延时继电器自动延时50s后切断所用电动车窗的搭铁端。当接通点火开关后,与延时继电器J52与C路电源相通,其动合触点闭合,按键开关内的P-通过该触点搭铁,而P+通过熔断器S37与A路电源相通,此时,按动按键开关便可使车窗电动机转动。

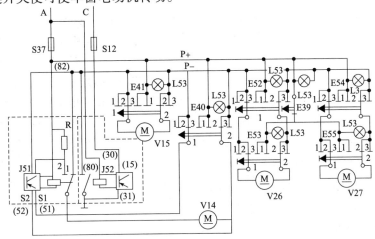

图13-18 桑塔纳2000系列轿车电动车窗控制电路

J51-电动摇窗机自动继电器;J52-电动摇窗机延时继电器;E39-电动摇窗机安全开关;E40-电动摇窗机左前开关;E41-电动摇窗机右前开关;E52-电动摇窗机左后开关;E53-电动摇窗机左后开关;E54-电动摇窗机右后开关;E55-电动摇窗机右后开关;V14-电动摇窗机左前电动机;V15-电动摇窗机右前电动机;V26-电动摇窗机左后电动机;V27-电动摇窗机右后电动机;L53-电动摇窗机开关照明灯

1)发动机熄火后的延时控制

关闭点火开关后,C路电源断电,延时继电器J52由A路电源供电,延时50s后,继电器触点断开,按键开关的搭铁线被切断,所有按键开关失去控制作用。

2)后车窗电动机的控制

左后门和右后门的车窗电动机各有两个按键开关E52、E53和E54、E55控制,E52和E54安装在中央通道面板上,供驾驶员控制,E53和E55分别安装在两后门上,供后座乘员控制。同一后门的两个开关采用级联方式连接,当两个开关被同时按下时没有控制作用,只有当某一个开关被按下时,才有控制作用。在安全开关E39被按下的情况下,E39的动断触点断开,切断了后车门上控键开关E53和E55的电源,使其失去了对各自车窗电动机的控制。因而,起到了保护儿童安全的作用。

(1)车窗玻璃上升:在安全开关E39没有被按下的情况下,将E52(E54)置上升位,车窗电动机V26(V27)正转,带动左后(右后)车门玻璃上升。其电路为A路电源~→熔断器S37→P+→E52(E54)→E53(E55)→左后(右后)门窗电动机V26(V27)→E53(E55)→E52(E54)→P-→J52触点→搭铁→电源负极。如果按下左后(右后)车门上E53(E55)的上升键位,车窗电动机V26(V27)同样可带动车门玻璃上升,此时其电路为:A路电源→熔断器S37→P+→E39→E53(E55)→左后(右后)门车窗电动机V26(V27)→E53(E55)→E52(E54)→P-→J52触点→搭铁→电源负极。

(2)车窗玻璃下降:在安全按键开关E39没有被按下的情况下。按下E52(E54)或E53(E55)的下降位,车窗电动机V26(V27)电枢电流的方向与上述情况相反,电动机反转,带动左后(右后)车门玻璃下降。

3)前车窗电机的控制

右前门车窗电动机V15由按键开关E41控制,而左前门车窗电动机V14由按键开关E40和自动继电器J51控制,且具有点动自动控制功能。

(1)车窗玻璃上升:按下按键开关E41的上升键位时,车窗电动机正转,带动右前门车窗玻璃上升,其电路为:A路电源→熔断器S37→P+→E41→车窗电动机V15→E41→P-→J52触点→搭铁→电源负极。

按下按键开关E40的上升键位时,P+和P-经E40分别接至自动继电器J51的输入端S2和S1,此时,自动继电器J51触点1闭合,触点2断开,车窗电动机V14正转,带动左前门玻璃上升,车窗电动机的电路为:A路电源→熔断器S37→P+→E40→车窗电动机V14→J51的动断触点1→P-→J52触点→搭铁→电源负极。按键开关E40复位时,上述电路被切断,电动机V14停转。

(2)车窗玻璃下降:按下按键开E41的下降键位时,车窗电动机V15反转,带动右前门车窗玻璃下降,其电流通路与上升时相反。

(3)点动自动控制:当按下按键开关E40下降键位的时间小于或等于300ms时,自动继电器J51判断为点动自动下降操作,于是继电器动作,使触点2闭合。流过车窗电动机Vl4的电流方向与正常下降操作时相同,电动机反转,车窗玻璃下降。如果在下降期间E40的上升键位不被按下,继电器J51的触点2将一直处于闭合状态,直至玻璃下降到底,电动机V14堵转,此时,电枢电流将增大,当电流增至约9A时,取样电阻R上的电压使继电器J51动作,触点2断开,自动切断车窗电动机的通电回路,电动机停转;如果在下降期间,按下E40的上升键位,继电器J51将判断为下降操作结束,触点2断开,车窗电动机V14停转。这样,通过对按键开关E40进行点动控制就可以使左前车窗玻璃停止在任意位置。

2. 别克凯越轿车的电动车窗控制电路

如图13-19所示,别克凯越轿车的电动车窗系统主要包括一个电动车窗总开关(驾驶侧)、三个单独开关(右前车窗、左后车窗、右后车窗)、四个电动车窗电动机、继电器和相关线路及机械传动机构等。这样通过车窗总开关可以控制每个车窗升降,安装在除驾驶侧外的每个车窗上的分控开关,可实现乘客对各个车窗进行升降控制。另外车窗总开关还设有车窗断路开关,当按下断路开关时,该开关将切断所有分控开关的电源,即只有总车窗开关才可控制所有车窗的升降。

项目十三 电动车窗不能升降的检修

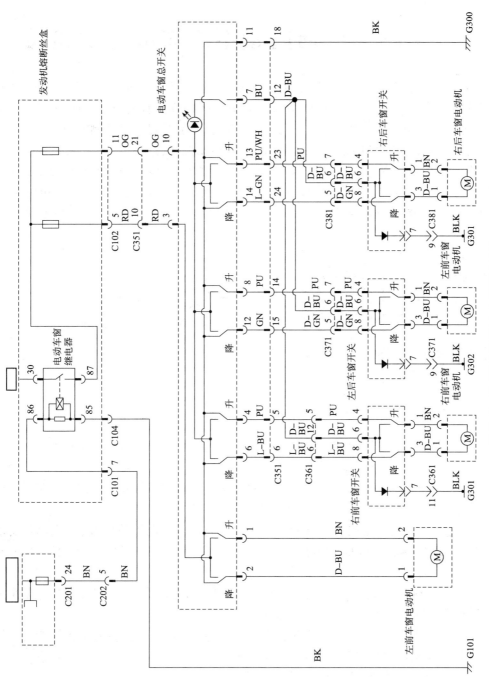

图 13-19 别克凯越轿车的电动车窗控制电路

项目十四　电动门锁不工作故障的检修

对于电动门锁的控制过程,往往是通过控制电动机的运转状态,便可实现对门锁进行电动控制。在电动门锁控制应用中广泛采用的是中控门锁。所谓中控门锁,就是当驾驶员锁住其身边的车门总开关时,其他车门也同时锁住,驾驶员可通过其侧的门锁开关同时打开其余各个车门,也可单独打开某个车门的一种电动控制装置。

中控门锁的控制方式有很多种,目前汽车中使用的有普通中央控制门锁、电子式中央控制门锁、车速感应式中央控制电动门锁、遥控中央控制门锁和电脑(ECU)控制的中控门锁等不同的控制方式,其电路差异较大,因而相对应的电动门锁检修方法也有所不同。

 学习目标

完成本项目学习后,你应当能:
1. 熟悉典型汽车电动门锁的控制电路及连接关系;
2. 掌握汽车电动门锁不工作故障的检修方法。

 建议学时:12 学时。

一、资料收集

1. 电动门锁控制系统的功能

电动门锁控制系统通常具备的功能有:

(1)钥匙控制功能:驾驶员可单独通过两个前车门钥匙锁开关,可以控制全车车门的打开和锁住。

(2)遥控控制功能:遥控器向电动门锁控制接收器发送弱无线电波(识别码和功能码),电动门锁控制模块(ECU)接收到信号后,可以控制全车车门(包括行李舱)的打开和锁住。

(3)中央控制功能:驾驶员可通过门锁开关同时打开各个车门,也可单独打开某个车门,当驾驶员车门锁住时,其他三个车门也同时锁住。

(4)速度控制功能:某些电动门锁系统,当行车速度达到一定时,各个车门能自行锁定,防止乘员误操作车内门把手而导致车门打开。

2. 汽车电动门锁控制系统的组成

汽车电动门锁控制系统通常由车门锁、门锁电动机、门锁控制模块(ECU)以及控制电路附属装置(主要有车门门控灯开关、点火开关和解锁警告开关、危险警告灯、车厢照明灯总成、诊断端子和线路)等组成。

项目十四 电动门锁不工作故障的检修

1）车门锁

车门锁通常由锁体总成、锁扣、内外操纵机构和内外锁止机构等组成。其中操纵机构通常有车门按钮、车内和车外拉手（把）以及连接杆等；锁止机构有钥匙和锁芯、门锁开关等，如图14-1所示。

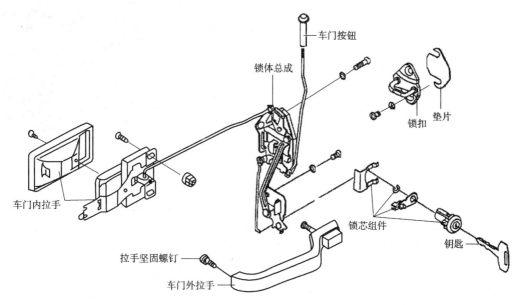

图14-1 普通门锁传动机构分解图

锁体总成安装在车门内，与安装在门框上的固定锁扣共同配合进行车门开启和关闭。在锁体总成内与固定锁扣配合车门开启或锁止的元件是叉形门闩（图14-2）。

叉形门闩的锁止和解锁状态是由机构中的止动爪工作状态来决定的，如图14-3所示。而止动爪则通过与内外操纵机构和内外锁止机构进行机械连接，当操作杆没有给止动爪外作用力时，止动爪在止动爪弹簧的弹力作用下卡住叉形门闩不能转动，即处于锁止状态；当操作杆有作用在止动爪上的外力大于止动爪弹簧力时，叉形门闩在叉形门闩弹簧作用力下便能转动，从固定锁扣中退出，即处于解锁状态。

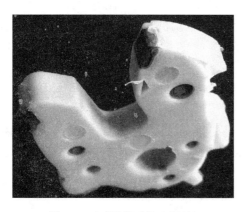

图14-2 包裹胶体后的叉形门闩

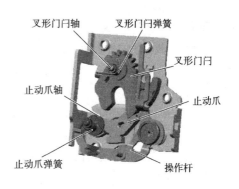

图14-3 锁体总成锁止机构

199

如果在锁体总成上加装电动机,便是电动门锁。电动门锁传动机构和锁体总成加装电动机结构如图14-4所示。

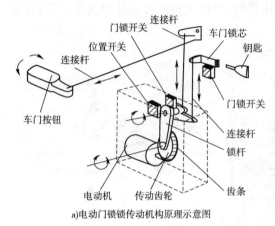

a) 电动门锁锁传动机构原理示意图　　　b) 电动门锁锁体总成加装电动机结构图

图14-4　电动门锁

2) 门锁电动机

电动门锁电动机有电磁式、直流电动机式和永磁电动机式三种,其工作原理都是通过改变极性而转换其运动方向,从而执行门锁的开启或锁止动作的。

(1) 电磁式电动机:它内设2个线圈,分别用来开启、锁止门锁。门锁操作按钮平时处于中间位置。当给锁止电磁线圈通正向电流时,铁芯带动连杆左移,驱动门锁活动锁扣(杆)转动,使门锁锁止;当给开启电磁线圈通反向电流时,铁芯带动连杆右移,驱动门锁活动锁扣(杆)转动,使门锁开启,如图14-5所示。

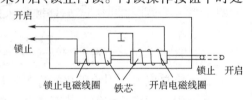

图14-5　电磁式电动机原理图

(2) 直流电动机:它是通过直流电动机转动并经传动装置(传动装置有蜗轮蜗杆传动、齿条传动和直齿轮传动)减速后将动力传给门锁活动锁扣(杆),使门锁活动锁扣(杆)转动,从而使门锁开启或锁止。由于直流电动机能双向转动,所以通过控制电动机的正反转,便能实现门锁的锁止或开启,图14-6所示为带蜗轮蜗杆减速装置的直流电动机和带齿条和直齿轮减速装置的直流电动机。

(3) 永磁电动机:永磁电动机多是指永磁型步进电动机。它的作用与前述的直流电动机基本相同,但结构差异较大,工作原理较复杂。

3. 典型电动门锁的控制系统

下面以卡罗拉轿车的遥控中控门锁系统为例进行说明。

1) 系统组成

卡罗拉轿车的遥控中控门锁系统主要由遥控器、车门钥匙开关、门锁电动机、中控门锁(主车身)ECU、接收天线、门控灯开关、指示灯、室内照明灯和危险警告灯等控制元件组成,图14-7所示为卡罗拉轿车遥控中控门锁控制系统结构图。

图14-8所示为卡罗拉轿车遥控中控门锁系统(不带智能上车和启动系统)的控制元件名称及位置图。

项目十四 电动门锁不工作故障的检修

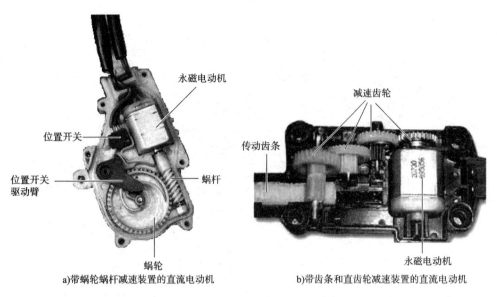

a) 带蜗轮蜗杆减速装置的直流电动机　　b) 带齿条和直齿轮减速装置的直流电动机

图 14-6　带减速装置的直流电动机

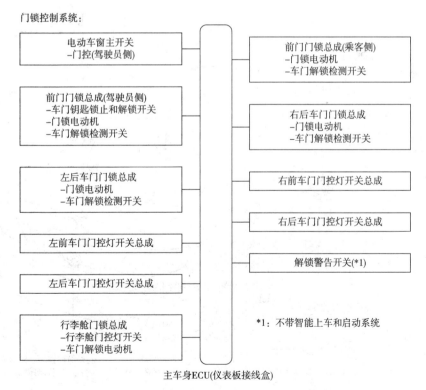

图 14-7　卡罗拉轿车遥控中控门锁控制系统结构图

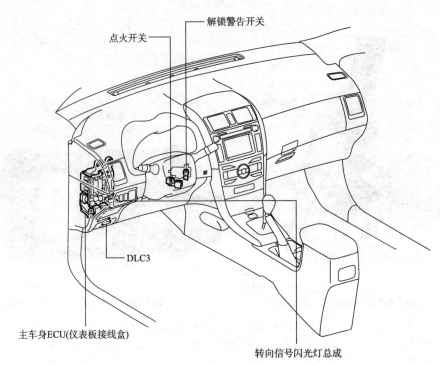

a)

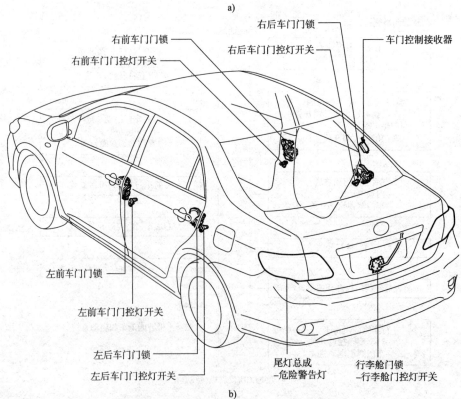

b)

图 14-8 遥控中控门锁系统控制元件的位置图

项目十四　电动门锁不工作故障的检修

2）遥控功能及原理

遥控功能是通过遥控器，可以从远处便能对全车的车门锁进行锁止和解锁。

遥控的基本原理是：从车主的发射器（即遥控器、电子钥匙，图14-9）发出微弱的电波信号，由汽车天线接收该电波信号，经电控模块ECU识别信号代码，再由该系统的执行器（电动机或电磁线圈）执行解锁/锁止的动作。

3）系统和主要零部件的功能

（1）主要零部件的功能，见表14-1。

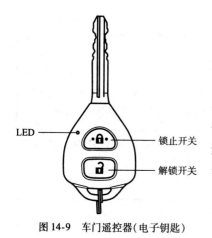

图14-9　车门遥控器（电子钥匙）

主要零部件的功能　　　　　　　　　　　　　表14-1

零部件名称	功　　能
车门控制遥控器	（1）有锁止和解锁开关； （2）向车门控制接收器发送弱无线电波（识别码和功能码）； （3）在发送过程中点亮指示灯（LED）
车门控制接收器	接收弱无线电波（识别码和功能码），并将其作为代码数据输出到主车身ECU
前门门灯控开关 后门门灯控开关 行李舱门灯控开关	当车门打开时接通，当车门关闭时断开。将车门状态代码（打开或关闭）输出至主车身ECU
解锁警告开关	检测钥匙是否插入点火锁芯中
门锁位置开关	将各车门的门锁位置发送至主车身ECU
电动车窗主开关	主开关上的门控开关锁止/解锁所有车门
主车身ECU	响应来自车门控制接收器的代码数据和来自各个开关的信号，发送遥控门锁控制信号
驾驶员侧门锁总成开关	（1）内置电动机锁止/解锁车门； （2）内置门控开关（钥匙联动）检测车门钥匙操作的车门状态（锁止或解锁），并且向主车身ECU（仪表板接线盒）输出数据； （3）内置式位置开关检测车门状态（锁止或解锁），并输出数据至主车身ECU（仪表板接线盒）。车门锁止时此开关关闭，车门解锁时此开关打开
乘客侧门锁总成开关	（1）内置电动机锁止/解锁车门； （2）内置式位置开关检测车门状态（锁止或解锁），并输出数据至主车身ECU（仪表板接线盒）。车门锁止时此开关关闭，车门解锁时此开关打开

续上表

零部件名称	功能
左后和右后门锁总成开关	(1)内置电动机锁止/解锁车门； (2)内置式位置开关检测车门状态(锁止或解锁)，并输出数据至主车身 ECU (仪表板接线盒)。车门锁止时此开关关闭，车门解锁时此开关打开

（2）系统功能。车门控制遥控器带有锁止和解锁开关。操作这些开关以激活各项功能，遥控门锁控制系统具有的功能见表14-2。

遥控门锁控制系统功能　　　　　　　　　　　　　　　表14-2

功　能	操　作
所有车门锁止	按下锁止开关锁止所有车门
所有车门解锁	按下解锁开关解锁所有车门
自动锁止	如果车门通过遥控门锁控制解锁后，在30s内没有车门打开，所有车门将自动再次锁止
应答	(1)当通过遥控操作锁止车门时，危险警告灯闪烁一次； (2)当通过遥控操作解锁车门时，危险警告灯闪烁两次
上车照明	当所有车门锁止时，按下解锁开关导致车内照明灯随解锁操作同步亮起
自诊断模式	以下是进入自诊断模式的方式： (1)系统在诊断模式下时，如果车门控制接收器从车门控制发射器处接收到正常的无线电波，它使车内照明灯以对应各个开关功能的正常方式闪烁； (2)使用智能检测仪读取DTC
遥控器识别码注册	能将6类遥控的识别码注册到车门控制器包含的EEPROM中(写入和存储)

（3）遥控器识别码注册功能。表14-3显示了4个ID注册功能模式，通过该模式最多能注册6个不同的代码。代码以电子方式注册(写入和存储)到车门控制器包含的EEPROM中。

遥控器识别码注册功能　　　　　　　　　　　　　　　表14-3

模　式	功　能
添加模式	(1)添加一个新接收的代码时，保留以前注册的代码； (2)添加新遥控器时，使用该模式。如果注册的代码数量超过6个，最先注册的代码被首先清除
改写模式	清除所有以前注册的代码并仅注册新输入的代码

续上表

模 式	功 能
确认模式	确认当前注册的代码数量。添加新代码时,此模式用来检查已经存在的代码数量
禁止模式	(1)清除所有注册的代码并禁用遥控门锁功能; (2)当遥控器丢失时使用该模式

遥控功能不工作的条件:

①不能进行锁止操作的情况:当所有车门打开和钥匙插在点火锁芯中时。

②不能进行解锁操作的情况:钥匙插在点火锁芯中。

4)控制电路

卡罗拉轿车遥控中控门锁控制系统从控制原理上上看主要由信号装置(主要有车门控制接收器、门控灯开关、点火开关和解锁警告开关等)、ECU(主车身 ECU)、执行装置(有门锁总成电动机、危险警告灯、车厢照明灯总成等)、诊断端子和线路等组成。其工作原理是:当主车身 ECU 接到来自信号装置的"锁止/开锁"请求信号后,通过计算识别,发出"锁止/开锁"命令,使门锁总成电动机转动,直至车门完全"锁止/开锁"状态;同时,通过危险警告灯光发出指示,其原理如图 14-10 所示。

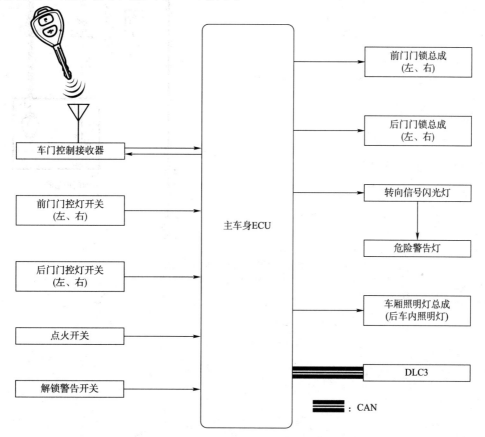

图 14-10 卡罗拉轿车遥控中控门锁控制系统原理图

卡罗拉轿车遥控中控门锁控制系统电路如图 14-11 所示。

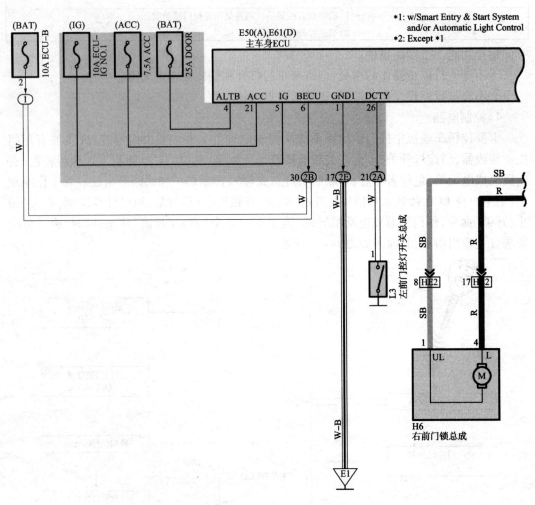

a) 卡罗拉轿车遥控中控门锁控制系统电路(一)

图 14-11

项目十四 电动门锁不工作故障的检修

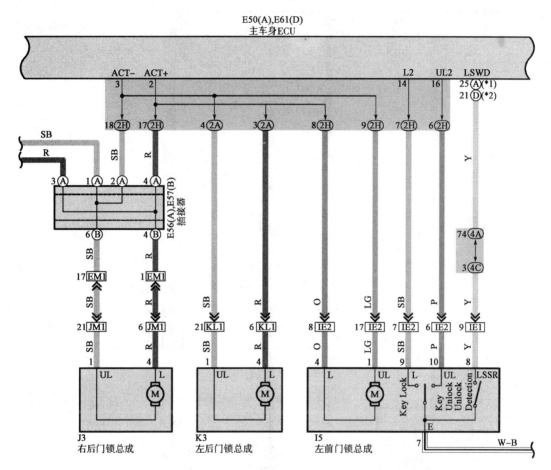

b) 卡罗拉轿车遥控中控门锁控制系统电路（二）

图 14-11

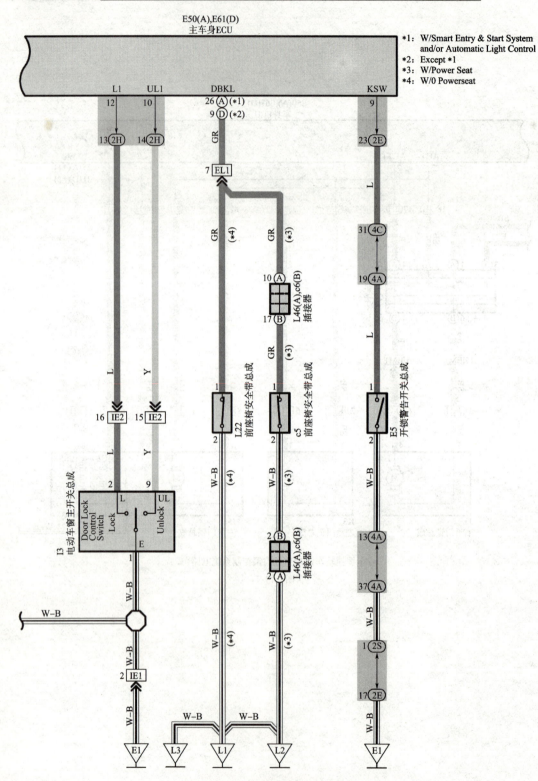

c) 卡罗拉轿车遥控中控门锁控制系统电路(三)

图 14-11

项目十四 电动门锁不工作故障的检修

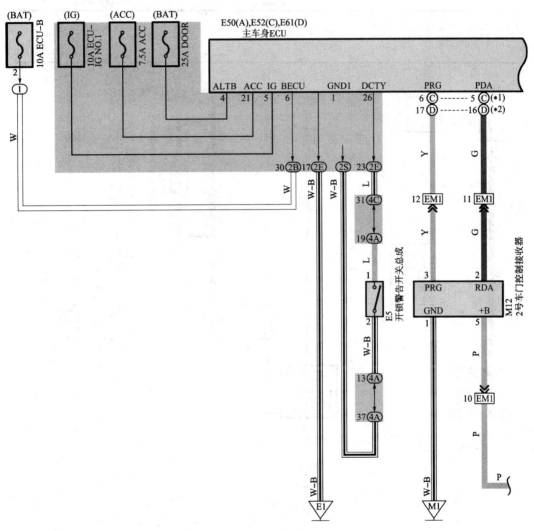

d)卡罗拉轿车遥控中控门锁控制系统电路(四)

图 14-11

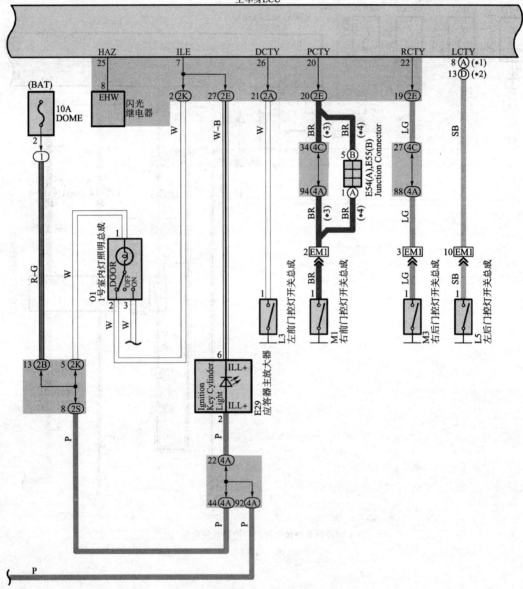

e) 卡罗拉轿车遥控中控门锁控制系统电路(五)

图 14-11

项目十四 电动门锁不工作故障的检修

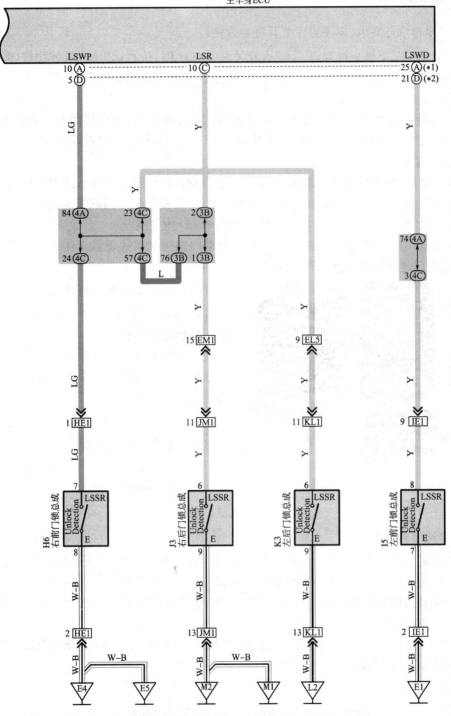

f)卡罗拉轿车遥控中控门锁控制系统电路(六)

图 14-11 卡罗拉轿车遥控中控门锁控制系统电路

二、实训操作

（一）技术标准与要求（以丰田卡罗拉轿车为例）

(1) 在以下情况下锁止被取消：①点火开关置于 ON(IG) 位置；②使用机械钥匙（发射器）或电子钥匙解锁驾驶员侧车门；③车门控制按钮手动转至解锁位置后，门控开关（手动操作）转至解锁位置。

(2) 自动锁止功能（带智能上车和启动系统）：①锁止所有车门；②使用电子钥匙解锁驾驶员侧车门；③保持所有车门关闭，且不接触电子钥匙开关和上车解锁开关 30s。然后，所有车门自动锁止。

(3) 车厢照明灯功能：①将车厢照明灯开关置于 DOOR 位置。②锁止所有车门，检查并确认使用钥匙将驾驶员侧门锁锁芯转至解锁位置后，驾驶员侧车门解锁。同时，车厢照明灯亮起。③如果车门没有打开，车厢照明灯在大约 15s 内关闭。

(4) 电动门锁控制系统的检修，首先是基于电动门锁控制系统正常工作这一前提，然后才能对遥控门锁控制系统进行故障排除。

图 14-12　丰田汽车智能检测仪

（二）工具、设备和材料的准备

(1) 磁力护裙、转向盘护套、变速杆手柄套、脚垫和座椅套。

(2) 卡罗拉轿车及维修手册。

(3) 丰田汽车智能检测仪，如图 14-12 所示。

(4) 汽车电工常用的维修工具。

（三）查询并填写信息

生产年份 _____，车牌号码 _____，行驶里程 _____，发动机型号及排量 _____，车辆识别代号（VIN）_____。

（四）作业前的准备

(1) 汽车进入工位前，将工位清理干净，拉紧驻车制动器操纵杆，并将变速杆置于空挡或驻车挡（P 位）位置，将汽车所有的座椅套上护套。

(2) 分别通过用遥控器和钥匙机械式开锁，检查各个车门锁的开锁和锁止情况，初步确定门锁的故障情况。

(3) 对有故障的车门锁，在车辆钥匙关闭的情况下，先拆除该车门的内装饰板后，才能进行下一步故障诊断的操作。

（五）具体的故障检修

故障现象之一：通过主开关、驾驶员侧车门锁芯不能操作所有车门的锁止或解锁

◇ **特别提示**：主车身 ECU（仪表板接线盒）从电动车窗主开关和驾驶员侧车门锁芯接收开关信号，如图 14-13 所示，并根据这些信号激活各车门上的门锁电动机。

项目十四 电动门锁不工作故障的检修

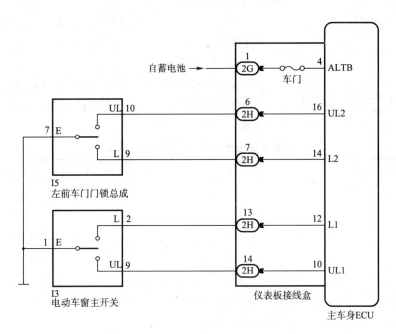

图 14-13 电动车窗主开关和驾驶员侧车门锁芯接收开关电路图

1. 检查车门熔断丝(DOOR)

(1)将 DOOR 熔断丝从仪表板接线盒上拆下。

(2)测量 DOOR 熔断丝端子电阻,标准电阻值见表 14-4。

DOOR 熔断丝端子电阻值   表 14-4

检测仪连接	条 件	规 定 状 态
DOOR 熔断丝	始终	小于 1Ω

2. 检查车门锁止操作

1)车门无法通过主开关锁止时

(1)使用智能检测仪,当车门手动开关在 ON、OFF 状态下读取检查仪显示,应如表 14-5 所示。

车门开关在 ON、OFF 状态下检查仪显示值   表 14-5

检测仪显示	测量项目/范围	正常状态	诊断备注
Door Lock SW – Lock(锁止)	车门手动锁止开关信号/ON 或 OFF	(1)ON:电动车窗升降器主开关上的门控开关按至锁止位置; (2)OFF:电动车窗升降器主开关上的门控开关按下	
Door Lock SW – Unlock(解锁)	车门手动解锁开关信号/ON 或 OFF	(1)ON:电动车窗升降器主开关上的门控开关按至解锁位置; (2)OFF:电动车窗升降器主开关上的门控开关按下	

没有线束连接的零部件：
(电动车窗主开关)

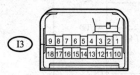

图14-14 电动车窗主开关插接器端子

当操作开关时,智能检测仪的显示应如表14-5所示为正常,否则要检查电动车窗主开关。

(2)检查电动车窗主开关。

①拆下电动车窗主开关,如图14-14所示。

②测量图14-14连接端子的电阻,标准电阻值见表14-6。

电动车窗主开关连接端子标准电阻值   表14-6

检测仪连接	条件	规定状态
1～2	锁止	小于1Ω
1～2 1～9	OFF(松开)	10kΩ或更大
1～9	解锁	小于1Ω

若检测结果不符合表格内的要求,更换电动车窗主开关。

(3)查线电动车窗主开关电路束和插接器。

①拆开仪表板接线盒插接器,如图14-15所示。

线束插接器前视图：(至电动车窗主开关)　　线束插接器前视图：(至仪表板接线盒)

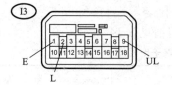 

图14-15　车窗主开关、仪表接线盒插接器端子

②测量图14-15所示插接器端子间的电阻,其标准电阻值见表14-7。

电动车窗主开关电路线束插接器端子间标准电阻值   表14-7

检测仪连接	条件	规定状态
13-2(L)与2H-13	始终	小于1Ω
13-9(UL)与2H-14	始终	小于1Ω
13-1(E)与车身搭铁	始终	小于1Ω
2H-13与车身搭铁	始终	10kΩ或更大
2H-14与车身搭铁	始终	10kΩ或更

如果检测值不符合表14-8的要求,维修或更换线束或插接器。

如果经过上述步骤检查操作,车门仍无法通过主开关锁止时,更换主车身ECU。

2)车门无法通过驾驶员侧车门锁芯锁止时

(1)通过智能检测仪读取车门钥匙联动锁止和解锁开关的值。

使用智能检测仪,当车门钥匙开关在ON、OFF状态下读取检查仪显示,应如表14-8所示。

项目十四 电动门锁不工作故障的检修

车门钥匙开关在 ON、OFF 状态下检查仪显示值　　　　表 14-8

检测仪显示	测量项目/范围	正常状态
Door Lock SW – Lock（锁止）	车门钥匙联动锁止开关信号/ON 或 OFF	(1) ON：驾驶员侧车门锁芯转至锁止位置； (2) OFF：驾驶员侧车门锁芯未转动
Door Lock SW – Unlock（解锁）	车门钥匙联动解锁开关信号/ON 或 OFF	(1) ON：驾驶员侧锁芯转至解锁位置； (2) OFF：驾驶员侧车门锁芯未转动

在检测仪屏幕上,当显示各检测项目符合表 14-9 在 ON 和 OFF 状态下正常时,进行下一步检查。

（2）检查驾驶员侧前门门锁总成

①拆下驾驶员侧前门门锁总成。

②拆开驾驶员侧前门门锁总成插接器,如图 14-16 所示。

③测量图 14-16 所示门锁开端子电阻值,标准电阻见表 14-9。

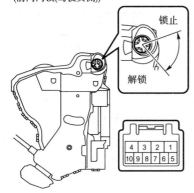

图 14-16　驾驶员侧前门门锁及插接器端子

驾驶员侧前门门锁开端子电阻值　　表 14-9

检测仪连接	条　件	规定状态
7—9	ON（门锁设置为锁止）	小于 1Ω
7—9	OFF（松开）	10kΩ 或更大
7—10		
7—10	ON（门锁设置为解锁）	小于 1Ω

若检测结果不符合表 14-19 所规定,则更换门锁总成。

（3）检查车门钥匙联动锁止解锁开关电路的线束和插接器

①拆开仪表板接线盒插接器,如图 14-17 所示。

线束插接器前视图：（至前门门锁）　　　线束插接器前视图：（至仪表板接线盒）

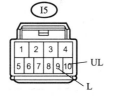

图 14-17　门锁、仪表接线盒线束插接器端子

②测量图 14-17 所示线束插接器端子间的电阻,其标准电阻见表 14-10。

车门钥匙联动锁止解锁电路线束插接器端子间标准电阻值　　表 14-10

检测仪连接	条　件	规定状态
I5-9（L）—2H-7	始终	小于 1Ω
I3-10（UL）—2H-6	始终	小于 1Ω
2H-7—车身搭铁	始终	10kΩ 或更大
2H-6—车身搭铁	始终	10kΩ 或更

若检测结果不符合表14-10所规定,维修或更换线束或插接器;如果经过上述步骤检查操作,车门仍无法通过驾驶员侧车门锁芯锁止时,更换主车身ECU。

故障现象之二:仅驾驶员侧车门锁止/解锁功能不工作

◇**特别提示**:主车身ECU(仪表板接线盒)接收锁止/解锁开关信号,如图14-18所示,并根据这些信号激活门锁电动机。

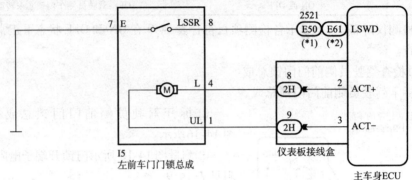

*1:带智能上车和启动系统及自动灯控
*2:不带智能上车和启动系统及自动灯控

图14-18 驾驶员侧锁止/解锁开关信号原理图

1. 检查驾驶员侧前门门锁总成

(1)检查门锁电动机的工作情况。向电动机端子施加蓄电池电压,并检查门锁电动机的工作情况,如图14-19所示。

检测电动机的正常状态见表14-11。

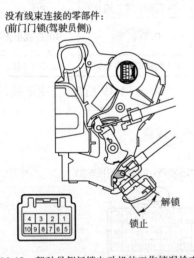

图14-19 驾驶员侧门锁电动机的工作情况检查

驾驶员侧电动机正常工作状态 表14-11

测量条件	规定状态
蓄电池正极(+)→端子4 蓄电池负极(−)→端子1	锁止
蓄电池正极(+)→端子1 蓄电池负极(−)→端子4	解锁

若结果不符合表14-11所规定,则更换门锁总成。

(2)测量门锁位置开关端子的电阻。检测的标准电阻值见表14-12。

门锁位置开关端子标准电阻值 表14-12

检测仪连接	测量条件	门锁状态	规定状态
7—8	蓄电池正极(+)→端子4 蓄电池负极(−)→端子1	锁止	10kΩ 或更大
7—8	蓄电池正极(+)→端子1 蓄电池负极(−)→端子4	解锁	小于1Ω

若检测的结果不符合 14-12 规定,则更换门锁电动机总成。

2.检查门锁电动机电路线束和插接器

(1)断开仪表板接线盒,如图 14-20 所示。

图 14-20　门锁电动机、仪表板接线盒插接器端子

(2)测量插接器端子间的电阻,检测的标准电阻值见表 14-13。

门锁电动机、电动机至仪表板接线盒插接器间端子标准电阻值　　表 14-13

检测仪连接	条　　件	规 定 状 态
I5-4(L)—2H-8	始终	小于 1Ω
I5-1(UL)—2H-9	始终	小于 1Ω
2H-8—车身搭铁	始终	10kΩ 或更大
2H-9—车身搭铁	始终	10kΩ 或更

若检测的结果不符合表 14-13 规定,维修或更换线束或插接器。

3.检查车门解锁检测开关电路线束和插接器

(1)断开主车身 ECU(仪表板接线盒)插接器,如图 14-21 所示。

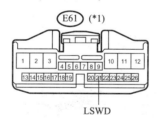

*1:不带智能上车和启动系统及自动灯控
*2:带智能上车和启动系统及自动灯控

图 14-21　门锁电动机、主车身 ECU 插接器端子

(2)测量门锁电动机至主车身 ECU 插接器端子间电阻,检测插接器端子间的标准电阻值见表 14-14。

解锁检测开关电路线束插接器端子的标准电阻值　　表 14-14

检测仪连接	条　　件	规 定 状 态
I5-8(LSSR)—E61-21(LSWD)(*1)	始终	小于 1Ω
I5-8(LSSR)—E50-25(LSWD)(*2)	始终	小于 1Ω
I5-8(LSSR)—车身搭铁	始终	10kΩ 或更大
I5-7(E)—车身搭铁	始终	小于 1Ω

注:*1.不带智能上车和启动系统及自动灯控。
　　*2.带智能上车和启动系统及自动灯控。

若检测的结果不符合表 14-14 规定,维修或更换线束或插接器。

如果经过上述 1~3 步骤检查操作,驾驶员车门锁止/解锁功能仍不能正常工作,更换主车身 ECU。

◇**特别提示:**对于仅乘客、左后或右后车门锁止/解锁功能不工作,检查方法及程序与前面类似,不再讲说。

(六)结束工作

作业项目完成后,安装好车门内装饰板,拆除座椅护套。清理器材,搞好工位的清洁、整理工作。

三、评价与反馈

(1)对本学习项目进行评价,见表 14-15。

表 14-15 评 分 表

考核项目	评分标准	分数	学生自评	小组互评	教师评价	小 计
团队合作	是否协调	5				
活动参与	是否积极主动	5				
安全生产	有无安全隐患	5				
现场 5S	是否做到	5				
任务方案	是否正确、合理	10				
操作过程	能对下列门锁工作不良的情况进行检查: (1)通过主开关、驾驶员侧车门锁芯不能操作所有车门的锁止/解锁功能;	25				
	(2)仅驾驶员车门锁止/解锁功能不工作	25				
任务完成情况	是否圆满完成	5				
工具和设备使用	是否规范、标准	5				
劳动纪律	是否能严格遵守	5				
工单填写	是否完整、规范	5				
总分		100				
教师签名:				年 月 日	得分:	

(2)对于仅乘客、左后或右后车门锁止/解锁功能不工作故障如何检查?

项目十五　中央控制盒的更换

中央控制盒(又称中央电器控制盒、继电器盒或接线盒等)是通过复杂的内部汇流排连接或电子电路集成将熔断器(又常被称为保险)、电路导通和继电器等集成在一起的集合体,如图15-1所示。

图15-1　汽车典型的中央控制盒

由于中央控制盒通过直接或间接的方式控制和保护着汽车各电气系统,同时汽车各电气系统在工作中出现异常时,又会使中央控制盒性能变坏,因此中央控制盒是一个易损部件,需要经常检修,甚至更换。

 学习目标

完成本项目学习后,你应当能:
1. 知道中央控制盒的作用和分类及结构组成;
2. 独立进行中央控制盒的通断测试;
3. 独立进行中央控制盒的更换。

 建议学时:10学时。

一、资料收集

1. 中央控制盒的作用

汽车中央控制盒的作用是将熔断器、电路导通和继电器等集成在一起,达到集中控制、线路简洁、易于安装与维护的目的。

中央控制盒总成中的熔断器用来保护汽车各个用电设备,当电流超过熔断器的熔断电流,熔断器自动熔断;电路导通则是指将一个电路同时分配给不同的线束或不同的用电器,它能在很大程度上简化了线路;继电器对汽车电气设备起控制的作用,通过信号线来控制汽车用电设备的工作,它配合熔断器一起工作。

中央控制盒的优点:减少线束回路数量;去除传统线束接头;节省传统线束;节省在线插接件;实现多线匹配组装。结果是降低整车电子电气系统成本,线束连接质量明显改善,从而直接减少线束故障,如图15-2所示。

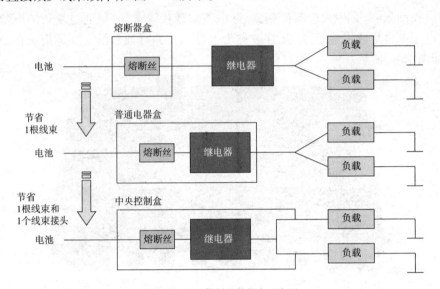

图15-2　中央控制盒的优点示意图

2. 中央控制盒的分类

对于现代汽车的中央控制盒,按其内部电路结构分类,大致可分五种。

1)使用金属片式的中央控制盒

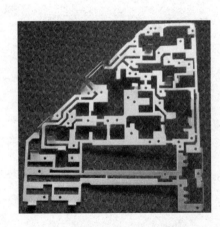

图15-3　镀锡带汇流条

该类控制盒是直接由导线带端子固定在塑料盒体上,为满足功能要求,在盒体内使用金属(常用铜板或镀锡带)冲压片形成的汇流条(图15-3),其目的是为了简化控制盒的内部结构,先用汇流条将电流引入,分配到各路熔断器后,再通过端子导线分配给各用电器。由于控制盒体内使用金属冲压片,因此这类控制盒又称使用金属片式中央控制盒。

使用金属片式中央控制盒内部结构比较简单,主要起熔断器盒的作用,而继电器等电路都是相互独立的。该控制盒不具备防尘防水的功能,为了工作可靠必须安装在驾驶室里,国内20世纪80年代引进生产的车型大多采用这种中央控制盒。

2)布线型式的中央控制盒

该类控制盒是采用几层线路叠加的方式来实现内部电路的连接控制,每层线路有很多冲压的铜(或铝等易导电金属)条(制造成类似音叉端子)按一定要求排布构成,每层线路之间由橡胶板分开,橡胶板上有凹槽和孔,对铜条线路起着定位、固定和穿过的作用,形成双层压合板技术模式。这种中央接线盒又称布线型中央控制盒。由于使用了多层线路,能满足熔断器、电路导通和一些继电器的电路功能,结果是控制盒结构更加紧凑,容量变得更大。

3)印制电路式的中央控制盒

该类控制盒是采用印制电路板(PCB)的方式来实现内部电路的连接控制,这种电路板能将熔断器、电路导通和继电器等集成在一起,真正实现集中控制,整体上美观整齐。

4)电子集成式的中央控制盒

该类控制盒是采用电子集成中央控制方式来实现内部多路电路的连接控制,这种电路板能将多层次的熔断器、电路导通、继电器和电子控制模块等集成在一起,性能优越。

5)智能型式的中央控制盒

该类控制盒的特色是电源电路和电子电路分别在两个分离的电路板上,在一个PCB板上有多层电路,可以用两种不同的方法将电源电路板和电子电路板对接形成一个整体,通过分区实现网络整合(即各个区域都可以安装具有网络功能的模块;各区域中的模块通过CAN总线,总线互相通信从而分别实现各自的电气功能),这是目前较先进的中央控制盒。

3. 中央控制盒的结构组成

中央控制盒的结构由塑料盒壳体、盒体及电气元件三部分组成。

(1)塑料盒壳体。塑料盒壳体通常由护盖、中间壳体和底座等几部分组成,如图15-4所示。

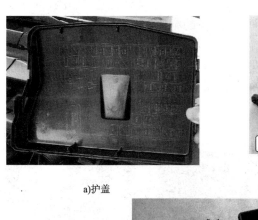

a)护盖　　　　　　　　　　b)中间壳体

c)底座

图15-4　塑料盒的壳体结构

塑料盒护盖主要是防止外界的杂物（如水、灰尘等）进入塑料盒内。

值得注意的是，在护盖的外表面或内表面，通常贴有标签，标明每个熔断器或继电器所属保护（或控制）的电器件位置、名称及额定容量，如图 15-5 所示。

中间壳体是安装塑料盒体的支架，它的内部通常分成一定数量、不同形状的空间，同时有楔状台阶（图 15-6），与相应的安装在塑料盒体单元卡接。

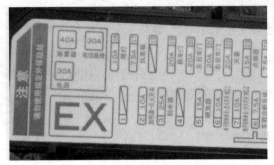

图 15-5　护盖上的标签（部分）　　　　图 15-6　与相应的塑料盒体单元卡接的中间壳体台阶

底座通常是用于保护中央控制盒的底部进出线束不受损坏，它与中间壳体通过卡接安装。

（2）塑料盒体。塑料盒体是中央控制盒的主体部分，它是众多的塑料盒体单元的汇合，如图 15-7 所示，每个塑料盒体单元含有按照设计规定电气功能、带有端子的导线、汇流条或者印制电路被封装在塑料内，它们可以是一个独立电源或继电器插座，也可以是一个复杂的电路板集合体。为了实现与塑料中间壳体的牢固镶嵌，盒体单元外壳上通常制作出能与中间壳体卡接的卡口或弹性卡接件。

不同功能的塑料盒体单元平面上安装的电气元件通常有熔断器、继电器、插接器甚至大直径电源线的安装端子（或插座）等，如图 15-8 所示。

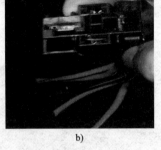

　　　　　　　a)　　　　　　　　　　　b)

图 15-7　塑料盒体单元　　　　图 15-8　熔断器、继电器、插接器等在盒体单元上平面的安装图示

注意：在有些继电器插座的根部，标识有所安装继电器的名称或数字（图 15-9），以便维修人员进行安装、检修。

项目十五　中央控制盒的更换

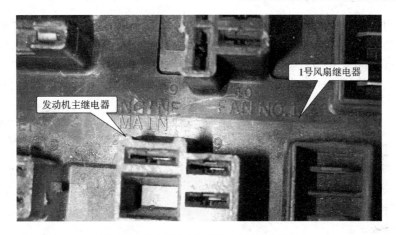

图 15-9　继电器在盒体单元上安装插座说明

图 15-10　塑料盒体底部的插接器与插座

而在塑料盒体的底部，通常可将汇流条端子制造成插头或加工出内螺纹孔，引出与外部连接的线束或导线连接插座（或螺钉）相匹配，如图 15-10 所示。

（3）中央控制盒的电气元件通常有熔断器、继电器，智能中央控制盒还安装有控制模块。下面仅就熔断器和继电器进行简单介绍。

①熔断器。熔断器的作用是当电路的电流超过规定值和规定时间，熔断器自身熔断或开路，使电路断开，从而保护电路避免过热烧毁、电气设备免损坏。

汽车熔断器的材料通常由电阻率比较大而熔点较低的银铜合金制成。

中央控制盒中的熔断器通常被称为熔断丝或熔断丝。

熔断器的形式有片状型熔断器和玻璃管型熔断器等。

熔断器的规格通常以额定电流容量的形式标记，如图 15-11 所示。

熔断器额定电流大小的划分大致是：小容量为 1～40A，中等容量为 30～70A，大容量通常大于 60A。不同容量的熔断器的外形与图形符号如图 15-12 所示。

容　　量	熔断器形式	图形符号
小		
中等		
大		

图 15-11　片状型熔断器的容量标记　　　　图 15-12　熔断器的外形与图形符号

②继电器。继电器是利用电磁或机电原理或其他方法（如热电或电子），实现自动接

通或切断一对或多对触点，以完成用小电流控制大电流，以减小控制开关触点的电流负荷的一种电气装置。

汽车上常用的继电器的结构形式有多种，下面仅介绍在汽车上应用最广泛的电磁继电器。电磁继电器的结构如图15-13所示，一般由铁芯、线圈、衔铁、触点、复位弹簧、引线等组成。

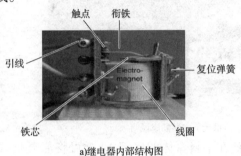

a)继电器内部结构图　　　　　　b)继电器原理图

图15-13　继电器结构与原理图

如图15-13a)所示，继电器中有两种触点，一种是可以移动的触点，移为动触点（安装在衔铁上的触点，输入端子为30），另一种是位置固定的触点称为静触点（固定在继电器支架上的触点，输出端子为87a和87）。线圈未通电时处于断开状态的一对接点称为"动合触点"（图中端子30、87上对应的接点）；处于接通状态的一对接点称为"动断触点"（图中端子30、87a上对应的接点）。当一个动触点与一个静触点常接合，而同时与另一个静触点常开，该动触点则称为"转换触点"。

电磁继电器的工作原理如图15-13b)所示：如果给连接在端子85、86之间的线圈通以直流电流，线圈中的铁芯会被磁化而产生足够的磁力，进而吸引衔铁，当磁场吸力克服了衔铁另一端的复位弹簧的拉力时，动断触点完全分开，动合触点则闭合，从而实现了相应的连接电路通断状态的转换。

反之，当线圈没有电流流过时，铁芯磁性迅速衰减，磁场吸力最后消失，衔铁被复位弹簧拉起，恢复原来的电路导通状态。

电磁继电器的实物及其铭牌上的电气结构标识如图15-14所示。

a)五脚继电器插脚端面　　　　　　b)继电器铭牌

图15-14　电磁继电器

电磁式继电器外壳的铭牌上通常有产品的商标、名称、型号、系列规格、电气结构标识及生产厂商名称等内容。其中的规格、电气结构标识内容尤为重要，例如铭牌中的

40A12VDC,表示该产品触点负载电流为40A、额定直流电压为12V;电气结构标识是说明电器内部电路工作的形式,插脚端子30、87a是常闭导通的,端子30、87是常开而不导通,只有当插脚85、86连接的电磁线圈正常工作时,端子30、87由常开转向接合,而端子30、87a由常闭转变成断开。

二、实训操作

1. 技术标准与要求(以丰田卡罗拉轿车为例)
(1)能正确拆装熔断器、继电器等。
(2)应在断开蓄电池负极电缆后,方可拆卸中央控制盒。
(3)正确拆检中央继电器控制盒体。

2. 工具、设备和材料的准备
(1)丰田汽车智能检测仪或汽车专用万用表。
(2)磁力护裙、转向盘护套、变速杆手柄套、脚垫和座椅套。
(3)丰田卡罗拉轿车及维修手册。
(4)汽车维修电工常用工具。

3. 查询并填写信息
生产年份_____,车牌号码_____,行驶里程_____,发动机型号及排量_____,车辆识别代号(VIN)_____。

4. 检测与更换作业

由于汽车中央控制盒种类较多,结构复杂,其上所安装的电气元件均为易损件,所以中央控制盒的故障率通常是较高的。在这些故障中,可以用简单的检测工具(如汽车专用万用表)便可诊断,如熔断器烧毁、继电器损坏故障;也有相当多的故障是不容易判定的,如印制电路板中央控制盒中的印刷电路损坏或智能型中央控制盒信号传输出错等。

对于汽车中央控制盒故障修复,通常以更换法为主,更换的内容主要有熔断器的更换、继电器的更换和中央控制盒总成的更换。

1)熔断器的检测与更换

对于熔断器的更换,在更换之前,应对熔断器进行电气性能检测,以便确定到底是熔断器本身损坏,还是熔断器插接器接触不良。

检测的方法有带电检测法与不带电检测法两种。

(1)熔断器的带电检测法:将点火开关置于ON位,或接通该熔断器所保护的控制电路开关,进行如图15-15所示检测熔断器的一个端子(用电压挡,万用表黑表笔搭接蓄电池负极),此时电压表示值等于汽车电源电压值。

对被检测熔断器的另一个端子,按照同样的方式检测,仪表显示同样的电压值时,表示该熔断器工作正常;如果检测该熔断器另一个端子的电压显示如图15-16所示(当两端子之间的电压差大于0.5V)时,表示该熔断器有故障。

当怀疑某熔断器有故障时,用熔断器专用夹子将熔断器从中央控制盒中夹出来,如图15-17所示。

对于夹出来的熔断器,通常通过肉眼观察便可以检查出故障的所在,如图15-18所示。

图 15-15 熔断器端子的检测

图 15-16 万用表检测到熔断器有故障时的状态

图 15-17 用熔断器专用夹夹出熔断器

熔断的熔断丝　　正常的熔断丝

图 15-18 熔断器是否正常的比较

（2）由于肉眼观察不太可靠，所以在不带电的状态下，对拆卸出来的熔断器，要用万用表对其进行电阻检测，如检测到电阻值为 0 或接近 0（图 15-19），便可证实该熔断器无故障；如检测的电阻值为无穷大（显示屏示值为 1），表示该熔断器已经熔断。

◇特别提示：①熔断器新件必须符合汽车维修使用说明书规定的容量，或中央控制盒护盖上的熔断器标识容量。
②更换熔断器新件时，电路必须在不带电的情况下进行。
③当熔断器出现经常烧毁的情况时，必须在排除电路故障后才能换上新件。
④不允许用导线直接代替熔断器。
⑤重新安装的熔断器必须安装牢固、接触良好。

2) 继电器的检测与更换

对于继电器的更换，在更换之前，也应对继电器进行电气性能检测，以便确定到底是继电器本身损坏，还是熔断器、插接器接触不良，或者是控制电路的其他故障。

（1）就车初步通电动作检查：在蓄电池电压正常的条件下，将点火开关置于 ON 位，置被检查继电器的控制电路开关接合时，当被查的继电器传出触点接合的"嘀嗒"声响时，可以初步判断继电器控制电路工作正常，但还不能确定继电器工作性能是否良好，除非此时被该继电器所控制的电器能正常工作，才能得到确认。否则还必须要对继电器进行下一步检查。

如果怀疑被检查的继电器有故障，可以更换一个按原厂规定的新继电器进行试验，否则将对继电器进行检测。

（2）继电器的电阻检测法：为了进一步确定是否是继电器本身故障，将继电器从中央控制盒的插座上拔出，然后用汽车专用万用表检测相关联的插脚间电阻值大小，从而判断继电器的结构性能好坏。如图 15-20 所示，以五脚电磁继电器为例进行说明。

①当检测插脚 85、86 的电阻值为使用说明书规定的电阻值时为正常（图 15-21），否则为异常。

项目十五　中央控制盒的更换

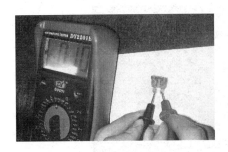 

图 15-19　检测到无故障时熔断器的示值　　图 15-20　电磁继电器电气结构图　　图 15-21　检测插脚 85、86 为正常时的测量值

②当检测插脚 30、87a 的电阻值接近 0 时为正常，如果电阻值偏大，则为异常。

③当继电器端子 85、86 未与蓄电池正负极相连时，检测插脚 30、87 的电阻值接近无穷大时为正常，否则为异常；当继电器端子 85、86 分别与蓄电池正负极相连时，检测插脚 30、87 的电阻值接近 "0" 为正常。

◇特别提示：①继电器新更换件必须符合原厂规格。
②更换继电器新件时，电路必须在不带电的情况下进行。
③要使继电器能正常工作，系统电压须在满足继电器额定工作电压规定的范围内。

3）中央控制盒总成的检测与更换

对于有较严重故障的中央控制盒总成，或者盒体外壳出现严重破裂、损坏，中间壳体破碎的情况，必须进行中央控制盒总成更换。

在对中央控制盒总成进行更换工作前，应先通过汽车维修手册，了解该中央控制盒总成的结构与电气工作原理，进行初步的检测，掌握该中央控制盒总成有无故障，或故障原因所在，确保更换工作高质量完成。

下面以卡罗拉轿车的发动机舱的中央控制盒（继电器盒/发动机舱接线盒）更换为例进行说明。该中央控制盒的位置如图 15-22 所示。

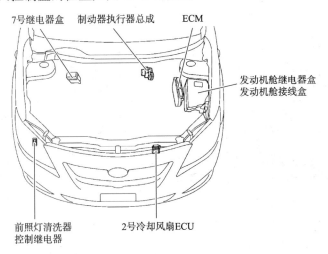

图 15-22　卡罗拉轿车的发动机舱的中央控制盒

b) 卡罗拉轿车的发动机舱的中央控制盒实物图

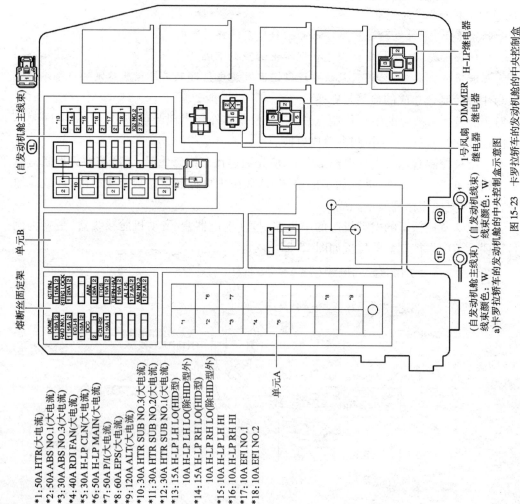

a) 卡罗拉轿车的发动机舱的中央控制盒示意图

图15-23 卡罗拉轿车的发动机舱的中央控制盒

*1：50A HTR(大电流)
*2：50A ABS NO.1(大电流)
*3：30A ABS NO.3(大电流)
*4：40A RDI FAN(大电流)
*5：30A H-LP CLN(大电流)
*6：50A H-LP MAIN(大电流)
*7：50A P/I(大电流)
*8：60A EPS(大电流)
*9：120A ALT(大电流)
*10：30A HTR SUB NO.3(大电流)
*11：30A HTR SUB NO.2(大电流)
*12：30A HTR SUB NO.1(大电流)
*13：15A H-LP LH LO(除HID型外)
　　 10A H-LP LH LO(HID型)
*14：15A H-LP RH LO(除HID型外)
　　 10A H-LP RH LO(HID型)
*15：10A H-LP LH HI
*16：10A H-LP RH HI
*17：10A EFI NO.1
*18：10A EFI NO.2

项目十五 中央控制盒的更换

该中央控制盒的结构属于布线型中央控制盒,在电器功能结构上分为单元A、单元B、熔断器和继电器区,如图15-23所示。来自发动机舱主线束(线束颜色为白色)标号为1Q的导线是连接蓄电池易熔线的主电源线,在它的后面引接出标号为1F、1G、1L的三根电源线。在该电路图中的熔断器(图中标注为熔断丝),标记"1"端子为电流注入端子,标记"2"端子为电流流出端子。用线条将"1"号端子连接在一起,表示在控制盒内用汇流条将不同的熔断器电流注入关联连接在一起。

(1)初步检测。在蓄电池电压正常的情况下,将点火开关打开至不同的挡位,按照该控制盒所控制的用电设备顺序,打开相应的用电设备开关,检查这些电气设备是否正常工作。如果这些设备中某些用电设备不能正常工作或发现控制盒有异味,甚至冒烟,应立即切断点火开关,必须检修中央控制盒。

对于中央控制盒的检查顺序,首先是检查导线插座和导线连接件是否松动,其次是检查熔断器是否烧断,再次是检测继电器是否正常工作,然后是电路导通,如汇流条(或印制电路板电路)和其他电子控制模块工作是否异常。

(2)用万用表检测电路导通的汇流条(或印制电路板电路)。汇流条的简单检查,以图15-24所示单元A电路为例进行说明。检查时,先切断所有的电气设备开关,并将单元A上所有的熔断器拨出。

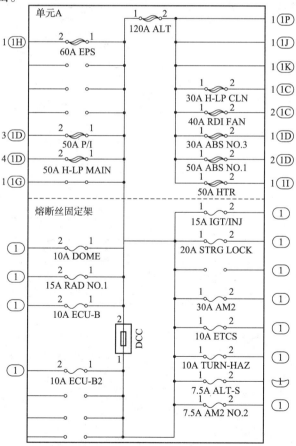

图15-24 发动机舱继电器盒和发动机舱接线盒内部电路图(单元A)

用万用表检查中央控制盒内线路导通情况,见表15-1。

单元A电路检查参考值　　　　　　　　　　表15-1

万用表检测端子	条件:电阻挡测量(数字万用表选用200Ω量程)、电压挡测量(安装好蓄电池负极电缆后,相应的电路开关接通)	规定状态
60A EPS"1"端子—120A ALT"1"端子	电阻挡测量	≈0Ω
	电压挡测量	约12V
50A P/1"1"—120A ALT"1"端子	电阻挡测量	≈0Ω
	电压挡测量	约12V
50A H-LP MAIN"1"端子—120A ALT"1"端子	电阻挡测量	≈0Ω
	电压挡测量	约12V
10A DOME"1"端子—120A ALT"1"端子	电阻挡测量(安装回DCC熔断器)	≈0Ω
	电压挡测量(安装回DCC熔断器)	约12V
15A RAD NO.1"1"端子—120A ALT"1"端子	电阻挡测量(安装回DCC熔断器)	≈0Ω
	电压挡测量(安装回DCC熔断器)	约12V
10A ECU-B"1"端子—120A ALT"1"端子	电阻挡测量(安装回DCC熔断器)	≈0Ω
	电压挡测量(安装回DCC熔断器)	约12V
10A ECU-B"1"端子—120A ALT"1"端子	电阻挡测量	≈0Ω
	电压挡测量	约12V
15A IGT/INJ"1"端子—120A ALT"1"端子	电阻挡测量	≈0Ω
	电压挡测量	约12V
20A STRG LOCK"1"端子—120A ALT"1"端子	电阻挡测量	≈0Ω
	电压挡测量	约12V
30A AM2"1"端子—120A ALT"1"端子	电阻挡测量	≈0Ω
	电压挡测量	约12V
10A ETCS"1"端子—120A ALT"1"端子	电阻挡测量	≈0Ω
	电压挡测量	约12V
10A TURN-HAZ"1"端子—120A ALT"1"端子	电阻挡测量	≈0Ω
	电压挡测量	约12V
7.5A ATL-S"1"端子—120A ALT"1"端子	电阻挡测量	≈0Ω
	电压挡测量	约12V
7.5A AM2-NO.2"1"端子—120A ALT"1"端子	电阻挡测量	≈0Ω
	电压挡测量	约12V
30A H-LP CLN"1"端子—120A ALT"2"端子	电阻挡测量	≈0Ω
	电压挡测量(插回120A ALT熔断器后)	约12V
40A RDI FAN"1"端子—120A ALT"2"端子	电阻挡测量	≈0Ω
	电压挡测量(插回120A ALT熔断器后)	约12V

续上表

万用表检测端子	条件:电阻挡测量(数字万用表选用200Ω量程)、电压挡测量(安装好蓄电池负极电缆后,相应的电路开关接通)		规定状态
30A ABS NO.3"1"端子—120A ALT"2"端子	电阻挡测量		≈0Ω
	电压挡测量(插回120A ALT熔断器后)		约12V
50A ABS NO.1"1"端子—120A ALT"2"端子	电阻挡测量		≈0Ω
	电压挡测量(插回120A ALT熔断器后)		约12V
50A HTR"1"端子—120A ALT"2"端子	电阻挡测量		≈0Ω
	电压挡测量(插回120A ALT熔断器后)		约12V

通过检测,不难发现:当蓄电池电压正常(也说明插接器1G端子电压正常)的情况下,如检测到一个或多个熔断器电流输入端子"1"无电压(或熔断器插回位后电流输出端子"2"与其对应输出插接器端子无电压),而作导通检查时电阻为无穷大,均说明汇流条在某些位置有可能断路。

由于中央控制盒体的线路(或电路板)电路修好相对较复杂,如中央控制盒内的电路导通中汇流条、线路(或电路板)电路出现内部疑似断路或不可修复的故障时,通常是要更换1个或多个中央控制盒单元才能排除故障。同时要注意检查熔断器、继电器插座的完好性,所有的插座不能出现有损坏、烧蚀的现象。

(3)中央控制盒总成更换的过程。

①更换中央控制盒体前,必须关闭汽车所有电路中电气设备各开关,并将蓄电池的负极电缆拆下,如图15-25所示。

②为了方便拆下中央控制盒,应先拆下发动机空气滤清器纸质滤芯及其外壳,然后拆下进气管道。按压中央控制盒护盖卡扣,如图15-26所示。取出护盖,如图15-27所示。

图15-25 拆卸蓄电池负极线夹

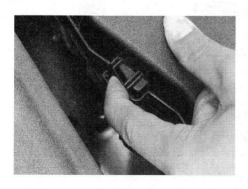

图15-26 拆开中央控制盒护盖卡扣

图15-27 拆下护盖

③拆开标号为1Q主电源线接线,如图15-28所示。
④按压中央控制盒面上的插接器卡扣,拆去各插接器,如图15-29所示。

⑤拔出前照灯变光(DIMMER)继电器,如图15-30所示。

a)拆电源线护罩卡扣

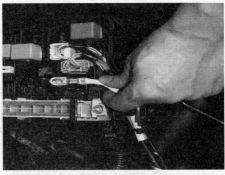

b)拆下电源线

图15-28 拆开主电源线的连接

图15-29 拆插接器

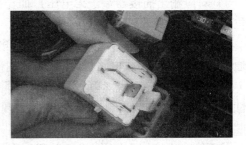

图15-30 拆下继电器

分别拆下其余3个继电器(从左至右分别是:H-LP——前照明灯近光继电器、1号风扇继电器和DIMMER——前照灯变光继电器),如图15-31所示。

图15-31 拆下的3个继电器

⑥如图15-32所示,在拆除中间壳体和底座螺栓之前,应先将电脑支架紧固螺栓拆除,挪开电脑板后,给中间壳体和底座拆卸留出空间操作。拆除中间壳体和底座固定螺栓,拉出中间壳体和底座。

‖项目十五 中央控制盒的更换‖

a)中间壳体后侧紧固螺栓

b)中间壳体左侧紧固螺栓

c)用扳手拆下中间壳体后侧紧固螺栓

d)底座紧固螺栓

图15-32 拆除中间壳体和底座固定螺栓

⑦拆开中间壳体和底座之间的所有卡扣,使中间壳体和底座分离,如图15-33所示。

a)拆开中间壳体和底座之间的所有卡扣

b)中间壳体与底座分离

c)取出底座

图15-33 中间壳体与底座分离

⑧拆下电路A单元的电源线盒体单元,如图15-34所示。

⑨翻转中间壳体到合适位置,拆卸安装在中间壳上的全部控制盒体单元,如图15-35所示。

a)拆开的盒体单元与中间壳体间的卡扣　　b)拆开盒体单元线束卡带　　c)拆电路A单元电源线的紧固螺母

图15-34　拆下电路A单元电源线的盒体单元

a)拆插接器的盒体单元　　　　　　　　b)拆继电器的盒体单元

c)拆电路B单元的盒体单元　　　　　　d)拆电路B单元的插接器

e)拆电路A单元的盒体单元(撬脱卡扣后,将A单元往中间壳体底压出)

图15-35　拆卸安装在中间壳上的全部控制盒体单元

⑩完整拆出中间壳体,如图15-36所示。

至此,中央控制盒拆卸完毕。然后,应对中央继电器盒所有的构件进行必要的检查。检查的内容通常有构件外表、结构有无损坏;电器元件、电路是否与原厂规定相一致等。

对于待换装新件,也必须要检查新件是否符合原厂规定。

中央控制盒的装复,应按先拆后装的规则来进行,而且要保证安装质量,特别是在插接器连接、盒体单元与塑料中间壳体的卡扣安装必须接触良好,定位准确。

(4)中央控制盒的装复时注意事项。

①对于安装从中间壳体底部插入的盒体单元时,应将中间壳体抬起(以免损伤壳体),用一定的推力压入,直至听到"噼叭"一声为止,如图15-37所示。

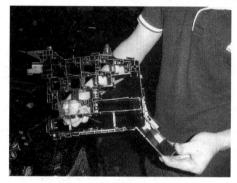

图15-36 拆出中间壳体

图15-37 从中间壳体底部插入的盒体单元安装

②对于从中间壳体底部安装好的盒体单元,应用一定的拉力将线束往外抽,确认抽不动为止,如图15-38所示。

③对于安装塑料中间壳体与底座时,要先整理好线束,安装上新的线束固定装置,如线束卡箍,然后对准好所有的卡扣,用力将卡扣压合,如图15-39所示。

图15-38 用一定的拉力将线束往外抽

图15-39 线束的整理与固定,卡扣压合

④插接器、继电器应按原位安装,用平衡力向下压紧,如图15-40所示。

⑤熔断器安装时,必须按照中央控制盒护盖的标识安装,用手指向下按压到位,如图15-41所示。

装复中央控制盒后,应安装好发动机空气滤清器壳体和空气滤清器纸质滤芯、进气管道。并应进一步检查中央控制盒电路的导通情况和工作性能:启动发动机,待发动机冷却液温度正常后,置发动机于不同工况,操作汽车电气系统各用电设备开关,检查它们工作情况是否正常。

图15-40 插接器、继电器应按原位安装

图15-41 熔断器安装

◇**特别提示:**(1)不要把刚拆除的中央控制盒构件立即丢掉。

(2)装配新件前,应将新、旧中央控制盒护盖脱开,用比较法进行检验新、旧件间参数有无差异。

(3)新中央控制盒上的熔断器、继电器等电器元件的规格、容量及功率各项指标要与汽车制造厂规定相一致,不能简单地将旧件中的熔断器、继电器等元件直接迁移到新的中央控制盒上。原则上所有的熔断器、继电器应当换新件。

(4)如果汽车电路某系统存在故障,必须修理好该电路的故障后才安装新中央控制盒,否则即使更换上新中央控制盒,电气系统也不能正常工作。

(5)新换的中央控制盒安装时要注意防水、防潮,线束卡箍必须换新件,插接器连接可靠。

(6)更换智能型中央控制盒,有必要使用诊断器对新换的智能型中央控制盒进行检测和匹配。

5.结束工作

装复检验完毕后,将发动机熄火,钥匙开关置切断(OFF)位,装复中央控制盒护盖,清洁护盖,拆除护裙和驾驶室内防护套,关闭发动机舱盖,清理器材,搞好工位的清洁、整理工作。

三、评价与反馈

(1)对本学习项目进行评价,见表15-2。

评 分 表　　　　　　　　　　　　　　表15-2

考核项目	评分标准	分数	学生自评	小组互评	教师评价	小　计
团队合作	是否协调	5				
活动参与	是否积极主动	5				
安全生产	有无安全隐患	5				
现场7S	是否做到	5				
任务方案	是否正确、合理	10				

项目十五　中央控制盒的更换

续上表

考核项目	评分标准	分数	学生自评	小组互评	教师评价	小　计
操作过程	（1）正确检验熔断器的工作性能； （2）正确检验继电器的工作性能； （3）正确检验汇流条的工作性能； （4）按工艺要求能完整地完成中央控制盒体拆卸、装复和检查	10 10 10 20				
任务完成情况	是否圆满完成	5				
工具和设备使用	是否规范、标准	5				
劳动纪律	是否能严格遵守	5				
工单填写	是否完整、规范	5				
总分		100				
教师签名：				年　月　日	得分：	

（2）在实施作业时每一个安全事项都注意到了吗？如没有，找出忽略的地方和原因。

（3）能否向车主解释检查和更换中央控制盒的目的？如不能，分析原因并提出改进措施。

项目十六　全车线束的更换

汽车全车线束(又称导线束)是汽车电路网的主体,承担着连接全车电气设备和输送电能的功能。为了便于安装、维修,确保电气设备能正常可靠的工作,汽车生产厂家通常把汽车各电气设备所用的不同规格、不同颜色的导线通过合理的安排,将其合为一体,并用绝缘材料把导线捆扎成束,这样既完整,又可靠。

在汽车的使用过程中,线束很容易出现老化、损坏的现象,很容易导致线路故障,甚至会引起导线烧毁,酿成火灾。线束产生损坏的原因主要有以下几个方面:

(1)自然损坏。导线束使用超过了使用期,使电线老化,绝缘层破裂,机械强度显著下降,引起导线之间短路、断路、搭铁等,造成导线束烧坏。连接线束的端子会出现氧化、变形,造成接触不良等,则会引起电气设备不能正常工作。

(2)由于电气设备的故障造成导线束的损坏。当电气设备发生过载、短路、搭铁等故障,都可能引起导线束损坏。

(3)人为故障损坏。在装配或检修汽车零部件时,金属物体将导线束压伤,使线束绝缘层破裂,线束位置不当,电气设备的引线位置接错,蓄电池正负极引线接反,检修电路故障时,连接的导线没有进行挂锡、乱接、乱剪线束导线等都可以引起电气设备的不正常工作,甚至烧坏导线束。

对于已经损坏的线束,不能继续使用,需要更换新件。

 学习目标

完成本项目学习后,你应当能:
1.知道全车线束的结构组成;
2.识读汽车线束图;
3.掌握全车线束的更换方法及注意事项。

 建议学时:16学时。

一、资料收集

1.汽车线束单元结构组成

汽车全车线束是由不同的线束单元,通过插接器(又称为连接器或联插件等)连接而成为一个完整的线束网络。而每个线束单元的结构组成形式基本上都是由插接器(与电气设备连接端制成电器插座)、导线、包裹胶带、防护套(管)和固定装置等主要零件组成,如图 16-1 所示。

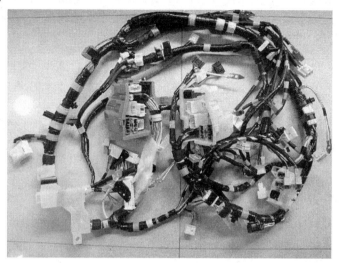

图 16-1 线束单元的结构组成

1) 导线

汽车线束内的导线又称低压电线,通常是铜质多芯软线,有些软线细如毛发,几条乃至几十条软铜线包裹在塑料绝缘管(聚氯乙烯)内,柔软而不容易折断,如图 16-2 所示。导线常用的规格有标称截面积,常用的有 $0.5mm^2$、$0.75mm^2$、$1.0mm^2$、$1.5mm^2$、$2.0mm^2$、$2.5mm^2$、$4.0mm^2$、$6.0mm^2$ 等标准,它们各自都有允许负载电流值(容量),配用于不同功率用电设备。以整车线束为例,$0.5mm^2$ 规

图 16-2 铜质多芯导线

格线适用于仪表灯、指示灯、门灯、顶灯等;$0.75mm^2$ 规格线适用于牌照灯、前后小灯、制动灯等;$1.0mm^2$ 规格线适用于转向灯、雾灯等;$1.5mm^2$ 规格线适用于前照灯、喇叭等;主电源线如发电机电枢线、搭铁线等要求 $2.5\sim4mm^2$ 导线。这只是指一般汽车而言,关键要看负载的最大电流值,例如蓄电池的搭铁线、正极电源线则是专门的汽车导线单独使用,它们的线径都比较大,通常有十几平方毫米以上,这些导线常被称作电缆,不会编入主线束内。

2) 插接器

插接器通常由塑料件、连接端子、二次锁定片、密封件等零件组成。

(1) 塑料件。塑料件是一种用塑料制成的零件,是(插接)器的主体部分,有时又称塑料防护套壳。用于线束连接的塑料件通常分阴、阳塑料件,它们通常以配对方式出现的,如图 16-3 所示;对于仅用于导线连接的塑料件也要以配对方式出现,如图 16-4 所示。塑料件内有用于安装导线端子的导线插入孔(或槽),它可以保证导线端子在其中能可靠、牢固地连接。

(2) 连接端子。连接端子是一种成型的金属零件,是插接器的导电金属组成部分,它与导线之间进行无焊铆接。连接端子的种类多,形状差异大。在插接器中的连接端子,通常分成阴、阳端子,但其断面也有多种形式,图 16-5 所示的是圆形断面的阴、阳端子。

(3) 导线、连接端子和塑料件的装配。导线只有与不同种类的连接端子通过按一定要求方式联接,才能正确安装到插接器的塑料件内,保证能与其配对的另一塑料件内的其他

导线连接端子相连接。导线与连接端子的连接通常采用无焊铆接,其方法是将导线的端子绝缘部分按工艺要求长度剥开,将铜线束安装在连接端子的铆压栅内铆合,如图16-6所示,然后在专用设备上做端子拉力测试,测试合格后才能安装到塑料件内。

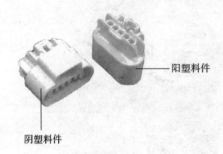

图16-3 用于线束连接的阴、阳配对的塑料件

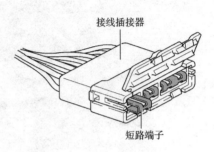

图16-4 用于导线连接的塑料件

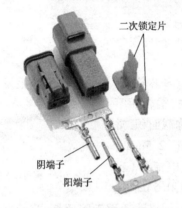

图16-5 插接器中圆形断面的阴、阳连接端子

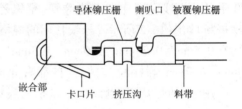

图16-6 连接端子与导线端子的铆合

拉力测试合格后,从未安装导线连接端子的导线另一端装入密封件,然后将导线连接端子压入塑料件防护套壳内,其要领是将端子平推入塑料防护套壳,当听到"咔嗒"声后,再回拉线材,以确定端子正确卡入,不得有脱落现象,安装过程如图16-7所示。

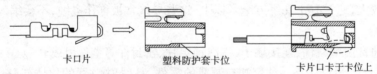

图16-7 铆接好的导线端子安装到塑料防护套壳内

对于配对的连接端子插接器,在塑料件中安装导线时必须依据电气工程设计图的要求安装,不要插错位。图16-8所示为6针配对的插接器编号规则,图16-9所示为11针脚

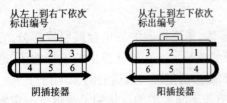

图16-8 连接端子在阴阳塑料件中的编号方法

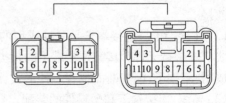

图16-9 连接端子在阴阳塑料件中的编号实例

阴、阳插接器标识实例。只有按照一定的规则,就能保证导线连接的一一对应。

值得注意的是,为了维修方便,在插接器内同一个序号的端子所配套的导线,其颜色选配的原则是以相同颜色为首选(也可以选用不同颜色),但不同序号的导线选用的颜色是不能相同的。

当导线的一个端子在某插接器内安装好后,按照设计要求留出适当的加工长度,按同样方法安装导线另一端的连接端子插接器。

在线束组装完成后,还要将线束的每一端的塑料件安装到专用检测试验机的专用电气插座上进行电气测试(图16-10),以检验各导线电气工作是否正常。对于不合格的线束,是不能在汽车上进行安装使用的。

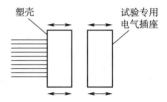

图16-10 线束在试验机插座上进行电气测试示意图

(4)二次锁定片。二次锁定片为一种塑胶或尼龙元件,用于将连接有导线的端子进一步固定在插接器上,保证端子和塑料件可靠连接(图16-5)。二次锁定片安装要到位,与塑料件互相扣紧,特别注意部件质量,在工艺上通常有方向性要求。

3) 密封件

密封件通常由硅胶制成,它们能将塑料件的槽、端子与外界环境隔开,起到密封、防水等作用,从而可以减少导线端子生锈,避免漏电的产生。不同构件的密封件形式是不一样的,图16-11、图16-12所示分别是一个插接器上的两种不同形式的密封件。

图16-11 适用于导线端子上的O形密封件　　图16-12 适用于塑料件端子上的密封件

4) 包裹胶带

包裹胶带用于汽车线束缠绕,它的作用有绝缘、保护、防水、减振隔声、标记点(用红白胶带、红色胶带标识生产产品缺陷)和线束成捆等,如图16-13所示。线束用胶带分为布基胶带、塑基胶带、绒布胶带、纸胶带等,几乎每种线束都会用到这些材料。

对于检验合格的线束,连同其他走向一致的其他线束一起,可用包裹胶带将它们缠绕在一起,如图16-14所示。线束胶带包扎方式通常有如下的要求:

(1)驾驶室内一般用胶带间隔缠绕。

(2)仪表板内一般采用胶带紧密缠绕。

(3)地板上或离发动机较远的部位,一般采用阻燃波纹管包扎。

(4)车门内部、行李舱门内部一般采用黏带或工业塑料布的包扎形式。

(5)离发动机较近的区域有些采用穿隔热的玻璃丝套管或线束缠扎玻璃丝带。

a) 包裹胶带

b) 标记点胶带

图16-13 包裹胶带和标记点胶带

图16-14 包裹胶带包裹线束

5) 防护套（管）

防护套（管）是一种用于保护线束的材料（图16-15）。线束防护套（管）类所采用的材料一般有PVC管、波纹管、热缩管、硅胶管、编织网管等，它们在线束外起着保护、防水作用，同时也能起到减振降低噪声的作用。防护套（管）一般被用在汽车湿区，也就是工作环境恶劣的地方，如发动机舱、底盘等。

安装好防护套（管）的线束单元，最后要按设计要求标准粘贴零件名称和编号（或代号）标签，如图16-16所示。

图16-15 车门线束防护套

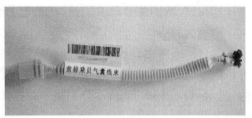

图16-16 线束的名称与编号

6) 固定装置

当线束安装到汽车上时，必须要用固定装置来给线束紧固和定位。这些固定装置主要有卡钉（扣）类塑胶元件，通常有扎带卡钉、波纹管锁卡钉和圣诞树卡钉等，如图16-17所示。只要将卡钉头部卡在汽车内的各种板件器材的孔内，就能轻松地将线束固定在合适的位置上，如图16-18所示。

图16-17 不同类型的卡钉元件

图16-18 线束与卡钉

2. 全车线束

由于汽车全车电气设备的安装位置和数量上的不同，决定了导线分布和数量的差异。汽车线束通常可以分主线束和分支线束。确定主线束的依据基本上是由该线束的重要性和导线数量众多程度来决定的，而分支线束占次要地位且导线数量相对较少。一条主线束经常有多条分支线束，主线束与分支线束关系就像树干与树枝一样。

项目十六 全车线束的更换

全车主线束一般可分成发动机(点火、电喷、发电、启动)、仪表、照明、空调、辅助电器等线束。但是,基于线束的长度关系和为了便利于线束的安装与维修,在实际包裹成形的全车主线束中,往往以仪表板为核心部分,向前后延伸。汽车的线束便被分成为车头线束(包括仪表、发动机、前灯光总成、空调、蓄电池)、车尾线束(尾灯总成、牌照灯、行李舱灯)、座椅线束和顶篷线束(车门、顶灯、音响扬声器)等,图 16-19 所示是卡罗拉轿车的全车线束分布图。

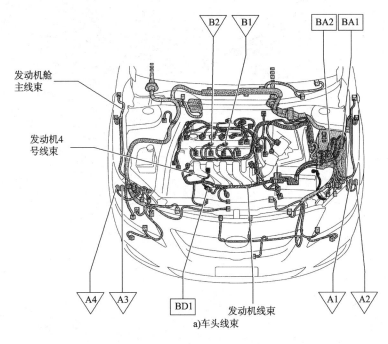

a) 车头线束

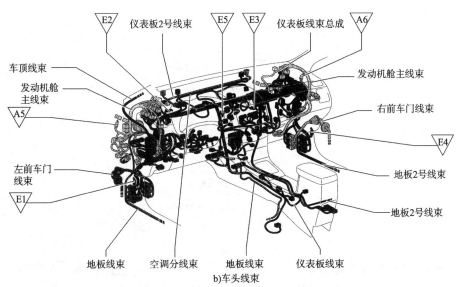

b) 车头线束

图 16-19

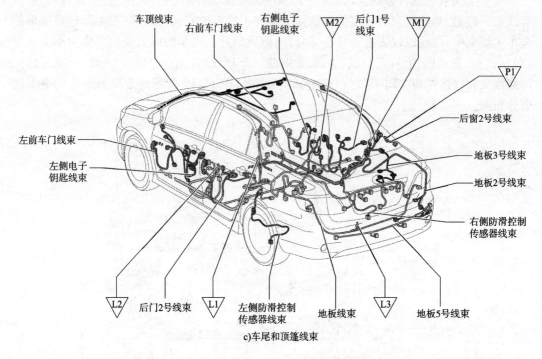

c) 车尾和顶篷线束

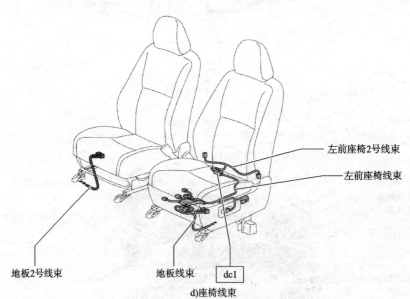

d) 座椅线束

图 16-19　卡罗拉轿车全车线束分布图
（附注：□符号表示线束编号；▽符号表示线束搭铁点）

3. 线束图

线束图（又称为线束安装图）是汽车制造厂把汽车上实际线路排列好后，并将有关导线汇合在一起扎成线束以后画成的树枝图，主要有平面图式（图 16-20，标注见表 16-1）和立体图式（图 16-21，标注见表 16-2）两种。

项目十六 全车线束的更换

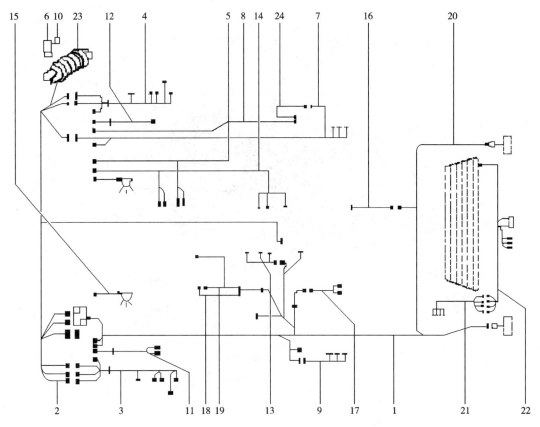

图16-20 轿车车身线束平面图

轿车车身线束平面图标注　　　　　　　　　　　　　　　　　　　　　　　　表16-1

序号	零件编号	零件名称	序号	零件编号	零件名称
1	56002312	车身线束总成	13	56002396	操纵板标牌照明灯线束总成
2	56001851 56001858 56002353	前部横向线束总成 前部横向线束总成 前部横向线束总成	14	56002094	顶灯线束总成
3	56001850 56002336	扬声器线束总成 车门线束总成	15	56000596	迎客灯线束总成
4	56001850 56002338	扬声器线束总成 车门线束总成	16	56002358	顶灯线束总成
5	56002092	车门灯线束总成	17	56001859	油箱线束总成
6	J0908834	夹紧箍	18	56001229	座椅线束总成
7	56002106 56002105	车门线束总成 车门线束总成	19	56001230	座椅线束总成
8	56000621	迎客灯线束总成	20	56002346	车身线束总成
9	56002317	车门线束总成	21	56002370	举升门线束总成
10	34201489	螺钉	22	56002374	举升门线束总成
11	56000613	顶灯线束总成	23	55001138	车门线束保护导管
12	56000612	顶灯线束总成	24	56002318	后门开关线束总成

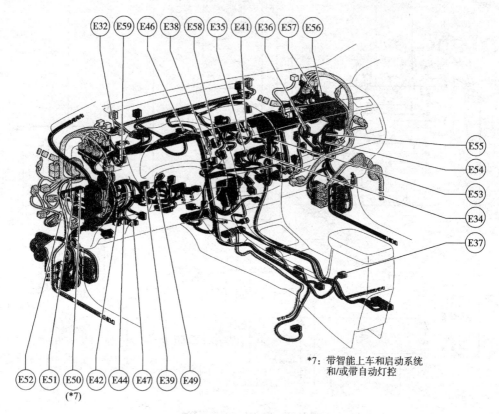

图 16-21　卡罗拉轿车仪表台内线束立体图

卡罗拉轿车仪表台内线束立体图标注　　　　　表 16-2

代码	零件名	零件号	代码	零件名	零件号
E32	动力转向 ECU 总成	90980—12614	E49	转向传感器	90980—12366
E34	导航接收器总成	90980—12404	E50	主车身 ECU	90980—12561
E35	导航接收器总成	90980—11909	E51	主车身 ECU	90980—12329
E36	认证 ECU 总成	90980—12388	E52	主车身 ECU	90980—12458
E37	前电子钥匙振荡器	90980—12695	E53	接线插接器	90980—10799
E38	电源开关	90980—12370	E54	接线插接器	90980—11661
E39	转向锁执行器总成	90980—12092	E55	接线插接器	
E41	危险警告信号开关总成	82824—21030	E56	接线插接器	
E42	前照灯清洗器开关总成	90980—12551	E57	接线插接器	90980—11915
E44	前照灯光束高度调整开关	90980—11950	E58	接线插接器	
E46	组合仪表总成	90980—12557	E59	接线插接器	
E47	VSC Off 开关	90980—12550			

线束图的特点是：在图面上着重标明各导线的序号和连接的电器名称及接线柱的名称、各插接器插头和插座的序号。安装操作人员只要将导线或插接器按图上标明的序号，连接到相应的电器接线柱或插接器上，便完成了全车线路的装接，该图有利于安装与维

修,但不能说明线路的走向,线路简单。

线束图的识读要点是:

(1)认清整车共有几组线束、各线束名称以及各线束在汽车上的实际安装位置。

(2)认清每一线束上的分支连接汽车上哪个电气设备、每一分支又有几根导线、它们的颜色与标号以及它们各连接到电器的哪个接线柱上。

(3)认清有哪些插接器,它们应该与哪个电气设备上的插接器相连接。

◇**特别提示**:要正确完成更换或装配汽车全车线束,除了必须具备有较好的识读汽车全车线束图的能力以外,还应了解包括汽车电路线路图、原理图等相关知识,对加深线束的认识、进行线束的检修与更换工作会有很大的帮助。

二、实训操作

1. 技术标准与要求(以丰田卡罗拉轿车为例)

(1)能正确读出卡罗拉轿车线束的标识内容(如产品名称、型号或适用车型、制造厂或商标、制造日期和代码和条形码)。

(2)能识读卡罗拉轿车全车线束图,并能按工艺要求进行安装。

(3)通电试验检测时,确认全车线路的完好情况。

(4)在汽车发动机不同的运行工况下,检验全车电气设备的工作完好率是否达到100%。

2. 工具、设备和材料的准备

(1)卡罗拉轿车。

(2)卡罗拉轿车维修手册、电路图等相关的资料。

(3)待换的卡罗拉轿车整车线束。

(4)汽车电工常用的维修工具及智能检测仪。

(5)磁力护裙、转向盘护套、变速杆手柄套、脚垫和座椅套。

3. 查询并填写信息

生产年份_____,车牌号码_____,行驶里程_____,发动机型号及排量_____,车辆识别代号(VIN)_____。

4. 作业前的准备

在对汽车全车线束更换、装配之前,要彻底熟悉全车电路图和原理图、线束图,熟知汽车电气设备安装位置和车身具体结构,弄清各部分的电气设备的控制方式,然后按照线束图找准线束的连接结构。

5. 全车线束更换

1)拆除旧线束

(1)先拆下蓄电池负极桩上的电缆接线,然后拆下正极桩的电缆接线。

(2)拆下汽车转向盘上的线束插接器及转向盘(注意:如转向盘上安装有安全气囊,应小心拆下转向盘下面的黄色线束插接器,对拆下的安全气囊要平放,不允许测试安全气囊端子,以免引爆安全气囊),然后拆下连接钥匙开关、组合开关上的线束插接器(线束插接器拆装的方法参照图16-22所示)。

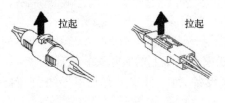
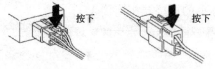

图 16-22 插接器的拆分方法

(3) 拆下汽车仪表台,拆下连接仪表的线束插接器。

(4) 拆开座椅线束的所有插接器,拆除所有的座椅。拆下换挡手柄装饰套,清除地板胶垫(包括行李舱内的),直至看到地板上的线束。

(5) 拆除车内装饰板,包括门柱、车门、顶篷等的装饰板,直至看到其内部的线束。此时便可拆除车舱内所有线束插接器,拆开线束的固定装置,并移除这些线束。

(6) 拆开车头线束的所有插接器、线束搭铁的紧固螺钉和线束固定装置后,移除车头线束驾驶舱内的线束部分。

(7) 拆开车尾和顶篷线束的所有插接器、线束搭铁的紧固螺钉和线束固定装置后,取出车尾和顶篷线束。

(8) 拆出发动机线束和汽车前围线束。

◇**特别提示**:①拆除车内装饰件时,一定要注意塑料钉的结构形式,如图 16-23 所示,不同种类的塑料钉拆装的方法有所不同,同时要注意保护汽车构件的表面,不能在拆卸时将其损坏或损伤。

②原则上电气设备装置宜保持原位,不作拆卸。

③对于已经拆除出来的旧线束,不要马上丢掉,要暂时保存以备检查核对之用。

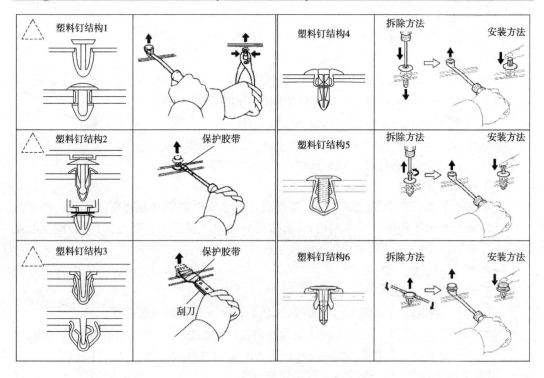

图 16-23 车内装饰件上的塑料钉拆装方法

2) 安装新线束

开启待换的全车新线束包裹,首先对每一扎线束单元进行确认和检查。可以通过对照线束安装图,确认每扎线束的名称、编号是否相符。更直接、快捷的方法是将全车的新旧线束相比较,以确定新线束的正确性和完整性。

其次检查线束端子的完好性。

最后要将全车线束单元的插接器进行试验性连接,线束单元与线束单元之间的插接器连接要做到:

(1)确保插接器配对的端子正确无误。

(2)插入端子直到锁止凸耳紧固锁止,往外拉无松动感觉。

按照电路工作原理,用万用表检测试连接好的线束的导通性能。检验合格后,再将已经作试连接的全车线束的插接器拆开,以装备车。

装车的顺序可以按以下的步骤:

(1)检查和准备好各种灯具、仪表、电器、刮水器、洗涤器等用电设备及装配工具,对于已经损坏的用电设备,应及时更换新件。

(2)放置整车线束,按照生产厂家规定的线束安装图进行安装。安装顺序为:车头线束中仪表台线束→发动机线束、汽车前围线束→车门柱、车门、顶篷线束→车尾线束,最后才进行座椅线束的装配。

(3)按要求安装好线束紧固装置和密封件。卡钉等固定物件、密封件和密封材料均要更新。

(4)灯具、仪表、开关等电器元件与线束插接件的连接必须牢固可靠、无漏插、错插等现象。线束搭铁要原位安装且牢固可靠,最好用万用表检测其导电性。

◆**特别提示:** ①线束装配时不要把线束拉得太紧(尤其在横向布置线束),避免行驶车辆在颠簸状态下,引起线束固定点位置错动,导致两固定点之间距离瞬间增大,从而拉长线束造成线束内部接点拉脱/虚接、导线参数变化,甚至拉断导线。

②汽车线束装配后,周围要有足够的间隙通过,保证不被其他部件压到、不被其他部件及其紧固件绊到,如图 16-24 所示。避免线束绝缘层被夹断、磨损或破裂引起搭铁等故障。

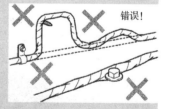

图 16-24 线束的不正确布置

③插接器布置在容易发现的位置、布置在手和工具容易操作的位置。

④发动机装配后插接器应很方便的连接,在此主要是指发动机线束和发动机舱线束、发动机控制器(ECU)的连接。由于发动机在工作状态下处于振动状态,为了使发动机线束和机舱线束、ECU 连接可靠,需要在发动机线束端的插接器前 100mm 左右增加一个固定点,将其固定在车身上以避免发动机振动的传递,导致插接器松动、端子虚接。

⑤线束如从驾驶室内向室外通过钣金孔,外部线束必须低于过线孔,避免在线束上滴、洒液体后,有进入室内的可能;同时注意新密封件的安装是否良好。

⑥四门线束和座舱线束连接时,车门上过线孔低于车身侧围上过线孔。如门线束胶套上有液体,只有可能进入车门而不能进入驾驶室。

⑦搭铁良好时,万用表检测搭铁线与车架间的电阻值约为 0Ω。

3）当全车线路连接好后，必须要进行通电前的线路检查与通电试验

（1）通电前的线路检查：导线束更换完毕后，再次检查导线束插接器与电气设备的连接是否正确，蓄电池正、负极是否连接正确。

（2）通电试验：先安装好蓄电池的正极电缆，蓄电池负极电缆线可暂时不接。用一只 12V/20W 左右的灯泡做试灯，将试灯串接在蓄电池负极与车架搭铁端之间，关闭车上所有用电设备开关。正常时试灯应不亮，否则表明电路有故障。

当电路正常后，取下灯泡，用一只容量为 30A 的易熔线，串接在蓄电池负极与车架搭铁端之间，不启动发动机，逐个接通车上各用电设备电源，对电气设备及线路检查，在确认电气设备及线路无故障后，取下易熔线。

最后，安装好蓄电池负极电缆线。

4）实训举例

下面仅以卡罗拉汽车左前车门线束拆装为例说明线束更换方法。

（1）线束的拆卸过程。

①拆下左前车门在前门柱下侧的装饰板，露出左前车门线束的插接器，如图 16-25 所示。

a）拆开装饰板

b）暴露出左前车门线束的插接器

图 16-25　左前车门线束的插接器位置

②如图 16-26 所示，拆下左前车门线束插接器。

③如图 16-27 所示，拆下车门装饰板，拆开在装饰板内侧的玻璃升降器和车门锁闭锁总开关的集成插接器，移除车门装饰板。

图 16-26　被拆出来的线束插接器

图 16-27　拆开玻璃升降器和车门锁闭锁总开关的集成插接器

④如图 16-28 所示，拆下车门内侧开门扶手支架。

⑤如图 16-29 所示，露出完整的防水塑料薄膜。

⑥如图 16-30 所示，拆下车门右下角的扬声器线束插接器。

⑦如图 16-31 所示，揭开车门左上角的防水塑料薄膜，拆下门锁电动机线束的插接器。

‖项目十六 全车线束的更换‖

图 16-28 确拆下车门内侧开门扶手支架

图 16-29 车门上的防水塑料薄膜

⑧如图 16-32 所示,拆下门锁电动机线束的定位卡钉。

图 16-30 拆下扬声器线束的插接器

图 16-31 拆下门锁电动机线束的插接器

图 16-32 拆下门锁电动机线束的定位卡钉

⑨如图 16-33 所示,揭开右上角的防水塑料薄膜,拆下后视镜线束的插接器及卡钉。

a)拆下后视镜线束的插接器

b)取下插接器定位卡钉

图 16-33 拆下后视镜线束的插接器及卡钉

⑩如图 16-34 所示,将防水塑料薄膜往下拉,拆下电动玻璃升降器电动机线束的插接器。

⑪如图 16-35 所示,拆下电动玻璃升降器电动机线束插接器位置附近的线束定位绑紧胶布。

图 16-34 拆下电动玻璃升降器电动机线束的插接器

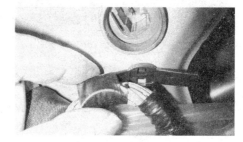
图 16-35 拆下线束定位绑紧胶布

⑫如图 16-36 所示,从防水塑料薄膜中取出车门线束。

⑬如图 16-37 所示,从车门内腔的右下角取出线束白色塑料定位件,脱开绑紧胶布,取

下塑料定位件。

⑭如图16-38所示,将车门线束两端均往车门铰销方向拉出线束。

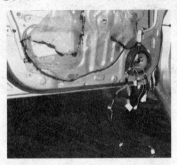

图16-36 从防水塑料薄膜中取出车门线束

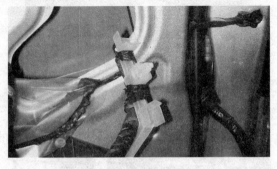

图16-37 拆开线束白色塑料定位件

⑮如图16-39所示,被拆出来的左前车门完整的线束。

图16-38 拉出线束

图16-39 拆出来的左前车门的线束

(2)线束的安装过程。在进行线束安装之前,应对待装线束进行检查。检查的内容主要有线束名称、编号(图16-40)和技术指标是否符合原厂规定;线束的外观完整性,定位卡钉和密封件等是否齐全,原则上要求将定位卡钉、密封件等更换新件。安装的顺序是按先拆后装的原则进行。

①如图16-41所示,将检验合格的车门线束从车门铰销分别装入门柱安装孔和车门安装孔内。

图16-40 车门线束的编号

图16-41 将线束从车门铰销处装入车门安装孔内

②如图16-42所示,密封件安装要到位:将密封件全部安装到座孔上后,用一定的拉力将线束往外拉,直至拉不动时,便确认密封件安装正确。

③用一定的拉力,将车门线束往左前门柱安装孔的内侧拉出,并确保确定线束的密封

件正确安装,然后安装好线束的插接器,如图16-43所示。

④用胶布绑好塑料定位架和线束(16-44),然后安装车门内腔线束的塑料定位架。

图16-42 密封件安装

图16-43 安装好线束在前门柱内侧的插接器

⑤如图16-45所示,用胶布绑好线束,安装好后视镜线束插接器及定位卡钉,安装好电动玻璃升降器电动机线束插接器。

图16-44 用胶布绑好塑料定位架和线束

图16-45 用胶布绑好线束与定位卡钉

⑥从防水塑料薄膜内侧穿过门锁线束,将玻璃升降器和车门锁闭锁总开关的集成插接器从防水塑料薄膜内拉出。安装扬声器线束插接器,如图16-46所示。

⑦安装门锁线束及插接器,如图16-47所示。

⑧如图16-48所示,将车门左上角的防水塑料薄膜粘贴好。

⑨安装好车门内侧开门扶手支架。

⑩连接好车门内装饰板上玻璃升降器和车门锁闭锁总开关的集成插接器。

⑪在车门上安装好车门内装饰板,拧紧其固定卡钉及螺钉。

图16-46 安装扬声器线束插接器

a)安装新的定位卡钉

b)安装好的门锁线束

图16-47 安装门锁线束及插接器

⑫安装好玻璃角的内侧三角装饰板。
⑬安装好门柱下内侧的装饰板。

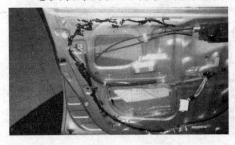

图 16-48　粘贴车门左上角的防水塑料薄膜

⑭将汽车钥匙插入转向盘下的钥匙孔内,转到 ON 位,分别操作玻璃升降器和车门锁闭锁总开关,观察全车车门玻璃升降器和门锁的工作性能是否正常,如果工作正常,表明车门线束更换工作任务可以结束。

（3）安装后的检查。为了检查电气线路的工作性能是否正常,还要启动发动机,在发动机冷却液温度正常后,根据发动机不同的工况,检查仪表显示情况;同时试验全车各电气系统,检查其工作情况是否正常,填写竣工检验单。

5) 结束工作

全车线束经过检验合格后,覆盖安装好车内的地板胶,恢复安装好已经拆开的车内装饰板、仪表台、转向盘、换挡手柄装饰套和座椅等。

全车线束更换工作完毕后,清理器材,清洁地面,搞好工位的整理工作。

三、评价与反馈

对本学习项目进行评价,见表 16-3。

评　分　表　　　　表 16-3

考核项目	评分标准	分数	学生自评	小组互评	教师评价	小　计
团队合作	是否协调	5				
活动参与	是否积极主动	5				
安全生产	有无安全隐患	5				
现场 5S	是否做到	5				
任务方案	是否正确、合理	10				
操作过程	(1)正确判断全车新线束各插接器端子的作用; (2)能按线束安装工艺要求,准确、完整连接线束; (3)能进行全车线束通电前试验及全车电器工作性能检验	10 20 20				
任务完成情况	是否圆满完成	5				
工具和设备使用	是否规范、标准	5				
劳动纪律	是否能严格遵守	5				
工单填写	是否完整、规范	5				
总分		100				
教师签名:			年　月　日		得分:	

项目十七 倒车雷达的安装

在汽车上安装的倒车雷达系统,对行驶的汽车起着十分重要的安全预警作用。汽车防撞雷达品种较多,目前在汽车上装备最广泛的防撞雷达是倒车雷达。

 学习目标

完成本项目学习后,你应当能:
1. 知道汽车防撞雷达的作用、分类;
2. 熟悉倒车雷达的结构组成与工作原理;
3. 掌握倒车雷达安装工艺;
4. 了解倒车雷达的故障诊断与排除方法。

 建议学时:10 学时。

一、资料收集

1. 雷达的原理

雷达(radar)原是"无线电探测与定位"的英文缩写。雷达的基本任务是探测感兴趣的目标,测定有关目标的距离、方向、速度等状态参数。

雷达主要由天线、发射机、接收机(包括信号处理机)和显示器等几部分组成。

雷达发射机产生足够的电磁能量,经过收发转换开关传送给天线。天线将这些电磁能量以电磁波的方式辐射至大气中,集中在某一个很窄的方向上形成波束,向前传播。电磁波遇到波束覆盖范围内的目标后,将沿着各个方向产生反射,其中的一部分电磁波反射回雷达的方向,被雷达天线获取。天线获取的能量经过收发转换开关送到接收机,形成雷达的回波信号。由于在传播过程中电磁波会随着传播距离而衰减,雷达回波信号非常微弱,几乎被噪声所淹没。接收机放大微弱的回波信号,经过信号处理机处理,提取出包含在回波中的信息,送到显示器,显示出目标的距离、方向、速度等,如图 17-1 所示。

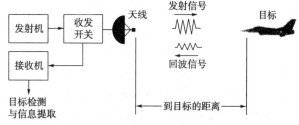

图 17-1 雷达结构与工作原理示意图

为了测定目标的距离,雷达准确测量从电磁波发射时刻到接收到回波时刻的延迟时间,这个延迟时间是电磁波从发射机到目标,再由目标返回雷达接收机的传播时间。根据电磁波的传播速度,可以确定目标的距离为:

$$S = CT/2$$

式中：S——目标距离；

T——电磁波从雷达到目标的往返传播时间；

C——光速。

雷达测定目标的方向是利用天线的方向性来实现的。通过机械和电气上的组合作用，两坐标雷达只能测定目标的方位角，三坐标雷达可以测定方位角和俯仰角。

测定目标的运动速度是雷达的一个重要功能，雷达测速利用了物理学中的多普勒原理。当目标和雷达之间存在着相对位置运动时，目标回波的频率就会发生改变，频率的改变量称为多普勒频移，用于确定目标的相对径向速度。

2. 汽车防撞雷达

雷达在汽车上的应用，主要有汽车防撞雷达装置。

1）作用

汽车防撞雷达装置即汽车防撞系统，是利用雷达的原理，防止汽车发生碰撞的一种智能装置。它能够自动发现可能与汽车发生碰撞的车辆、行人或其他障碍物体，发出警报或同时采取制动或规避等措施，以避免碰撞的发生。

2）分类

（1）按目标探测介质分类。汽车防撞雷达系统按目标探测介质的不同，主要有激光雷达、超声波雷达和红外线雷达等几种类型。不同的目标探测方式，在其工作过程与工作原理有不同之处，但它们的主要目的都是通过前方返回的探测信息，判断前方车辆与本车辆的相对距离，并根据两车间的危险性程度，做出相应的预防措施。

①激光雷达。激光是人类发明的光，它是通过激光器发射的，具有高定向性（单一方向性）、光束的发散度极小、波长分布范围非常窄、颜色特纯、能量集中、能以定向的光束无发散地直线向前远距离传播等特点，因此很合适用作探测信号。

激光雷达是激光探测及测距系统的简称，它是通过本车激光发射机发射出激光束，照射到前车的反光镜，然后检测反射回来的激光束到达的时间，根据激光束从发射到反射回来的时间差来判断两车的距离。

②超声波雷达。超声波一般是指频率在 20Hz 以上的机械波，具有穿透性强，有方向性强、能量衰减缓慢、在介质中转播距离远、反射能力强等特点，因此很合适用作探测信号。

超声波雷达发射器不间断地发射出某一频率的超声波，遇到被测物体后反射（图 17-2），当超声波接收器接收到反射信号后，将其转变成电信号，测出发射波和反射波的时间差，根据声速的时间差即可求得距离，使汽车减速或制动，以免撞车，并在显示器上显示汽车与被测物之间的距离，扬声器伴有声音提醒。

③红外线雷达。红外线的波长比可见光的波长长得多，在光谱中波长为 0.76 ~ 400nm，它具有较强的热效应和云雾穿透能力，受电磁干扰影响较少，因此很适用于探测信号。

红外线雷达的红外线发射器并接收前方车辆、物体或行人反射回来的红外线，依据信号的强弱及波长的不同，同时分析时间差，可分析出前方车辆、行人或物体的性质及与本车的距离,然后将计算出来的距离数据与预置的减速距离数据以及汽车制动距离数据进行比较,使汽车减速或制动,以免撞车,同时在显示器上显示距离,扬声器伴有声音提醒。

(2)按探测区域分类。一般来说,要完全掌握汽车周围的情况,就有必要在汽车上安装完备的防撞雷达系统,该系统通常包括前视雷达、侧视雷达、盲点探测雷达以及后视雷达等四种雷达,如图17-3所示。这四种雷达在汽车行驶过程中对汽车所起的保护作用是不同的,但在现有的汽车上却很少配备有如此完整的雷达系统,用得较多的是后视雷达,也就是大家熟悉的倒车防撞雷达。

图17-2 汽车上的超声波传感器

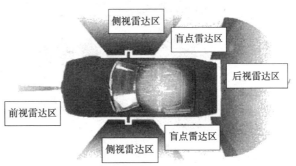

图17-3 汽车防撞雷达总体结构图

3)结构组成

防撞雷达装置主要由三部分组成:

(1)信号采集系统:采用雷达、激光、声纳等技术自动测出本车速度、前车速度以及两车之间的距离。

(2)数据处理系统:计算机芯片对两车距离以及两车的瞬时相对速度进行处理后,判断两车的安全距离,如果两车车距小于安全距离,数据处理系统就会发出指令。

(3)显示器和执行机构:显示计算结果,数据处理系统发来的指令信息或加注其他状态和指挥命令,发出警报,提醒驾驶员实施制动;执行机构将采取措施,比如关闭车窗、调整座椅位置、锁死转向盘、自动制动等。

3. 倒车雷达

下面以汽车倒车雷达为例,对汽车防撞雷达系统进行具体说明。

1)结构组成

汽车倒车雷达,是汽车防撞雷达的俗称,有时又称"泊车辅助装置",是汽车泊车或者倒车时的安全辅助装置。倒车雷达普遍使用超声波作为探测介质,该系统主要由超声波传感器、控制器和显示器(或蜂鸣器)等部分组成,如图17-4所示。有些系统还配备有可视摄像头。

(1)超声波传感器。超声波传感器,俗称探头,该传感器既能发射超声波,又能接收被物体反射回的超声波,所以它既能充当信号发射器,又能充当信号接收器,如图17-5所示。

超声波传感器可以分为两大类:一是用电气压电式产生超声波,其二是用机械式产生超声波。目前较为常用的是压电式超声波。

压电式超声波传感器,当它作为雷达发射器时:它有两个压电晶片和一个共振板,当两极外加脉冲信号,它的频率等于压电晶片的固有振荡频率时,压电晶片将会发生共振,并带动共振板振动,便产生超声波。当它作为雷达接收器时:如果两电极间未外加电压,当共振板接收到超声波时,将压迫压电晶片作振动,将机械能转换为电信号,这时它就成为超声波接收器。

市场上销售的倒车雷达系统类型,通常分别配备有 2、3、4、6 及 8 个传感器,传感器为 2~4 个的一般安装在汽车的后保险杆上面,6~8 个传感器的是前 2 后 4,或前 4 后 4。传感器的数量决定倒车雷达的探测覆盖能力,相对数量越多,盲区探测能力越强。

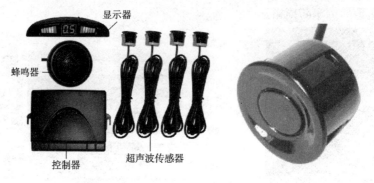

图 17-4　倒车雷达系统元件　　　　图 17-5　超声波传感器

(2)控制器。控制器,俗称主机,它发生正弦波脉冲给超声波传感器,并处理其接收到的信号,换算出本车与被测对象距离值后,将数据与显示器通信;当计算出的距离数据接近不同级别预警距离时,使蜂鸣器报警或驱动扬声器发出声音,如图 17-6 所示。

(3)显示器和蜂鸣器(或扬声器)。显示器用于接收控制器距离数据,并根据距离远近显示距离(图 17-7);蜂鸣器(或扬声器)根据控制器提供不同级别的距离发出不同的报警蜂鸣(或语音)。

图 17-6　控制器　　　　图 17-7　显示器(可附带有蜂鸣器或扬声器)

(4)可视摄像头。在可视倒车雷达中,可加装有可视摄像头,如图 17-8 所示。摄像头安装部位通常位于汽车尾部(一般是安装汽车牌照的上方)。当汽车挂上倒挡时,可视倒车雷达自动启动,把尾部车载摄像头拍下的图像通过视频连接线显示在车前的液晶车载显示屏幕上。

2)倒车防撞雷达的控制线路

图 17-9 所示为某品牌的可视倒车雷达总体线路安装电路图。该品牌倒车雷达的控制电路主要由一个 10 插脚的控制器、4 个探头、一个可视摄像头、

图 17-8　可视摄像头

项目十七 倒车雷达的安装

一台显示器及相关的线束组成,系统的工作原理是:"接倒车"的+12V(红)线是倒车防撞雷达系统工作启动的电源接点,为了连接方便,通常是从倒车灯具的"+"接线端子引出。"搭铁"(黑)线是主机的连接线,要求搭铁性能良好。各探头与主机的连接顺序按其上A、B、C、D的标识进行相应连接。

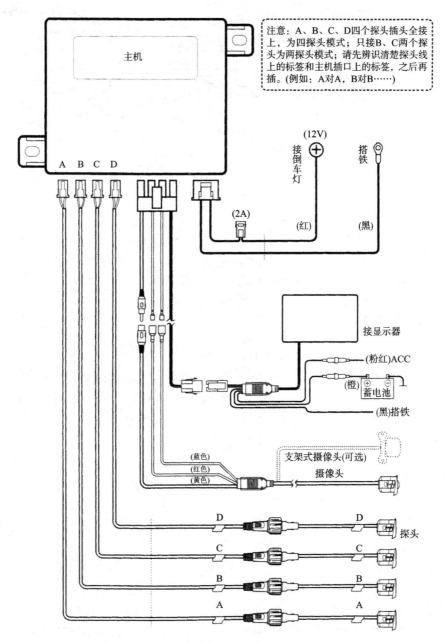

图17-9 某品牌的可视倒车雷达总体线路安装电路图

当汽车钥匙开关置"ACC"位,此时"(粉红)ACC"对显示器和主机供电,在变速器挂入"R"挡后,触发倒车雷达系统开始工作,控制器通过传感器发射和接收超声波,经计算分析发射波与反射波之间的时间差后,通过显示屏上波段亮起方式,显示汽车后保险杠与障碍物之间的测量距离,如图 17-10 所示。

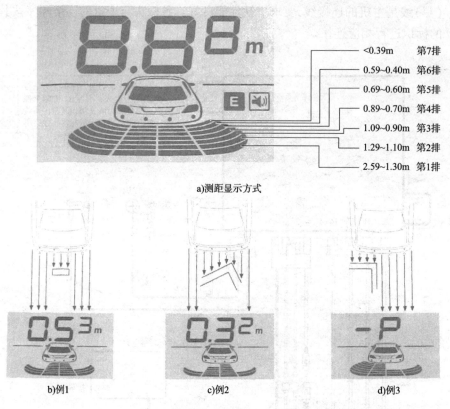

图 17-10 倒车雷达测距显示方式图

图 17-10b)说明的是汽车后保险杠中间 B、C 两个探头距离障碍物为 0.53m;图 17-10c)说明的是,随着汽车向后移动,车辆后保险杠中的 C 探头距离障碍物已经接近至 0.32m;图 17-10d)说明的是,随着继续向后移动汽车,车辆后保险杠上的 A、B 两个探头距离障碍物已经处于碰撞的危险极限,必须马上停车。

二、实训操作

1. 技术标准与要求

(1)当汽车钥匙开头置"ACC"位,变速器挂入"R"挡后,汽车后方的障碍物进入探测范围时,显示器能立刻显示障碍物距离和方位。

(2)用尺子测量汽车传感器与各方向障碍物间的距离,应与倒车雷达显示器的数据一致。

(3)障碍物距离显示的过程中,每当障碍物距离变化 0.1m 时,数据刷新一次,同时有障碍物测距的语音提示驾驶员;当障碍物距离大于 0.3m 时,屏幕上出现"STOP"字幕闪烁并同时有"停车"语音提示驾驶员停车。

2. 工具、设备和材料的准备

(1)汽车保护设施:磁力护裙、转向盘护套、变速杆手柄套、脚垫和座椅套。

项目十七 倒车雷达的安装

(2)安装工具和材料:手电钻,卷尺,剪钳,尖嘴钳,剥线钳,小活扳手,螺丝刀(又称起子),锉刀,50W电烙铁,焊锡丝,松香,钢直尺,粘扣双面胶带、绝缘胶带、各种规格扎带等,如图17-11所示。

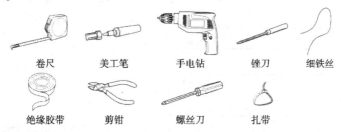

图17-11 安装倒车雷达的主要工具

(3)详细阅读倒车雷达安装接线说明书,清点倒车雷达零部件是否齐全和完好无损(图17-12)。

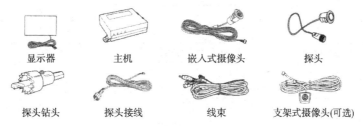

图17-12 倒车雷达的零部件

(4)确认车型,制定倒车雷达安装方案,确定倒车雷达控制主机、探头、摄像头、蜂鸣器、显示器安装部位,确定零部件之间布线路径和串线孔位置,如图17-13所示。

3. 倒车雷达的安装

(1)将倒车雷达控制主机安装于行李舱内安全、隔热、防潮的适合位置,用粘扣双面胶或扎带将其可靠固定,如图17-14所示。

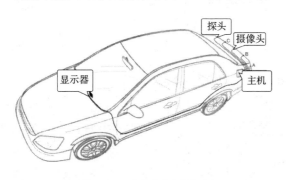

图17-13 确定雷达安装方案

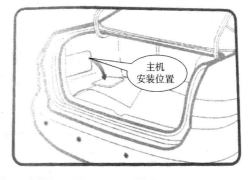

图17-14 主机安装位置

(2)按照倒车雷达探头安装位置及尺寸要求(参照使用说明书)在保险杠上标出钻孔记号。如探头安装在汽车后保险杠:用美工笔标记出保险杠横向中心点和A、B、C、D位置点,如图17-15所示。

如探头安装在汽车前保险杠:用美工笔标记出前保险杠H、E位置点,如图17-16所示。

(3)安装雷达探头。探头安装方式主要有两种:一种是外置粘贴式,主要针对两探头的产品,即将探头直接贴在保险杠上,不用钻孔,但这种方式安装后看起来不太美观。不过有些车型受到限制,只能采用粘贴式,如吉普车。另一种是内嵌式,也是大多数车辆采用的方式,即将探头通过钻孔的方式安装到保险杠上(用倒车雷达探头专用开口钻头钻孔)。

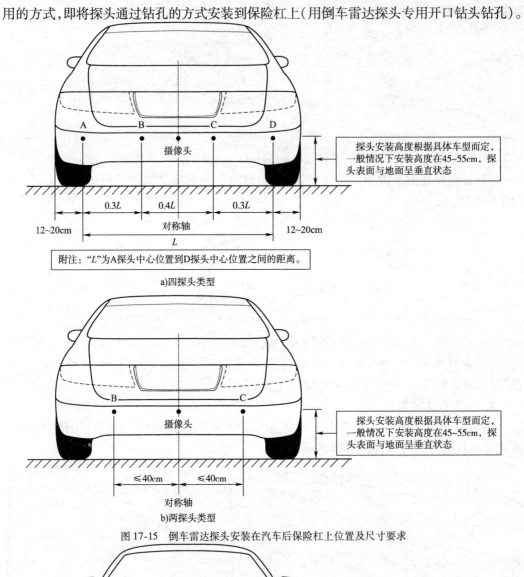

附注:"L"为A探头中心位置到D探头中心位置之间的距离。

a)四探头类型

b)两探头类型

图 17-15 倒车雷达探头安装在汽车后保险杠上位置及尺寸要求

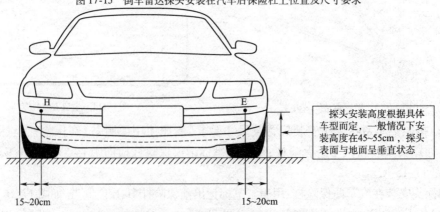

图 17-16 倒车雷达探头安装在汽车前保险杠上位置及尺寸要求

①钻孔与修毛边。钻孔时请注意事先确认钻头直长与探头直径相等,方可在车身上钻孔。钻孔后,用美工刀修掉孔周围的毛边,如图17-17所示。

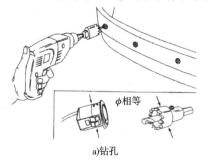 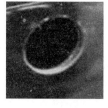 

a)钻孔　　　　　　　b)钻出有毛边后的孔　　　c)修理毛边后的孔

图17-17　钻孔与修毛边

②装入探头。如图17-18所示,探头必须按箭头指示方向朝上安装,否则会容易产生显示错误。

③牢固、美化探头。如图17-19所示,两个大拇指均衡用力,将探头压入车体内,紧贴车身(注意:所有探头与车体的压入量均一、协调)

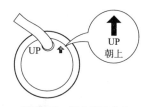

图17-18　探头安装方向

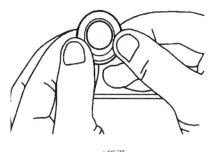 

a)压平　　　　　　　　　b)安装效果图

图17-19　探头安装要求与效果

④导线连接。将探头的防水导线插头插好,用适当的力拧紧,如图17-20所示。四探头依次按A、B、C、D标识与主机插座A、B、C、D的标识对应连接,将线束进行整理并固定好。

(4)安装可视摄像头。

①在车尾部牌照正上方选择适当位置安装摄像头。先用钻头钻出第一个孔,便于安装固定摄像头的螺钉,如图17-21所示。

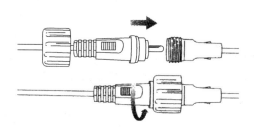 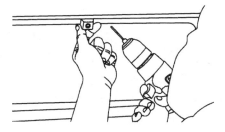

图17-20　探头的线束安装　　　　图17-21　钻出第一个安装螺钉的光孔

②如图17-22所示,用螺丝刀将第一个螺钉(自攻螺钉)拧进刚刚钻出的光孔,初步固定摄像头。

③如图17-23所示,启动显示器,通过显示器显示的结果,调整摄像头的方位。

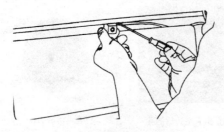
图17-22　初步固定摄像头

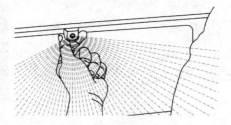
图17-23　调整摄像头

④如图17-24所示,调整完毕,用钻头钻出摄像头第二个螺钉固定孔。

⑤如图17-25所示,安装上第二个固定摄像头螺钉。

图17-24　钻出固定摄像头的第二个螺钉光孔

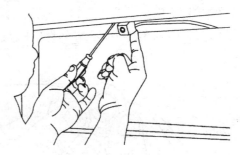
图17-25　固定摄像头

⑥如图17-26所示,安装完毕的效果图。

图17-26　摄像头安装后的效果图

(5)倒车雷达调试。安装好雷达系统后,还必须要进行工作性能调试。

在一处平坦的路面上,通过使用钢直尺测量,在地面上每隔0.1m做好标记。在0.59m处将一只纸箱放至车后,然后启动发动机,变速杆挂入倒挡,此时倒车雷达进入工作状态。当倒车雷达显示屏上所显示的距离与标记值相一致为正常。随着将纸箱每隔0.1m距离向后变化移动,显示器上的刻度尺(光标)将逐次点亮,提示出纸箱距离远近应与地面上所标识的记号相一致,如图17-27所示,否则要检查原因。

(6)倒车雷达遇到以下情况,可能会影响探测准确程度。

①探测波几乎全部被折射的情形,如图17-28所示。

②探测波反射面积很小的情形,如图17-29所示。

③探测波反射受阻情形,如图17-30所示。

④探测波全部被吸收的情形,如图17-31所示。

⑤探测波无法探测情形,如图17-32所示。

项目十七 倒车雷达的安装

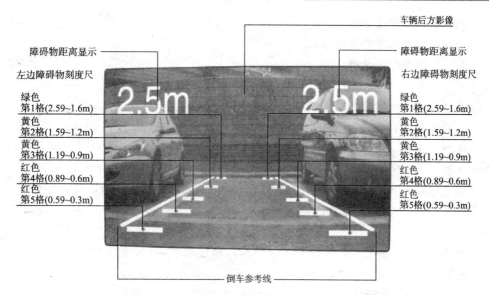

图 17-27 雷达显示器显示参考

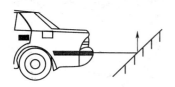

图 17-28 表面光滑斜坡的路况

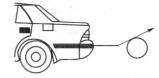

图 17-29 表面光滑球状体存在的路况

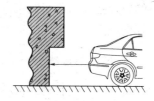

图 17-30 类似特殊物体遮挡的路况

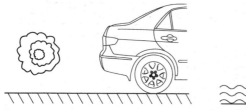

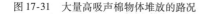

图 17-31 大量高吸声棉物体堆放的路况

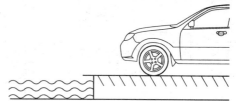

图 17-32 类似（低凹、深壕和河流等）特殊环境

(7) 类似以下(图17-33)场合有时会误报警：①凹凸路面、碎石路、草丛上行驶或停车时；②其他车辆的喇叭、摩托车发动机、气动制动等发声物体靠近并发出较大声音时。

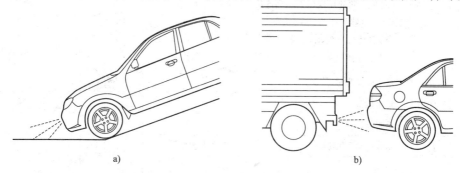

图 17-33 误报警类似的场合

◆倒车雷达安装注意事项：

①工具及材料应准备齐全。

②工艺操作过程应准确。

③材料选用应正确。

④使用车内导线时对其功能属性的判断识别应正确。

⑤安装的导线其线径和颜色应正确，布局走向须沿原车线束走向。

⑥导线接头的连接：缠绕式如"丁"字形连接，缠绕须7圈以上；互绕式如两导线对接，各缠绕5圈以上；接头必须烫锡，烫锡不得出现假焊虚焊；接头须严密绝缘包扎。

⑦线束线缆捆扎包扎应规范牢固可靠，导线电缆不得发生漏电、被水渗入等现象。

⑧防撞雷达和零部件及导线安装位置应准确，防撞雷达功能性能演示内容应准确完整。

⑨安装施工过程中，不得损伤和玷污到车内器件或装备；防撞雷达安装后，不得影响车辆性能和安全驾驶。

(8)倒车雷达调整调试合格后，各处导线接头必须烫锡，并严密绝缘包扎，前后左右贯通的导线必须沿原车线束走向布线，使它们与原车线束可靠、牢固地捆扎在一起，恢复安装好全部拆开的车内装饰，清理好车内卫生，并做好工位清理、整顿工作。

三、评价与反馈

对本学习项目进行评价，见表17-1。

评 分 表　　　　　　　　　　　　　　　　　表17-1

考核项目	评分标准	分数	学生自评	小组互评	教师评价	小　计
团队合作	是否协调	5				
活动参与	是否积极主动	5				
安全生产	有无安全隐患	5				
现场5S	是否做到	5				
任务方案	是否正确、合理	10				
操作过程	(1)能参照使用说明书，在保险杠上钻出正确的倒车雷达探头安装孔；	15				
	(2)能参照使用说明书正确连接主机、显示器和探头；	20				
	(3)启动汽车发动机，通过挂入倒挡对倒车雷达调试	15				
任务完成情况	是否圆满完成	5				
工具和设备使用	是否规范、标准	5				
劳动纪律	是否能严格遵守	5				
工单填写	是否完整、规范	5				
总分		100				
教师签名：				年　　月　　日		得分：

四、学习拓展

1. 倒车雷达常见的故障及排除方法（表17-2）

常见的故障及排除方法　　　　　　　　　　　表17-2

常见故障	排除方法
挂入倒挡，显示器无测距图像	(1)电源连接是否良好； (2)各连接线连接是否良好； (3)各探头安装的位置、高度、方向是否符合要求； (4)显示器是否正常工作
图像抖动	(1)检查摄像头、控制器、显示器的制式是否匹配； (2)检查摄像头是否正常工作
测距距离异常	(1)各探头接线接触是否良好； (2)各探头表面是否有异物或损坏； (3)各探头安装是否正确
障碍物位置与显示方向不一致	检查探头的接线顺序是否与控制器的接口顺序一一对应
声音沙哑或音量过低	(1)检查音量调整开关设定是否合适； (2)检查蜂鸣器有无故障
声音长鸣	(1)探头安装是否正确； (2)探头是否损坏或表面有异物； (3)检查控制器安装环境是否良好

2. 其他防撞雷达的安装

至于前视雷达、侧视雷达、盲点探测雷达的安装方法，与倒车雷达安装方法相似，区别之处是这些雷达启动电源的接入点、探头数量和探头安装的位置有所不同而已。

项目十八　空调制冷剂的加注与检查

汽车空调系统是人为的调节车内空气状况的设备。包括暖风和冷风两部分。空调系统的正确使用,可以起到通风、除湿、加热和制冷作用;同时预防或除附在风窗玻璃上的雾、霜或冰雪,确保驾驶员的视线清晰与行车安全。空调系统可以使车内有足够的新鲜空气,以减轻乘员出现疲劳、头痛和恶心等症状。

制冷剂是汽车空调系统中的传热载体,通过状态的变化吸热或释放热量,达到调节车内空气的目的。目前汽车广泛使用 R134a 制冷剂,R134a 制冷剂在大气压下的沸点为 -26.9℃,在 98kPa 压力下沸点为 -10.6℃。在常温常压下,其汽化和液化性能优越,并且不会对大气环境造成破坏。

在汽车空调系统使用过程中,由于部件损坏或管路泄漏等原因,使系统内的制冷剂排空或存量不足,需要重新加注或补充制冷剂,以恢复汽车空调系统正常工作性能。下面以卡罗拉轿车手动空调为例,来说明空调制冷剂检查与加注操作步骤和技术规范。

学习目标

完成本项目学习后,你应当能:
1. 知道汽车空调的组成、功用及分类;
2. 知道汽车空调各操控按键的名称及作用并能正确使用;
3. 正确掌握汽车空调制冷剂及冷冻机油的加注及检查方法。

建议学时:10 学时。

一、资料收集

(一)汽车空调的功能

汽车空调是汽车内空气调节系统的简称,它是指在汽车封闭的空间内,对温度、湿度及空气的清洁度进行调节控制。

(1)温度调节:这是汽车空调的主要功用。夏季由制冷系统产生冷气对车厢内降温;冬季除大型商用车采用独立燃烧式加热器采暖外,其他车辆基本上采用汽车余热进行采暖。

(2)湿度调节:湿度对车内的乘员的热舒适感觉有很大影响。车厢内的湿度一般应保持在 30%~70%,普通汽车空调不具备调节车内湿度的功能,只有通过使用通风装置或打开车窗靠车外空气来调节。高级豪华汽车采用的冷暖一体化空调器,通过制冷和采暖的共同使用才能对车内的湿度进行适当的调节。

(3)气流调节:气流的流速和方向对人的舒适性影响很大。如果直吹,在温度合适时,流速应限制在一定的范围内,根据乘客的生活环境、年龄、健康状况、冷热习惯等可以适当改变流速的大小。

(4)空气净化:车厢内空气的质量是舒适的重要保证。车厢内的空气时刻受到乘客呼出的CO_2、乘员身体的各种异味、烟味、化妆品味、非金属材料味、大气中的悬浮物的污染及环境异味的影响,因而有的汽车在空调的进风口装有空气过滤装置和空气净化装置。

(二)汽车空调的组成

汽车安装空调系统的目的是为了调节车内空气的温度、湿度,改善车内空气的流动,并且提高空气的清洁度,因此汽车空调系统主要由以下几部分组成,其总体布置如图18-1所示。

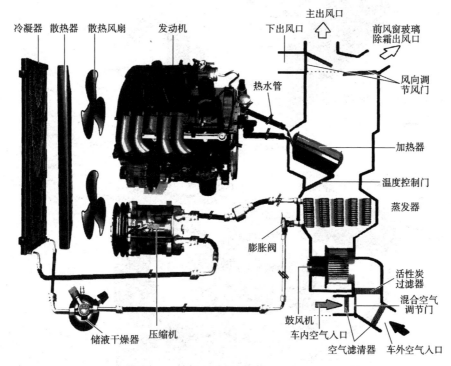

图18-1 汽车空调的总体布置图

(1)制冷装置(图18-2):对车内空气或由外部进入车内的新鲜空气进行冷却或除湿,使车内空气变得凉爽舒适。制冷装置由压缩机、冷凝器、储液干燥器、膨胀阀、蒸发器、散热风扇、管道、制冷剂等组成。

(2)暖风装置(图18-3):主要利用发动机冷却液给车内空气或由外部进入车内的新鲜空气加热,以达到取暖、除湿的目的。在冬天还可以给前、后风窗玻璃除霜、除雾。暖风系统由加热器、热水控制阀、水管、发动机冷却液组成。

(3)通风、净化装置(图18-4):通风、净化系统主要是控制汽车内空气的循环、流向,并净化车内空气。

驾驶员根据需要,使空气进行内循环或外循环,对车内空气进行置换,同时,控制气流的流向,以达到制冷、加热及通风的功效。通风系统包括鼓风机、空气滤清器、进风口、风门、风道及出风口。

空气净化系统的作用原理是在通风口处加装灰尘滤清器或活性炭过滤器,除去车内空气中的尘埃、臭味。

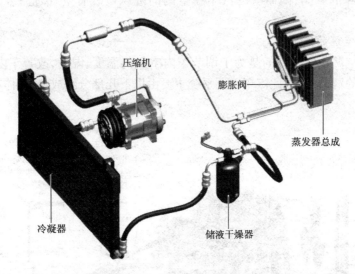

图 18-2 制冷装置的组成

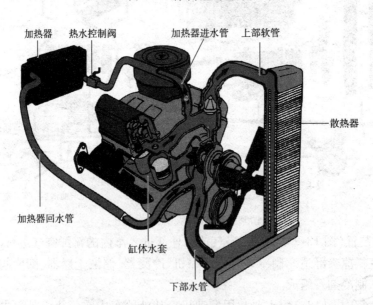

图 18-3 暖风装置的组成

(4)加湿装置:在空气湿度较低的时候,对车内空气加湿,以提高车内空气的相对湿度。

目前,汽车的空调系统根据车辆的配置不同所具备的装置也有所不同,在一般的轿车和客货车上,通常只有制冷装置、暖风装置和通风装置,在高级轿车和高级大客车上,才有加湿装置和空气净化装置。

项目十八 空调制冷剂的加注与检查

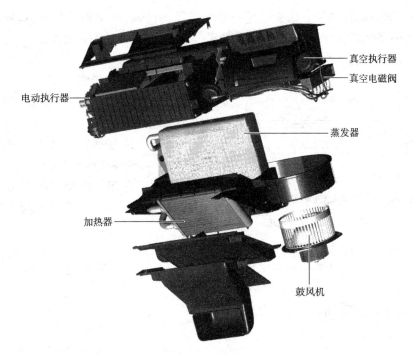

图 18-4　通风、净化装置的组成

(三)汽车空调的分类

(1)按驱动方式可分为非独立式汽车空调系统和独立式汽车空调系统。

(2)按结构类型可分为整体式空调、分体式空调以及分散式空调。

(3)按蒸发器的布置形式可分为仪表台板式空调、顶置式空调。

(4)按蒸发器和冷凝器的数量不同可分为单蒸单冷式、单蒸双冷式、双蒸单冷式和双蒸双冷式。

(四)汽车空调的操控

1. 旋钮型手动空调的控制面板(图 18-5)

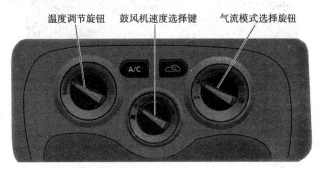

图 18-5　旋钮型手动空调的控制面板

(1)温度调节旋钮。该旋钮控制调温风门的开关和热水控制阀的位置,蓝色区域表示制冷区域,红色区域表示制热区域,温度调节旋钮每转动一个位置,相应的调温风门有一个确定的位置,热水控制阀也有一个相应的开度。

(2)鼓风机速度选择键。该旋钮控制鼓风机的风速,共有 4 个速挡。

(3)气流模式选择开关。该旋钮选择空调送风的模式,旋钮顺时针转动,分别表示空调风吹向面部、脚部和面部、脚部、脚部和除霜、前风窗玻璃除霜等位置。

2. 拨杆型手动空调的控制面板(图 18-6)

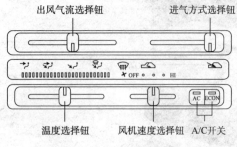

(1)出风气流选择钮。该钮用于控制空调风吹向面部、脚部和面部、脚部、脚部和除霜、前风窗玻璃除霜等位置。

(2)进气方式选择钮。该钮用于控制空调进风为内循环、外循环位置的控制。

(3)温度选择钮。该钮控制调温风门的开关和热水控制阀的位置,从而来调节汽车驾驶室内的温度。

图 18-6　拨杆型手动空调的控制面板

(4)风机速度选择钮。该钮控制鼓风机的风速的高低。

(5)A/C 开关。该开关用来控制是否制冷,按下 A/C 按钮压缩机工作,按下 ECON(经济模式)按钮压缩机停止工作,节省能源。

3. 自动空调的控制面板(图 18-7)

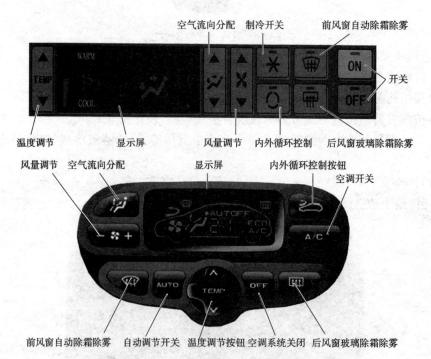

图 18-7　自动空调的控制面板

驾驶员根据需要,操纵空调的控制面板按钮,对车内空气的温度、风量、流向进行控制,使空气进行内循环或外循环,对车内空气进行置换,以达到制冷、加热、过滤及通风的功效,实现空调系统的正常工作。

温度调节按钮用于设定温度;空气流向分配按钮用于控制空调送风的模式(流向);风量调节按钮用于控制鼓风机的风速;制冷开关用于控制制冷;内外循环开关用于控制空气

的内外循环;前、后风窗自动除霜除雾按钮用于控制清除前、后窗的霜雾;自动调节开关用于空调的自动控制;显示屏用于显示空调的控制内容。

（五）制冷剂

制冷剂俗称冷媒,又称制冷工质,它是制冷系统中用于转换热量、完成制冷循环的工作介质(即作为热量交换的介质)。如图18-8所示,汽车目前使用的制冷剂是R134a(四氟乙烷),2000年以前生产的汽车空调系统大多采用R12作为制冷剂,但由于泄漏的R12会破坏地球的臭氧层,危害人类的健康,因此这种制冷剂已列为淘汰产品。国家规定:2000年以后生产的新车,不准使用R12作为汽车空调的制冷剂,它被更环保的R134a所取代。

R134a是目前一种比较理想的绿色环保制冷剂,它不会破坏地球的臭氧层。其蒸发温度为-26.9℃,凝固温度为-10.6℃;其安全性高、不易燃、不爆炸、无毒,无刺激性和腐蚀性;蒸发潜热高,比定压热容大,流动性好,热传导效果好,具有较好的制冷能力。R134a和R12不能互换,否则会损坏空调系统,R134a空调系统管道接口全部采用米制,R12空调系统管道接口全部采用英制。

R134a制冷剂

R12制冷剂

图18-8 空调制冷剂

（六）空调制冷原理(以膨胀阀式为例)

空调制冷系统制冷是利用液态制冷剂汽化吸热产生冷效应。其工作原理如图18-9所示。制冷循环是由压缩、放热、节流和吸热四个过程组成。

压缩过程:压缩机吸入蒸发器出口处的低温低压的制冷剂气体,把它压缩成高温高压的气体,然后送入冷凝器。此过程的主要作用是压缩增压,以便气体易于液化。压缩过程中,制冷剂状态不发生变化,而温度、压力不断升高,形成过热气体。

放热过程:高温高压的过热制冷剂气体进入冷凝器(散热器)与大气进行热交换。由于压力及温度的降低,制冷剂气体冷凝成液体,并放出大量的热。此过程作用是排热、冷凝。当制冷剂液体过冷度越大,在蒸发过程中其蒸发吸热的能力也就越大,制冷效果越好,即产冷量相应增加。

节流过程:制冷剂液体经膨胀阀节流降温降压,以雾状(细小液滴)排出膨胀装置。该过程的作用是使制冷剂迅速地变成低温低压液体,以利于吸热、控制制冷能力以及维持制冷系统正常运行。

吸热过程:经膨胀阀降温降压后的雾状制冷剂液体进入蒸发器,因此时制冷剂沸点远低于蒸发器内温度,故制冷剂液体在蒸发器内蒸发、沸腾成气体。在蒸发过程中大量吸收周围的热量,降低车内温度。而后低温低压的制冷剂气体流出蒸发器等待压缩机再次吸入。吸热过程的特点是制冷剂状态由液态变化到气态,此时压力不变,即在定压过程中进行这一状态的变化。

这样,制冷剂在空调压缩机的驱动下,在空调系统内不停地循环流动,流经蒸发器吸收热量,流经冷凝器散发热量,满足了汽车的制冷要求。为了便于记忆,我们将制冷循环简化为图18-10所示的循环流程。

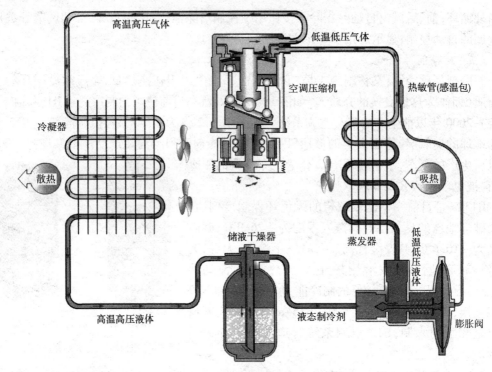

图 18-9 空调制冷原理

(七)歧管压力表

1. 组成

歧管压力表构造如图 18-11 所示。由低压表、高压表、高压手动阀、低压手动阀、检测软管及接头组成。

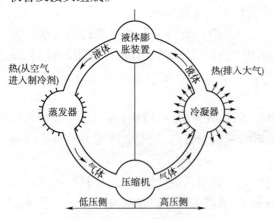

图 18-10 空调系统的制冷循环流程

低压表用来检测系统低压侧压力,也称组合压力表,可以读出压力和真空度。压力表米制单位为 kPa,英制单位为 psi,1psi=6.895kPa。低压表的真空度刻度从 102~0kPa,压力刻度从 0~827kPa。低压表的结构设计可以防止当压力达到 1724~2413kPa 时不损坏压力表,在空调系统工作时,低压表的压力一般不高于 551.5kPa。低压侧系统工作压力一般为 103~241kPa。

高压表用来指示系统高压侧压力。在正常情况下,高压侧压力很少超过 2068kPa,但为了安全,高压表的最大刻度一般要远高于此值。高压表虽然在 0kPa 以下没有刻度,但抽真空时不会损坏。高压侧系统工作压力一般为 1103~1517kPa。

压力表都装在一个表座上,下部有三个通路接口,通过两个手动阀和三根检测软管组合使用。

项目十八 空调制冷剂的加注与检查

2. 歧管压力表的连接

(1)关闭歧管压力表的高、低压手动阀门。

(2)将歧管压力表的检测软管接到制冷系统的检修阀上,高压侧软管接头与高压侧检修阀相连,低压侧软管接头与低压侧检修阀相连。

(3)连接时,要保证连接牢固,接头能顶开检修阀的气门芯。

(4)中间黄色检测软管按需要连接真空泵、制冷剂罐或者密封、放空。

3. 歧管压力表的功能

1)检测系统压力

如图18-12所示,检测制冷系统的压力时,高、低压侧阀门都处于关闭状态。

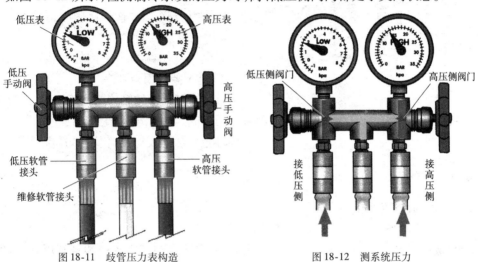

图18-11 歧管压力表构造　　图18-12 测系统压力

2)抽真空

如图18-13所示进行制冷系统抽真空时,高、低压侧阀门都处于打开状态。

3)加注制冷剂

如图18-14所示,进行加注制冷剂时(气态充注),低压侧阀门处于打开状态,高压侧阀门处于关闭状态。

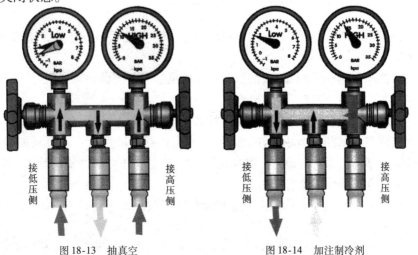

图18-13 抽真空　　图18-14 加注制冷剂

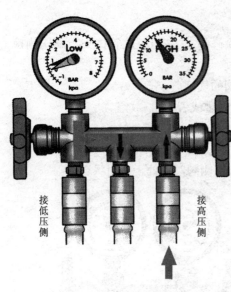

图 18-15　放空或排空制冷剂

4）放空或排空制冷剂

如图 18-15 所示，进行系统的放空或排空制冷剂时，低压侧阀门处于关闭状态，高压侧阀门处于打开状态。

4. 使用压力表注意事项

（1）歧管压力表组件是一件精密仪表，必须细心维护，不要损坏，且要保持清洁。

（2）不使用时，要防止软管中进入水分和脏物。

（3）使用时要把管内空气排尽。

（4）压力表接头与软管连接时，只能用手拧紧，不能用工具拧紧。

（5）由于低压侧和高压侧的连接尺寸不同，连接软管时不要装反。

（6）软管和车侧的维修阀门连接时，把快速接头接到维修阀门上并滑动，直到听到"咔嗒"声。

（7）与多功能表连接时，不要弄弯管道。

二、实训操作

（一）技术标准与要求（以卡罗拉 1.6GL 自动型轿车为例）

(1) 空调制冷系统中加注 R134a 制冷剂。

(2) 加注制冷剂时，应佩戴防护眼镜和手套，以免制冷剂进入眼睛和溅到皮肤上，如制冷剂不慎进入眼睛或溅到皮肤上，应立即用清水冲洗。严重者送医院进行专业处理。

(3) 禁止对制冷剂容器进行加热，否则会有发生爆炸的危险。

(4) 制冷剂加注应适量，否则制冷效果不良。

(5) 从低压管路加注制冷剂时，禁止将制冷剂容器倒置，防止液击压缩机。

(6) 空调低压管和高压管中的真空度不低于 750mmHg（1mmHg = 133.322Pa），并保持 5min 不下降。

(7) 空调运行时，低压管压力为 0.15～0.25MPa 为正常；高压管压力为 1.37～1.57MPa 为正常。

(8) 通过高压管路加注制冷剂时，严禁压缩机运行且关闭低压侧阀门。

(9) 制冷剂加注后，应进行泄漏检查。

(10) 卡罗拉轿车制冷剂加注量为 410～470g。

(11) 处理制冷剂罐时，应小心注意。不得用力碰撞制冷剂罐。不准将制冷剂罐置于高温处，应将其存放在凉爽的地方。避免将制冷剂罐存放在有腐蚀物的地方，如蓄电池酸液附近，因为制冷剂罐会因此发生腐蚀。

(12) 当制冷剂暴露于明火，吸入发动机或用卤素检漏灯进行检漏时，都会生成有毒的光气，所以要保持工作区域的通风。

(13) 制冷剂系统内的制冷剂不足时，不要运行压缩机，如果空调系统中制冷剂不足，则会缺少机油润滑,并且可能损坏压缩机。

(14)压缩机工作期间,不得打开高压歧管阀,仅打开和关闭低压阀,如果高压阀打开,制冷剂反向流动,会导致加注罐破裂。

(15)禁止在没有制冷剂的情况下操作发动机和压缩机,否则会损坏压缩机内部,因为不论空调系统打开或关闭,压缩机部件始终在运转。

(二)工具、设备和材料的准备

(1)举升机。

(2)卡罗拉1.6GL自动型轿车及维修手册。

(3)磁力护裙、转向盘护套、变速杆手柄套、脚垫和座椅套。

(4)真空泵(图18-16)。

(5)歧管压力表(图18-17)。

图18-16 真空泵

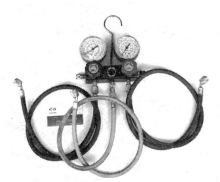
图18-17 歧管压力表

(6)制冷剂注入阀(图18-18)。

(7)R134a制冷剂。

(8)防护眼镜和手套(图18-19)。

(9)检漏仪(图18-20)。

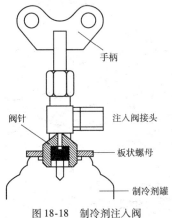
图18-18 制冷剂注入阀

图18-19 防护眼镜

图18-20 检漏仪

(10)常用工具及抹布。

(三)查询并填写信息

生产年份_____,车牌号码_____,行驶里程_____,发动机型号及排量_____,车辆识别代号(VIN)_____。

(四)作业前的准备(以丰田卡罗拉1.6GL自动型轿车为例)

(1)汽车进入工位前,将工位清理干净,准备好相关的器材。

(2)将汽车停驻在举升机中央位置。

(3)拉紧驻车制动器操纵杆,并将变速杆置于空挡或驻车挡(P位)位置。

(4)套上转向盘护套、变速杆手柄套和座椅套,铺设脚垫。

(5)在车内拉动发动机舱盖手柄,在车外打开并支撑发动机舱盖。

(6)粘贴翼子板和前磁力护裙。

(五)抽真空并加冷冻机油

空调系统一经开放就必须抽真空,以清除可能进入空调系统的空气和水分。操作步骤如下:

(1)如图18-21所示,将歧管压力表与空调系统相连(注意:高压管细,低压管粗),将歧管压力表的中间软管接到真空泵进口。

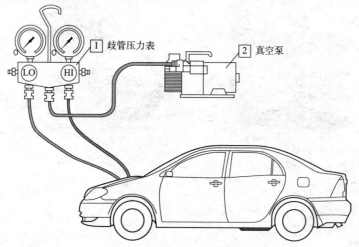

图18-21 连接压力表和真空泵

(2)打开高压和低压侧手动阀并启动真空泵,如图18-22所示。

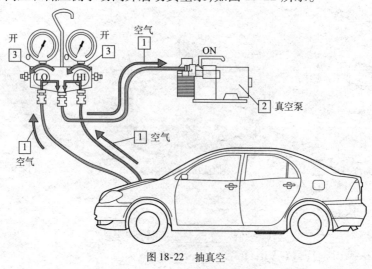

图18-22 抽真空

(3)大约10min后,检查低压表真空值,若大于80.0kPa,关闭高压和低压侧手动阀并停止真空泵工作,如图18-23所示。5min后,检查低压表真空值有无变化,如有变化则应检查和修理渗漏处。

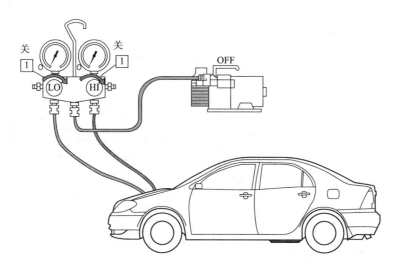

图18-23 关闭真空泵

(4)将规定数量的冷冻机油倒入油杯中,将中间黄色软管与真空泵连接端松开放入杯中。

(5)打开低压侧手动阀,油从油杯中被吸入空调系统,油杯中油一干,应立即关闭手动阀以免吸入空气。

(6)加完压缩机冷冻机油后,应再次对空调系统抽真空,直至低压表读数为99.98kPa。

(7)关闭高压和低压侧手动阀,停止真空泵工作,5min或更长时间后,检查低压表读数是否有变化,若无变化即可向空调系统加入制冷剂。

◇**特别提示**:(1)冷冻机油的功用:润滑;密封;冷却;降低噪声。在制冷循环中,润滑油始终与制冷剂接触或混合,并随制冷剂一起循环于制冷系统中各部分,除对压缩机进行润滑外还对制冷系统阀件的运动进行润滑。

(2)冷冻机油应是专用的,不可随便乱用其他种类的润滑油来代替,也不应混用不同牌号的冷冻机油,否则会造成冷冻油的黏度降低,甚至破坏油膜的形成。对于使用R134a的汽车空调系统,冷冻机油一般用进口冷冻机油,牌号为:PAG、ESTER(POE)。

(3)冷冻机油也可直接向压缩机内加注(图18-24)。

①将需更换的压缩机内的润滑油排出并测量润滑油量,将新的压缩机内的润滑油排尽,重新对新的压缩机定量充注润滑油时,油量为更换压缩机排出并测量的润滑油量,再增加10~15ml。

②将需修理的压缩机内的润滑油排出并测量润滑油量,重新装配压缩机后,将等量的新的润滑油注入压缩机内。

图18-24 直接加机油到压缩机

(六)制冷剂的加注

将制冷剂从压缩机低压侧充注到压缩机内,注入的是制冷剂气体,所以充注速度慢,这种充注法适用汽车空调制冷系统制冷剂不足时补充添加。

1. 安装制冷剂罐

1)连接阀门和制冷剂罐(图18-25)

检查加注罐连接部件的盘根,逆时针转动手柄升起针阀,逆时针转动阀盘升起阀盘。

◇**特别提示**:要在针阀升起前安装加注罐,否则针阀会插进加注罐从而导致制冷剂泄漏。

把阀门旋进加注罐直到和盘根紧密接触,然后紧固阀盘以卡住阀门。

◇**特别提示**:不要顺时针转动手柄,否则针将插进加注罐,从而导致制冷剂泄漏。

2)把加注罐安装到歧管气压表上(图18-26)

完全关闭歧管气压计低压侧和高压侧的阀门;把制冷剂罐罐安装到歧管气压计中间的黄色加注软管;顺时针转动手柄直到针阀在制冷剂罐上钻一个孔;再逆时针转动手柄退出针阀;按下歧管气压计的空气驱除阀放出空气直到制冷剂从阀门释出。

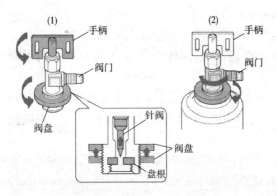

图18-25 连接阀门和制冷剂罐

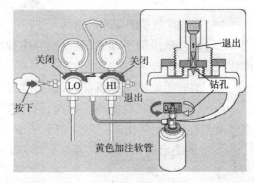

图18-26 把加注罐安装到歧管气压表上

◇**特别提示**:①如果用手按下气体驱除阀,释放出的空调气体就会沾到手上等处,从而冻伤,因此要用螺丝刀等按住阀门。

②排除制冷剂注入管路(黄色管)中的空气;如果空气进入空调系统制冷循环管路,空气中的水分因结冰而堵塞管路,同时水分还会锈蚀管路内壁。排气时应佩戴防护手套,以免喷溅出来的制冷剂造成伤害。

2. 从高压侧加注制冷剂(图18-27)

发动机不工作时,打开高压侧阀门加入制冷剂直至低压表显示大约为0.98MPa($1kg/cm^2$),加注后,关闭阀门。

◇**特别提示**:从高压侧加注制冷剂时,一定不要让压缩机工作,否则易导致空调压缩机缺油拉伤;同时,也不要打开低压侧阀门,制冷剂在空调压缩机内通常为气体状态,如果从高压侧加注而低压侧阀门开着,液态制冷剂进入低压侧,此时若空调压缩机开始工作就会出现液击而损坏。

3. 从低压侧加注制冷剂

关闭高压侧阀门后,启动发动机并运行空调(图18-28),打开歧管压力表低压侧阀门,加入规定量的制冷剂(图18-29),加注后,关闭低压阀门。

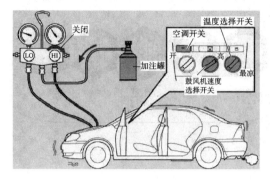

图18-27 从高压侧加注制冷剂

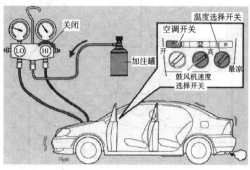

图18-28 关闭高压侧阀门启动发动机

加注条件:
(1)发动机转速为1500r/min。
(2)鼓风机速度控制开关处于"高"位。
(3)A/C开关"开"。
(4)温度选择器为"最凉"。
(5)完全打开所有车门。

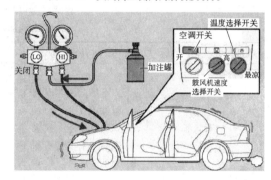

图18-29 打开低压侧阀门加注制冷剂

◆**特别提示**:①制冷剂按规定量加注即可,并非越多越好,否则将导致制冷不足。
②当环境温度较低,在充注时用热水加热制冷剂罐(最高温度40℃以下),可加快注入速度。
③在加注制冷剂之前必须确认原系统中是何种制冷剂,同时确认加注量。若事先无法了解系统中应该加注多少制冷剂,则只能依靠视液镜和压力表来判断。
④低压侧加注制冷剂时,如果制冷剂罐倒置会使制冷剂以液态进入压缩机,将损坏压缩机。
⑤更换加注罐时,关闭高低压两侧的阀门,更换后打开驱气阀从中部的软管(绿色)和歧管压力表中放出空气。
⑥发动机工作时不要打开高压侧的阀门,这将导致高压气回流至加注罐,造成破裂。

(七)制冷剂加注后的检验

1. 通过视镜检查制冷剂量

视镜大多安放在储液干燥器上,个别也安放在从储液干燥器到膨胀阀之间或冷凝器到储液干燥器之间的管路上。将发动机转速稳定在1500~2000r/min,把空调功能键置于最大制冷状态,风机置于最高转速,开动空调后通过视镜进行观察,从视镜中看到的制冷剂情况如图18-30所示,将观察孔中所看见的情况与表18-1进行比较。

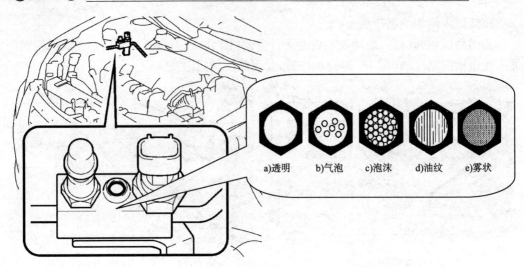

a)透明　b)气泡　c)泡沫　d)油纹　e)雾状

图 18-30　丰田卡罗拉视镜位置及迹象

制冷剂加注后检查表　　　　　　　　　　　　　　　　　　　表 18-1

项目	症　状	制 冷 剂 量	纠 正 措 拖
1	有气泡	不足（注：当车内温度高于35℃时，如果冷却充分，则观察孔中有气泡可视为正常）	(1)检查有无漏气，必要时进行维修； (2)重新加注适量制冷剂
2	不存在气泡	空、不足或过量	参见3和4
3	压缩机的进气口和出气口没有温差	空或很少	(1)检查有无漏气，必要时进行维修； (2)排空空调系统，重新加入适量的制冷剂
4	压缩机进气口和出气口有明显温差	适量或过量	参见5和6
5	空调关闭后，制冷剂立即变清澈	过量	(1)重新加注冷却液； (2)排空空调系统，重新加入适量的制冷剂
6	空调关闭后，制冷剂立即起泡，然后变得清澈	适量	

2. 用歧管压力表组件检查制冷剂压力

要了解汽车空调制冷系统工作循环进行的情况，必须测量制冷系统工作时高压侧和低压侧的压力，空调系统压力异常一般可通过歧管压力表组件检测制冷系统高低压侧的压力情况来判断制冷系统的故障。进行制冷系统压力的检测条件为：发动机转速为

1500～2000r/min，风机开关置于高速状态，温度控制开关置于最冷位置，开动空调系统5min后进行检测等。操作步骤如下：

（1）卸掉系统高、低压管路上的检修阀护帽。

（2）歧管压力表组件高、低压侧手动阀都关闭，蓝色的低压侧软管接低压检修阀，红色的高压侧软管接高压检修阀。

（3）启动发动机，调整发动机转速至1500～2000r/min，启动空调系统，将风机开关置于高速状态，温度控制开关置于最冷位置，按需要使发动机温度正常后，进行检测。

（4）从歧管压力表组件高、低压侧压力的读数，来判断制冷系统的故障。制冷系统高压端的压力一般为1103～1517kPa，低压端压力一般为103～241kPa，其压力会因车型和环境温度不同而有所不同。

（5）检测完后，关闭发动机，卸掉歧管压力表组件，把检修阀的护帽旋回（图18-31）。

3. 检查制冷剂是否泄漏

重新加注制冷剂后，用卤素泄漏检测器检查是否有制冷剂泄漏。操作步骤如下：

（1）测试条件：

①点火开关处于OFF。

②确保通风良好（漏气检测器可能对不是制冷剂的挥发性气体作出反应，如汽油蒸气和废气）。

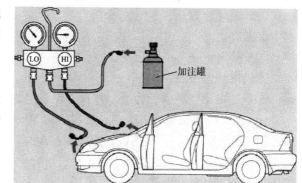

图18-31 拆卸歧管压力表和制冷剂罐

③重复测试2～3次。

④确保制冷系统中仍留有一些制冷剂。压缩机关闭时：大约392～588kPa。

（2）用漏气检测器检查制冷剂是否从制冷剂管路中泄漏，如图18-32所示。

（3）关闭漏气检测器电源，将它靠近排放软管，然后打开检测器测试，如图18-33所示。

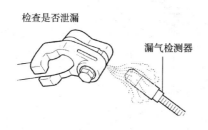

图18-32 检测制冷剂是否泄漏　　图18-33 检测器测试漏气

◇**特别提示**：①鼓风机电动机停止后，空置冷却装置15min以上。

②将漏气检测器传感器置于排放软管下。

③当漏气检测器接近排放软管时，确保漏气检测器对挥发性气体不作出反应。

④如果不能避免挥发性气体的干扰，则应将车辆举升以进行测试。

(4) 如果在排放软管处未检测到漏气,将鼓风机电动机控制器从冷却单元上拆下。将漏气检测器传感器插入冷却装置中,并进行测试。

(5) 断开压力开关插接器,放置约 20min。将漏气检测器靠近压力开关,并进行测试。

4. 空调出风口温度检测

空调出风口温度检测应根据汽车制造厂商的要求进行。可参照以下方法:

(1) 车辆停放在阴凉处,将干湿球温度计放置在空调进风口位置。

(2) 打开车窗、车门。

(3) 打开发动机舱盖。

(4) 打开所有空调出风口,调节到全开。

(5) 设置空调控制器:

① 外循环位置;

② 强冷;

③ A/C 开;

④ 风机转速最高(HI);

⑤ 若是自动空调应设为手动并将温度设定为最低值。

(6) 将温度计探头放置在空调出风口内 50mm 处。

(7) 启动发动机,将发动机转速控制在 1500～2000r/min,使压力表指针稳定。

(8) 待温度计显示数值趋于稳定后,读取压力表和温度计的显示值,将所测得的高、低侧压力、相对湿度、空调进风温度、出风温度与汽车制造商提供的空调性能参数或图表上的参数比较(图 18-34、图 18-35),如压力表、温度计显示的高、低侧压力和空调出风温度不在规定的范围内,应对制冷装置做进一步的诊断和检修。

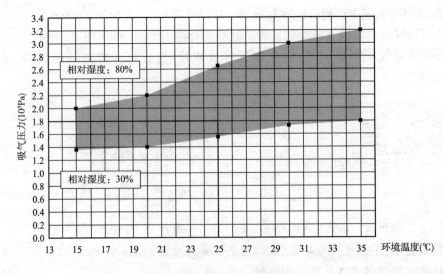

图 18-34 吸气压力与环境温度

项目十八 空调制冷剂的加注与检查

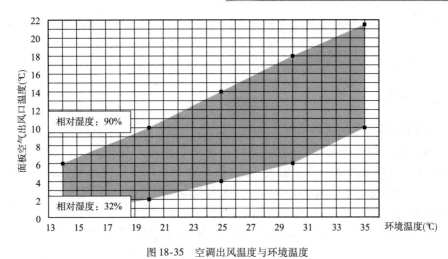

图 18-35 空调出风温度与环境温度

(八)结束工作

作业项目完成后,关闭发动机,正确拆下歧管压力表及制冷剂罐,拆除护裙和驾驶室内防护套,关闭发动机舱盖,清理器材,清洁地面卫生。搞好工位的清洁、整理工作。

三、评价与反馈

(1)对本学习项目进行评价,见表 18-2。

评 分 表　　　　　　　　　　　　表 18-2

考核项目	评分标准	分数	学生自评	小组互评	教师评价	小　计
团队合作	是否协调	5				
活动参与	是否积极主动	5				
安全生产	有无安全隐患	5				
现场5S	是否做到	5				
任务方案	是否正确、合理	10				
操作过程	(1)抽真空及加注冷冻机油; (2)制冷剂的加注; (3)制冷剂量的检查; (4)制冷系统工作压力的检测	20 10 10 10				
任务完成情况	是否圆满完成	5				
工具和设备使用	是否规范、标准	5				
劳动纪律	是否能严格遵守	5				
工单填写	是否完整、规范	5				
总分		100				
教师签名:			年　月　日		得分:	

(2)在实施作业时每一个安全事项都注意到了吗?如没有,找出忽略的地方和原因。

(3)能否向车主解释制冷剂加注多少才算合适？如不能，分析原因并找出答案。

四、学习拓展

(一)如何从高压侧加注制冷剂

前面讲的低压侧加注制冷剂的法，这种方法进行空调系统的是气态制冷剂，速度较慢，还有一种较快的方法就是高压侧充注法，将制冷剂从压缩机高压侧充注到制冷系统，注入的是制冷剂液体，这种充注法适用于首次向制冷系统充注制冷剂。

在停机状态下进行操作，操作步骤如下：

(1)当系统抽完真空之后，关闭歧管压力表组件的高、低压手动阀。

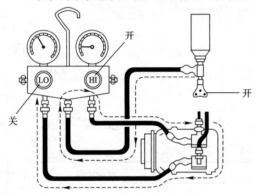

图 18-36　高压侧制冷剂加注

(2)将中间黄色软管的一端与制冷剂注入阀的接头连接起来，如图 18-36 所示，打开制冷剂罐开启阀，再拧开歧管压力表组件黄色软管一端的螺母，直到听到"咝咝"声，排除管路中的空气后再拧紧。

(3)拧开高压手动阀到全开位置，并保持制冷剂罐倒置，以便从高压侧注入液态制冷剂。

(4)从高压侧注入液态制冷剂两罐以上，或按规定的量注入，关闭高压阀开关，停止制冷剂加注，将制冷剂罐正立。

(5)启动发动机，将风机开到最高挡，将温控开关调到最低，观察直到视液镜中的气泡消失或高压表指示 1.37~1.57MPa、低压表指示 0.15~0.25MPa，否则打开低压手动阀，达到规定为止。

(6)达到如上规定后，立即关闭低压阀开关，停止制冷剂加注。

(7)关闭空调开关，关闭鼓风机开关，然后关闭点火开关。

(8)顺时针旋紧注入阀手柄(关闭制冷剂罐阀门)，用抹布将高低压软管从检修阀上拆下，以免眼睛和皮肤溅上制冷剂。拆下中间黄色软管。

◇**特别提示**：从高压侧加注制冷剂时，千万不能启动发动机，而且充注时不能拧开低压手动阀门。

(二)制冷剂的回收、再生、充注

根据中华人民共和国交通行业标准 JT/T 774—2010《汽车空调制冷剂回收、净化、加注工艺规范》，汽车空调制冷制回收作业、制冷剂净化作业和制冷剂加注作业应按图 18-37 所示的工艺流程进行。可根据作业的需要，按作业项目独立操作或连续操作。下面以 AC350C 制冷剂回收、再生、加注为例加以说明。

制冷剂回收操作：对于符合规定的制冷剂，使用制冷剂回收加注机(AC350C)进行回收(图 18-38)。

项目十八 空调制冷剂的加注与检查

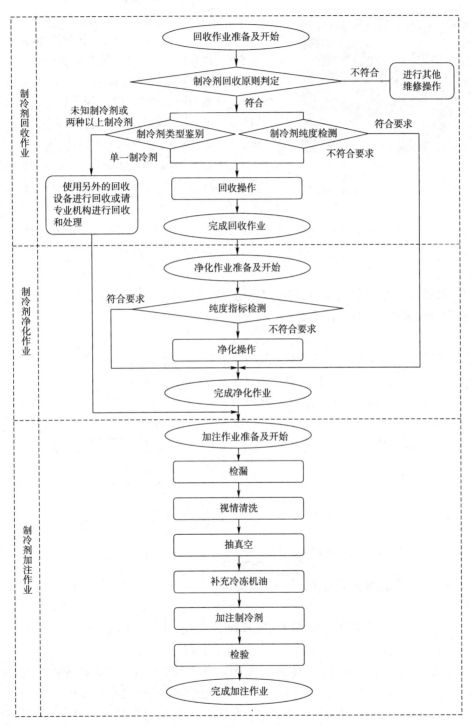

图 18-37 制冷剂回收、净化、加注作业工艺流程

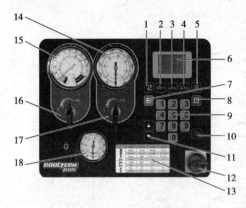

图18-38 AC350C 操作面板

AC350C 控制面板说明：

1-排气：运行排气功能的快捷键；2-回收：回收空调系统的制冷剂；3-抽真空：将空调系统进行抽真空；4-充注：向空调系统充注制冷剂；5-菜单：进入菜单程序的快捷键；6-显示屏：显示操作信息；7-开始/确认：开始/确认程序的进行；8-停止/取消：停止/取消程序的进行；9-键盘：输入数据键；10-数据库*：进入数据库的快捷键；11-上下键：上下选择键；12-电源开关：开机或关机；13-多语言对照表：多种语言表达对照表；14-高压表：显示空调系统高压端压力表；15-低压表：显示空调系统低压端压力表；16-低压阀：控制空调系统低压端与设备的通断；17-高压阀：控制空调系统高压端与设备的通断；18-工作罐压力：显示工作罐的压力的压力表。

1. 开机准备

将 AC350C 的电源插头接在 220V 电源上，转动电源开关，操作界面显示主菜单，包括储罐质量和储罐内部的制冷剂质量。

2. 排气

此步骤是对 AC350C 自身进行排气、清理，应在 30s 内完成。操作方法：

（1）按下"排气"键，设备进行排气，显示屏显示如图 18-39 所示。

（2）2s 完成后显示屏显示如图 18-40 所示。

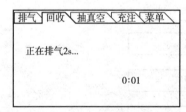 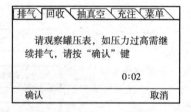

图18-39 排气界面　　　　　图18-40 排气2s后显示

（3）按"确认"键继续排气，按"取消"键退出排气。

3. 回收

此步骤是将车辆空调系统的制冷剂回收到 AC350C 中。操作方法：

（1）将红、蓝色软管上的快速接头连接到汽车空调对应的接口上。

◇**注意**：红色软管连接空调系统的高压接口，蓝色软管连接空调系统的低压接口。

（2）打开控制面板上红、蓝色高低压两个阀门（手柄箭头指向左边为开）。

（3）按"回收"键直到显示屏上如图 18-41 显示，可以通过数字键盘设定所需的回收质量。回收前清理管路 1min。

（4）按"确认"键，压缩机启动，系统将进行清理管路，时间为 1min（在此过程中按"停止/取消"键，系统将退回主界面）。清理管路完成后，开始回收，如图 18-42 显示。

项目十八 空调制冷剂的加注与检查

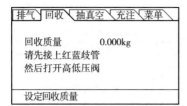

图18-41 按"回收"键显示屏显示

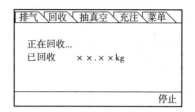

图18-42 开始回收

回收完成后,显示屏如图18-43显示。

(5)按"确认"键,进行排油程序,如图18-44显示;排油完成后,显示屏如图18-45显示。

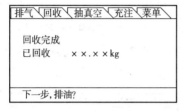

图18-43 回收完成后显示屏

图18-44 按"确认"键进行排油

◇**特别提示**:通过比较空调系统内制冷剂的质量和显示屏上显示的可利用空间质量来确保工作罐有没充足空间;如果回收空间不够,请从工作罐清除一定制冷剂到其他存储罐中。压缩机只能使空调系统达到部分真空。您必须使用设备的真空(排出)循环清除系统中的残余杂质。注意在真空状态下起时使用压缩机会损坏压缩机。

4. 抽真空

回收完空调系统的制冷剂,维修好空调系统后,请参照以下步骤抽真空:

(1)将设备的红、蓝色软管和汽车空调系统的高、低压接口连接。

(2)在控制面板上,打开设备电源开关,打开红、蓝两个阀门。

(3)按"抽真空"键,直到显示屏上出现抽真空状态(图18-46),可以通过数字键盘设定所需的抽真空时间,当光标在"15:00"字符处闪动时,选择数字键,程序将切换到抽真空时间设置界面。

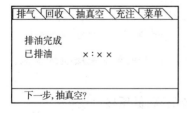

图18-45 排油完成后显示屏

图18-46 按"抽真空"键显示屏

(4)按"确认"键开始抽真空操作。显示屏上原显示的mm:ss值开始记时。抽真空完成后,显示屏如图18-47显示。

◇**小提示**:运行抽真空之前,必须检查压力表。只有在低压小于0kPa时才可进行抽真空操作,否则将会损坏真空泵。如果压力大于0kPa,请先运行回收功能。

(5) 按"确认"键，保压如图 18-48 显示。

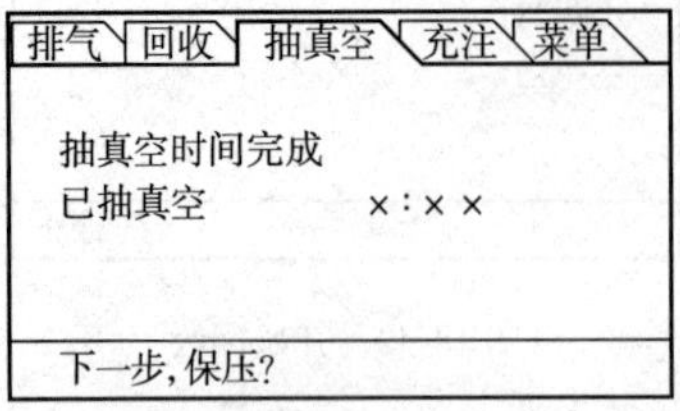

图 18-47　抽真空完成后显示屏 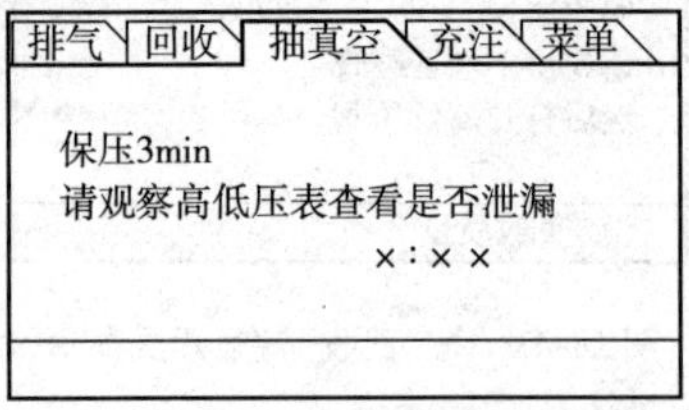　　　　图 18-48　按"确认"保压

(6) 3min 保压完成后，如图 18-49 所示用户观察压力表的变化是否泄漏，如果泄漏，请查明泄漏原因并解决，如不泄漏，用户选择下一步操作。

(7) 保压完成观察压力表不泄漏情况后，按"确认"键，如图 18-50 显示，具体根据当时的情况来定，或者进入数据库进行查询，或者向零部件生产商咨询。进入数据库的具体操作参考操作里的数据库项。当空调零部件更改后需多加注一定量的冷冻油。

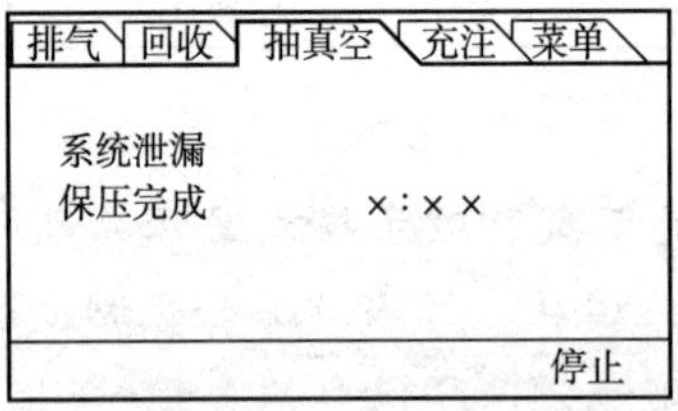

图 18-49　保压完成后泄漏检查 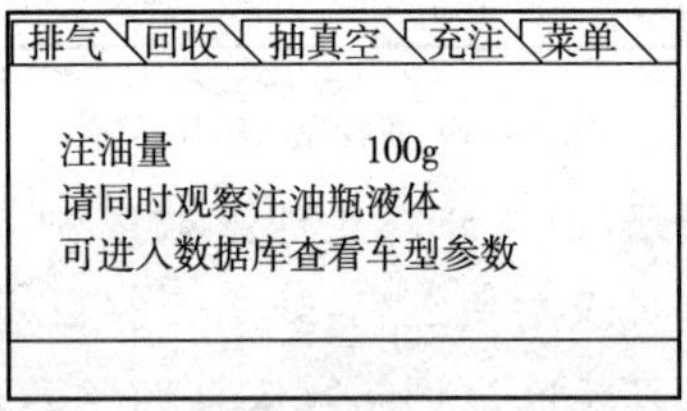　　　　图 18-50　不泄漏后的相关查询

(8) 按"确认"键显示屏如图 18-51 显示。
(9) 按"确认"键显示屏如图 18-52 显示
(10) 按"结束"键退出，或按"确认"键注油继续。

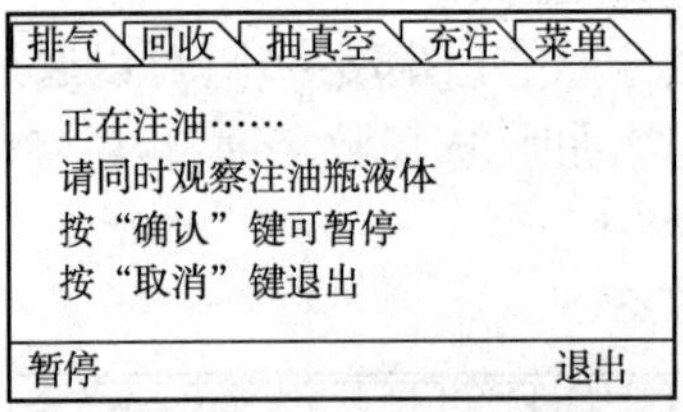

图 18-51　按"确认"键显示屏 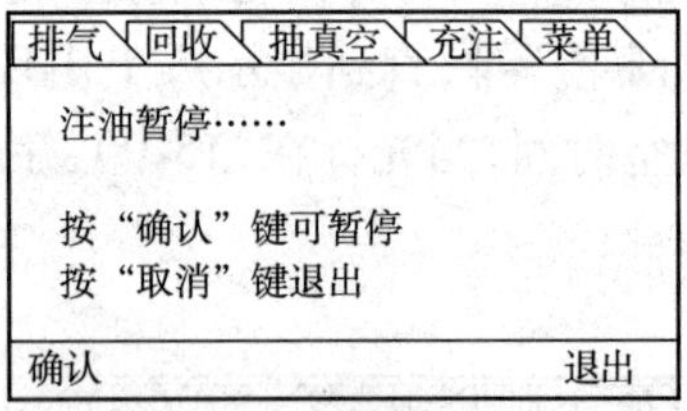　　　　图 18-52　按"确认"键显示屏

◇特别提示：为避免空气进入空调系统，不要去除注油瓶中所有的油液。

5. 充注
(1) 将设备的红、蓝色软管和汽车空调系统的高、低压接口连接。
(2) 把低压阀关闭，进行单管充注。

◇特别提示：为最大限度地提高在充注过程中的性能，请确认在工作中的制冷剂数量至少是所需制冷剂量的 3 倍以上。

(3) 打开控制面板上的电源开关键。按"充注"键，直到显示屏上如图 18-53 显示。
在默认情况下，充注程序可以自动判断工作状态，也可以通过数字键盘设定所需的充注质量。设置新充注质量请参考车辆制造商的详细说明或设备的数据库。

(4)按"确认"键,充注开始。显示屏上如图18-54显示已充注制冷剂的质量。

图18-53 按"充注"显示屏

图18-54 屏幕显示充注制冷剂的重量

6.清理

(1)充注完成后,从车辆上断开高低压快速接头。

(2)打开红、蓝色接头。

(3)根据程序操作进行清理管路流程,如图18-55所示。

(4)程序结束后按"开始/确认"键退出。

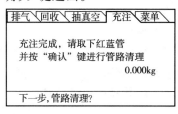
图18-55 进行管路清理

项目十九　空调鼓风机不转的检修

为了使汽车空调系统能正常工作,车内能维持所需要的舒适温度和送风条件,空调系统中有一系列的控制元件和执行元件。鼓风机就是其中一个重要的执行元件,它受控于鼓风机开关,调节出风口的风量满足驾驶员及乘客的需求。

鼓风机运转是否正常直接关系到汽车空调的制冷及通风。因此,应懂得对汽车空调鼓风机的检查及其控制电路分析与检修。

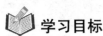
学习目标

完成本项目学习后,你应当能:

1. 知道汽车空调系统鼓风机功用;
2. 知道汽车空调鼓风机控制电路主要部件如何检测;
3. 正确分析汽车空调鼓风机控制电路;
4. 正确掌握汽车空调鼓风机不转故障的检修步骤。

建议学时:12 学时。

一、资料收集

(一) 汽车鼓风机的作用

汽车空调鼓风机一般安装在蒸发器、加热器前面,根据驾驶员及乘客的需求来调节出风口的风量。

(二) 鼓风机控制电路的组成及电路分析(以丰田卡罗拉轿车为例)

如图 19-1 所示,鼓风机控制电路主要包括鼓风机电动机、HTR 继电器、鼓风机开关、鼓风机电阻器等。

当鼓风机开关 E70 位于 LO 挡时,E70 的 4 脚与 5 脚导通,此时蓄电池电压→50A HTR 熔断丝→HTR 继电器动合触点→E64 带风扇的鼓风机电动机→E66 鼓风机电阻器的 1 脚→E66 鼓风机电阻器的 4 脚→E1 搭铁。此时,鼓风机低速运转。

当鼓风机开关 E70 位于 M1 挡时,E70 的 9 脚与 5 脚导通,此时蓄电池电压→50A HTR 熔断丝→HTR 继电器动合触点→E64 带风扇的鼓风机电动机→E66 鼓风机电阻器的 1 脚→E66 鼓风机电阻器的 2 脚→鼓风机开关 E70 的 9 脚→鼓风机开关 E70 的 5 脚→E1 搭铁。此时,鼓风机以中 1 速运转。

当鼓风机开关 E70 位于 M2 挡时,E70 的 10 脚与 5 脚导通,此时蓄电池电压→50A HTR熔断丝→HTR 继电器动合触点→E64 带风扇的鼓风机电动机→E66 鼓风机电阻器的 1 脚→E66 鼓风机电阻器的 3 脚→鼓风机开关 E70 的 10 脚→鼓风机开关 E70 的 5 脚→E1 搭铁。此时,鼓风机以中 2 速运转。

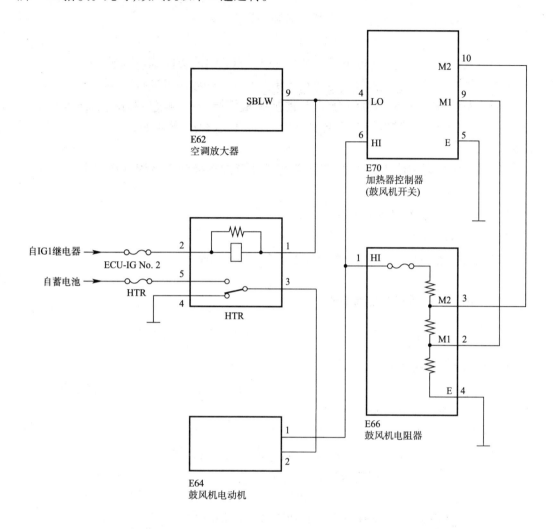

图 19-1　丰田卡罗拉鼓风机控制电路

当鼓风机开关 E70 位于 HI 挡时,E70 的 6 脚与 5 脚导通,此时蓄电池电压→50A HTR 熔断丝→HTR 继电器动合触点→E64 带风扇的鼓风机电动机→鼓风机开关 E70R 的 6 脚→鼓风机开关 E70 的 5 脚→E1 搭铁。此时,鼓风机高速运转。

(三)鼓风机不转故障原因

(1)相关熔断丝烧断。

(2)HTR 继电器故障。

(3)鼓风机开关故障。

(4)鼓风机附加电阻故障。

(5)线路断路。

(6)鼓风机故障。

二、实训操作

(一)技术标准与要求(以丰田卡罗拉 ZRE151 轿车为例)

(1)鼓风机的电阻为 145.8~155.8Ω。

(2)拆仪表板时一定要先断开蓄电池 2min 后方可工作,以防 SRS 爆破。

(3)拔插熔断丝及继电器等一定要在关闭点火开关的状态下进行。

(4)本车装备有 SRS(辅助安全气囊、前排乘客安全气囊、侧气囊和窗帘式安全气囊)。若不按正确顺序执行维修操作,会导致 SRS 在维修过程中意外展开,并可能引起严重事故。

(5)在检测过程中使用蓄电池时,不要将检测仪的正极和负极探针离得太近,以免发生短路。

(二)工具、设备和材料的准备

(1)汽车专用万用表。

(2)磁力护裙、转向盘护套、变速杆手柄套、脚垫和座椅套。

(3)举升机。

(4)丰田卡罗拉轿车及维修手册。

(5)试电笔。

(6)常用工具及抹布。

(三)查询并填写信息

生产年份_____,车牌号码_____,行驶里程_____,发动机型号及排量_____,车辆识别代号(VIN)_____。

(四)作业前的准备

(1)汽车进入工位前,将工位清理干净,准备好相关的器材。

(2)将汽车停驻在举升机中央位置。

(3)拉紧驻车制动器操纵杆,并将变速杆置于空挡或驻车挡(P 位)位置。

(4)套上转向盘护套、变速杆手柄套和座椅套,铺设脚垫。

(5)在车内拉动发动机舱盖手柄,在车外打开并支撑发动机舱盖。

(6)粘贴翼子板和前磁力护裙。

(五)鼓风机不转故障检查

(1)检查熔断丝(HTR,ECU‐IG NO.2)。

①将 HTR 熔断丝从发动机舱继电器盒和接线盒上拆下,如图 19-2 所示。

②将 ECU‐IG NO.2 熔断丝从仪表板接线盒上拆下,如图 19-3 所示。

③测其电阻应始终小于 1Ω,否则更换。

(2)检查继电器(HTR)。

①将 HTR 继电器从仪表板接线盒上拆下,图 19-4 所示。

②根据表 19-1 中的值测量 HTR 继电器电阻,如结果不符合规定,则需更换 HTR 继电器。

项目十九　空调鼓风机不转的检修

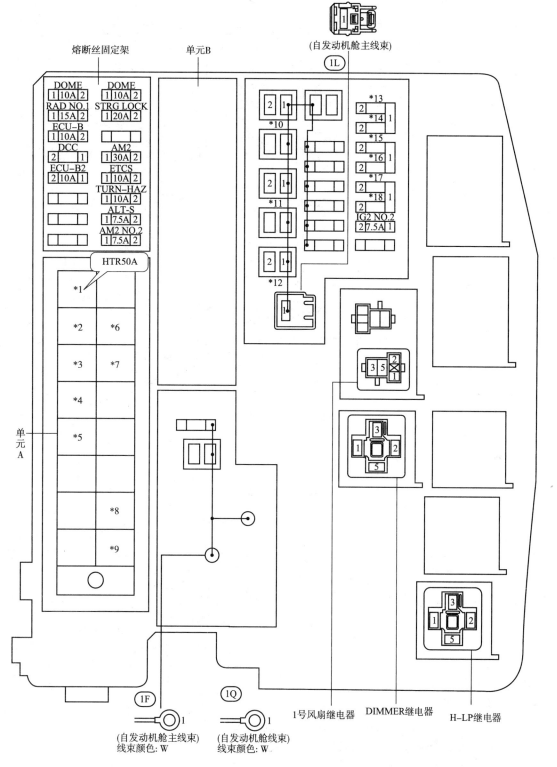

图 19-2　HTR 熔断丝位置

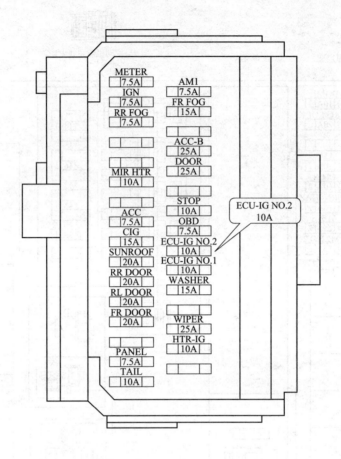

图 19-3 ECU-IG NO.2 熔断丝位置

HTR 继电器电阻　　　　　　　　　　　　　　　表 19-1

检测仪连接	规定状态
3—4	小于 1Ω
3—4	10kΩ 或更大（在端子 1 和 2 间施加蓄电池电压时）
3—5	10kΩ 或更大
3—5	小于 1Ω（在端子 1 和 2 间施加蓄电池电压时）

(3) 检查鼓风机电动机。

① 脱开 3 个卡爪。

② 如图 19-5 所示，脱开导销，并拆下仪表板 2 号底罩分总成。

③ 拆下快速加热器插接器螺钉。

④ 断开插接器。

⑤ 如图 19-6 所示，拆下 4 个螺钉和鼓风机电动机分总成。

项目十九 空调鼓风机不转的检修

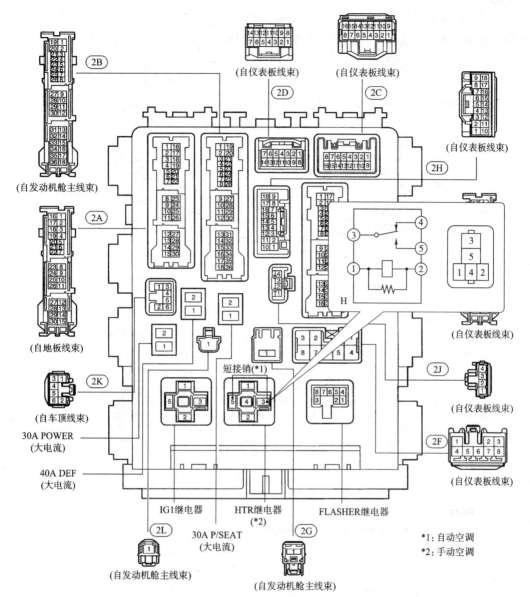

图 19-4 HTR 继电器位置

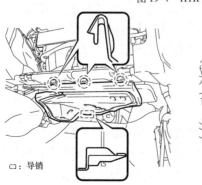

图 19-5 拆仪表板 2 号底罩分总成

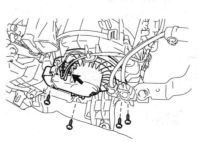

图 19-6 拆下鼓风机电动机分总成

⑥如图19-7所示,将蓄电池的正极(+)引线与端子2相连,负极(-)引线与端子1相连,检查并确认电动机工作。鼓风机电动机应运转平稳,否则更换鼓风机。

(4)检查鼓风机电阻器。

①断开插接器。

②如图19-8所示,拆下2个螺钉和鼓风机电阻器。

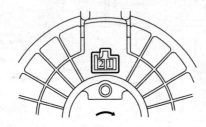

图19-7 鼓风机接线端子

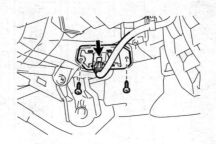

图19-8 拆下鼓风机电阻器

③如图19-9所示,将插接器从鼓风机电阻器上断开。

④根据表19-2中的值测量鼓风机电阻器电阻。如不符合要求则需更换鼓风机电阻器。

图19-9 鼓风机电阻器接线端子

表19-2 鼓风机电阻值

检测仪连接	条件	规定状态
1(HI)—4(E)	始终	3.12~3.60Ω
3(M2)—4(E)	始终	2.60~3.00Ω
2(M1)—4(E)	始终	1.67~1.93Ω

(5)检查加热器控制器(鼓风机开关)。

①从蓄电池负极端子断开电缆,断开电缆后等待90s,以防止气囊展开。

◇特别提示:断开蓄电池电缆后重新连接时,某些系统需要初始化。

②如图19-10所示,脱开3个卡爪和卡子,并拆下仪表板左下装饰板。

③用相同方法拆下仪表板右下装饰板。

④在图19-11所示位置粘贴保护性胶带,插入车顶防护条拆卸工具并向卡子滑动拆卸工具。

⑤如图19-12所示,用双手拉动拆卸工具以将卡子脱开。

⑥如图19-13所示,脱开2个卡爪和卡子,拆下仪表板左端装饰板。采用同样的方法拆下右端装饰板。

⑦如图19-14所示,脱开2个卡爪、4个卡子和2个导销。断开插接器,拆下中央仪表板调风器总成。

⑧拆下带支架的收音机。

图19-10 拆下仪表板左下装饰板

项目十九　空调鼓风机不转的检修

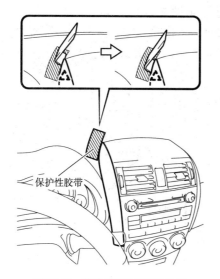

图 19-11　粘贴保护性胶带的位置

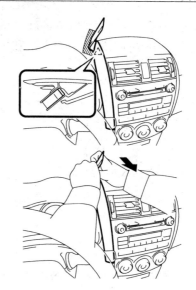

图 19-12　脱开卡子的方法

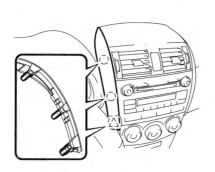

图 19-13　拆下仪表板左端装饰板

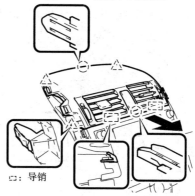

图 19-14　拆下中央仪表板调风器总成

a. 如图 19-15 所示，拆下 4 个螺栓。

b. 如图 19-16 所示，将带支架的收音机向车后方向拉，脱开 4 个卡子，断开各个插接器并拆下带支架的收音机。

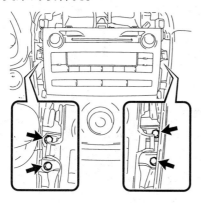

图 19-15　拆下收音机支架的四个螺栓

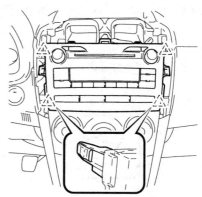

图 19-16　拆下带支架的收音机

⑨如图19-17所示,逆时针方向转动变速杆手柄并拆下变速杆手柄分总成。
⑩如图19-18所示,脱开2个卡爪和2个卡子,并拆下中央仪表组装饰板总成。

图19-17 拆下变速杆手柄分总成

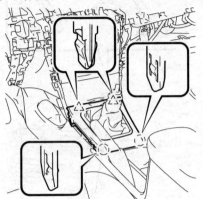
图19-18 拆下中央仪表组装饰板总成

⑪如图19-19所示,拆下2个螺钉,脱开2个卡爪,断开插接器,拆下仪表盒总成。
⑫如图19-20所示,脱开4个卡爪,断开每个插接器,拆下仪表板孔盖。

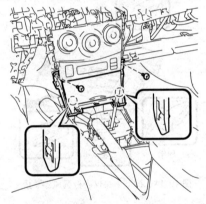
图19-19 拆下仪表盒总成

图19-20 拆下仪表板孔盖

⑬如图19-21所示,脱开4个卡子并拆下空调面板总成,断开各插接器。
⑭如图19-22所示,脱开2个卡爪和2号加热器控制拉索分总成。

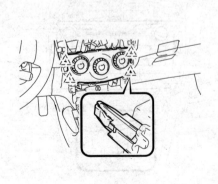
图19-21 拆下空调面板总成

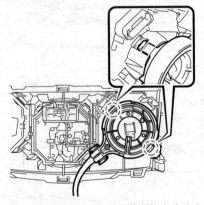
图19-22 脱开2号加热器控制拉索分总成

⑮如图19-23所示,脱开2个卡爪和空气混合风门控制拉索分总成。

⑯如图19-24所示,脱开2个卡爪,拆下加热器控制分总成。

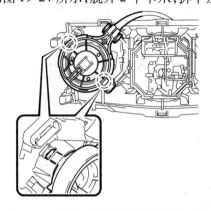 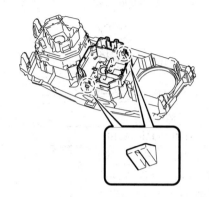

图19-23 脱开空气混合风门控制拉索分总成　　图19-24 拆下加热器控制分总成

⑰将插接器从加热器控制器上断开(鼓风机开关),测量各端子间的电阻值,如不符合表19-3要求则更换加热器控制器(鼓风机开关)。

鼓风机开关端子及相互间电阻值　　表19-3

没有线束连接的零部件: (加热器控制器(鼓风机开关))	检测仪连接(符号)	开关状态	规定状态
	4(LO),9(M1),10(M2)—5(E)	鼓风机开关:OFF	10kΩ 或更大
	4(LO)—5(E)	鼓风机开关:LO	小于1Ω
	4(LO),9(M1)—5(E)	鼓风机开关:M1	小于1Ω
	4(LO),10(M2)—5(E)	鼓风机开关:M2	小于1Ω
	4(LO),6(HI)—5(E)	鼓风机开关:HI	小于1Ω

(6)如图19-25所示,用万用表检测空调放大器插头 E62-9(SBLW)与车身搭铁之间的电压,当点火开关置于ON(IG)位时电压为11～14V,当点火开关置于OFF位置时低于1V为正常,否则维修或更换线束或插接器。

(7)如图19-26所示,用万用表检测空调鼓风机开关插头 E70-4(LO)与车身搭铁之间的电压,当点火开关置于ON(IG)位时电压为11～14V,当点火开关置于OFF位置时低于1V为正常,否则维修或更换线束或插接器。

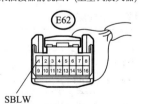 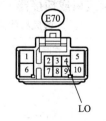

图19-25 空调放大器线束插头　　图19-26 鼓风机开关线束插头

(8)用万用表检查线束与插接器[鼓风机电阻器、加热器控制器(鼓风机开关)],应满足表19-4,否则维修或更换线束或插接器。

鼓风机电阻器与开关线束插头 表 19-4

线束插接器前视图：(至鼓风机电阻器)	线束插接器前视图：(至加热器控制器(鼓风机开关))
E66 HI M1 M2 E	E70 E HI M1 M2

检测仪连接	条件	规定状态
E66-1(HI)—E70-6(HI)	始终	小于1Ω
E66-3(M2)—E70-10(M2)	始终	小于1Ω
E66-2(M1)—E70-9(M1)	始终	小于1Ω
E66-4(E)—车身搭铁	始终	小于1Ω
E70-5(E)—车身搭铁	始终	小于1Ω
E66-1(HI)—车身搭铁	始终	10kΩ 或更大
E66-3(M2)—车身搭铁	始终	10kΩ 或更大
E66-2(M1)—车身搭铁	始终	10kΩ 或更大

(9)用万用表检查线束与插接器(鼓风机电动机、鼓风机电阻器、加热器控制器)，应满足表19-5要求，否则维修或更换线束或插接器。

鼓风机电动机、电阻器、加热器控制器线束端子及相关端子电阻 表 19-5

线束插接器前视图：(至鼓风机电动机)	线束插接器前视图：(至鼓风机电阻器)	线束插接器前视图：(至加热器控制器(鼓风机开关))
E64	E66 HI	E70 HI

检测仪连接	条件	规定状态
E64-1—E66-1(HI)	始终	小于1Ω
E64-1—E70-6(HI)	始终	小于1Ω
E66-1—车身搭铁	始终	10kΩ 或更大

(10)用万用表检查线束与插接器(鼓风机电动机、蓄电池、车身搭铁)，应满足表19-6要求，否则维修或更换线束或插接器。

鼓风机线束插头及相关端子检测值 表 19-6

线束插接器前视图：(至鼓风机电动机)	检测仪连接	条 件	规定状态
E64	E64-2—车身搭铁	点火开关置于 ON (IG) 位置 鼓风机开关:OFF	低于1V
		点火开关置于 ON (IG) 位置 鼓风机开关:ON	11~14V
		点火开关置于 OFF 位置 鼓风机开关:OFF	小于1Ω

项目十九 空调鼓风机不转的检修

(11)故障原因查到并排除后,按照拆卸的相反过程安装各部件。
(12)结束工作。
作业项目完成后,拆除护裙和驾驶室内防护套,关闭发动机舱盖,清理器材,清洁地面卫生。搞好工位的清洁、整理工作。

三、评价与反馈

对本学习项目进行评价,见表19-7所示。

评 分 表　　　　　　　　　　　　　　　　　　表19-7

考核项目	评分标准	分数	学生自评	小组互评	教师评价	小　计
团队合作	是否协调	5				
活动参与	是否积极主动	5				
安全生产	有无安全隐患	5				
现场5S	是否做到	5				
任务方案	是否正确、合理	10				
操作过程	(1)鼓风机不转故障排除; (2)各相关零部件的拆装	30 20				
任务完成情况	是否圆满完成	5				
工具和设备使用	是否规范、标准	5				
劳动纪律	是否能严格遵守	5				
工单填写	是否完整、规范	5				
总分		100				
教师签名:			年　月　日		得分:	

四、学习拓展

一汽丰田威弛鼓风机电路故障诊断与排除

1.鼓风机电路分析

如图19-27所示,一汽丰田威弛鼓风机工作的前提是点火开关18(1—2)闭合,鼓风机开关有5个位置,当在OFF位置时,电路不通;只要不在OFF位置,即接通暖风继电器而给鼓风机供电,此时形成暖风继电器线圈回路(蓄电池正极→熔断丝F10→熔断丝AM1→点火开关18(1—2)→熔断丝GAUGE→暖风继电器线圈→鼓风机开关B5→右侧减振块处搭铁),使暖风继电器触点(5—3)闭合,当鼓风机开关处在其余4个位置时,将以不同的转速运转,其相应回路如下。

(1)当鼓风机开关处在LO位置时,以低速运转。

蓄电池正极→熔断丝F10→熔断丝AM1→熔断丝HTR→暖风继电器触点(5—3)→鼓

风机电动机 B3→鼓风机电阻器 B4 所有电阻→右侧减振块处搭铁。

（2）当鼓风机开关处在 M1 位置时,以次低速运转。

蓄电池正极→熔断丝 F10→熔断丝 AM1→熔断丝 HTR→暖风继电器触点(5—3)→鼓风机电阻器 B4 前两个电阻→鼓风机开关 B5(7—1)→右侧减振块处搭铁。

（3）当鼓风机开关处在 M2 位置时,以次低速运转。

蓄电池正极→熔断丝 F10→熔断丝 AM1→熔断丝 HTR→暖风继电器触点(5—3)→鼓风机电阻器 B4 前一个电阻→鼓风机开关 B5(7—1)→右侧减振块处搭铁。

（4）当鼓风机开关处在 H1 位置时,以高速运转。

蓄电池正极→熔断丝 F10→熔断丝 AM1→熔断丝 HTR→暖风继电器触点(5—3)→阻→鼓风机开关 B5(10—1)→右侧减振块处搭铁。

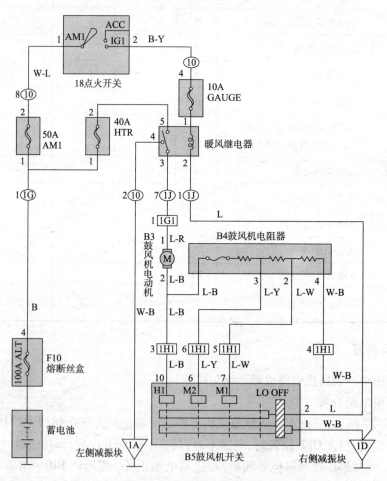

图 19-27　一汽丰田威驰鼓风机电路

2. 鼓风机不转故障故障诊断与排除

（1）打开发动机舱内的接线盒,检查熔断丝 GAUGE、熔断丝 HTR 是否熔断。

（2）打开仪表台接线盒,拆下暖风继电器,检查继电器的导通性,应满足表 19-8 要求,否则更换继电器。

项目十九　空调鼓风机不转的检修

检查暖风继电器　　　　　　　　　　　　　　　　　　　表19-8

情况	测试器连接	规范情况
恒定	1—2	导通
恒定	1—2	导通
在端子1、2之间施加蓄电池电压	3—5	导通

（3）拆下空调控制面板，用万用表检测鼓风机开关B5，应满足表19-9要求，否则更换鼓风机开关。检测鼓风机电阻器B4，应满足表19-10要求，否则更换鼓风机电阻器。

检查鼓风机开关　　　　　　　　　　　　　　　　　　　表19-9

情况	测试器连接	规范情况
OFF	—	不导通
LO	1—2	导通
M1	1—2—7	导通
M2	1—2—6	导通
HI	1—2—10	导通

检查鼓风机电阻器　　　　　　　　　　　　　　　　　　表19-10

测试器连接	规范情况
1—2	0.363~0.417Ω
2—3	1.386~1.594Ω
1—4	2.595~2.985Ω

（4）如图19-28所示，拆下鼓风机，连接蓄电池的正极引线到端子2，负极引线到端子1，鼓风机应工作平顺，否则更换鼓风机。

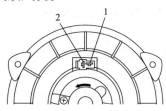

图19-28　检查鼓风机电动机

305

项目二十　空调压缩机的更换

汽车空调压缩机及电磁离合器是汽车空调系统的重要组成部件。若空调压缩机出现电磁离合器从动盘打滑、电磁线圈烧坏、排气阀破裂、压缩机卡死、泄漏、异响等故障,将导致汽车空调不制冷或工作不良。如有上述故障发生,应当及时拆装并检修电磁离合器或者更换压缩机。

 学习目标

完成本项目学习后,你应当能:
1. 知道汽车空调压缩机功用、分类、原理及结构组成;
2. 对空调压缩机皮带正确的拆卸与安装;
3. 进行空调压缩机的正确拆卸与安装;
4. 进行电磁离合器的正确拆卸、安装与检修。

 建议学时:6 学时。

一、资料收集

(一)空调压缩机的作用

如图 20-1 所示,汽车空调压缩机是汽车制冷系统的主要部件之一,安装在蒸发器与冷凝器之间,由曲轴皮带带动,将从蒸发器出来的低温、低压的气态制冷剂通过压缩转变为高温、高压的气态制冷剂,并将其送入冷凝器。压缩机是推动制冷剂在制冷系统中不断循环的动力源,起着输送制冷剂、保证制冷系统正常工作的作用。

(二)空调压缩机的类型

目前在汽车空调系统中所采用的压缩机有多种类型,有摇板式压缩机、斜盘式压缩机、叶片式压缩机、涡旋式压缩机、曲轴连杆式压缩机、变排量压缩机、三角转子式压缩机等。目前大多数轿车采用的是摇板式和斜盘式压缩机,下面就以摇板式压缩机为例讲解压缩机的结构及工作原理。

(三)摇板式压缩机结构组成

摇板式压缩机是往复式单向活塞结构(图 20-2),又称单向斜盘式压缩机,摇板式压缩机是将五个(或七个)气缸均匀分布在压缩机缸体内。摇板(又称行星盘)上均匀安装有五个或七个球窝,每个球窝连接座里的连杆都与一个活塞相连。主轴穿过摇板支撑在缸体两端的径向轴承上。主轴上用销子固定一个传动板(又称斜盘),摇板(行星盘)紧靠着传动板的斜面(由弹簧压紧,压紧力可由调节螺钉调节),中间有平面轴承隔开,靠防旋齿轮或导向销限制摇板,使之不能作圆周方向的位移,只能靠传动板的推动作轴向往复摆动(当主轴转动时),从而带动活塞作轴向往复运动,吸入低压的制冷剂气体再压缩并排出高压制冷剂气体。

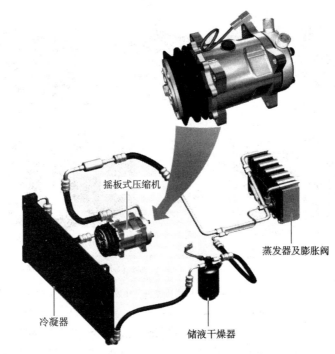

图 20-1　压缩机的安装位置

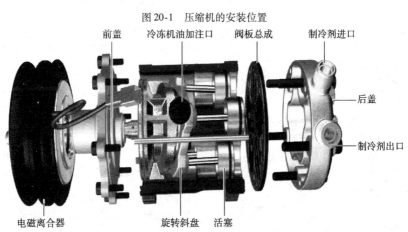

图 20-2　摇板式压缩机结构组成

(四)摇板式压缩机工作原理。

汽车空调压缩机一般都是开式容积式结构,除部分由辅助发动机直接带动外,大多靠电磁离合器由发动机通过皮带带动。

如图 20-3 所示,摇板式压缩机工作时,电磁联合器带动主轴转动,驱动摇板作圆周翘动,当摇板角度改变时,通过连杆使活塞在缸内作往复运动。

(1)低压吸气:缸内容积由小变大,缸内压力变小,真空度增大,使压缩机进口处的制冷剂处在低压状态,制冷剂被吸入缸内。

(2)压缩排气：缸内容积由大变小，缸内压力变大，低温低压的制冷剂被压缩成高温高压后排出缸外，为制冷剂在冷凝器放热提供必要的条件。

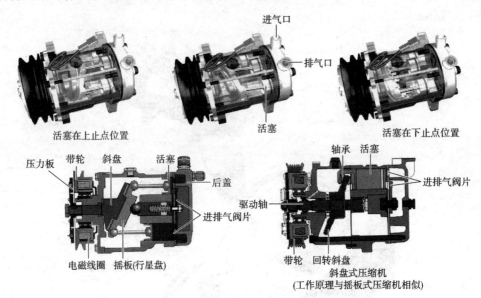

图 20-3　摇板式压缩机工作原理

（五）变排量压缩机结构组成

由于变排量压缩机工作时是由控制阀控制排量的改变，没有固定排量压缩机频繁切断离合器现象，所以对汽车发动机没有冲击，发动机可以平稳地工作，改善了发动机工作条件。同时能够节省燃油等诸多的优越性能，变排量压缩机必将成为汽车空调的首选压缩机。如丰田卡罗拉轿车采用的就是连续可变排量型压缩机，它的排量可以根据空调的制冷负荷进行调节。该压缩机结构如图20-4所示，由轴、接线板、活塞、滑蹄、曲柄室、气缸和电磁控制阀组成。电磁控制阀调整吸气压力以使吸气压力可以根据需要进行调节。使用塑料DL（风门限制器）类型的空调带轮。使用旋转阀将制冷剂气体吸入气缸。

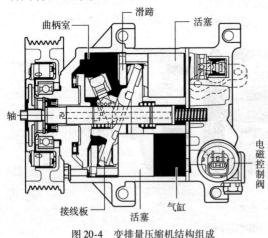

图 20-4　变排量压缩机结构组成

（六）变排量压缩机工作原理

该变排量压缩机曲柄室与吸气通道相连（图20-5）。电磁控制阀安装在吸气通道（低压）和排放通道（高压）之间。根据空调放大器的信号，电磁控制阀以占空比控制的方式进行工作。

如图20-6所示，电磁控制阀闭合的时候（电磁线圈通电），会产生一个压差，曲柄室内的压力降低。然后，作用在活塞右侧的压力将高于作用在活塞左侧的压力。这样就会压缩弹簧并倾斜接线板。因此，活塞行程增加且排量增加。

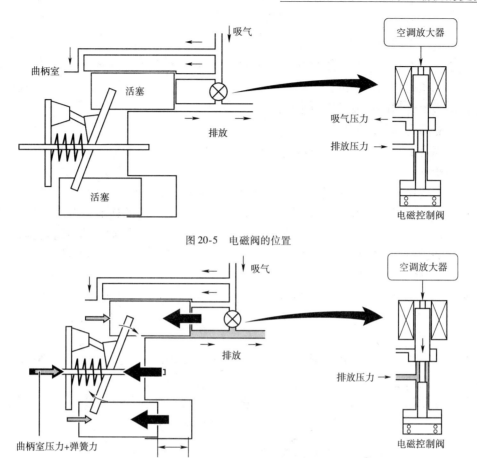

图 20-5 电磁阀的位置

图 20-6 增量控制

如图 20-7 所示,电磁控制阀打开(电磁线圈不通电)时,压差消失。然后,作用在活塞左侧的压力将变得与作用在活塞右侧的压力相同。因此,弹簧伸长且消除接线板的倾斜。从而,活塞有小的行程且排量减少。

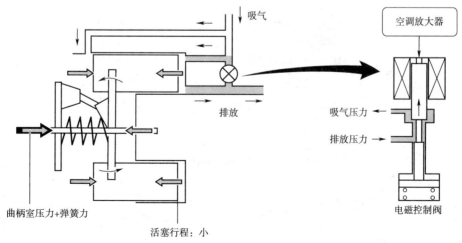

图 20-7 减量控制

(七) 电磁离合器

1. 电磁离合器的作用

电磁离合器是用来断开或者接通压缩机动力的装置。除大型独立式空调机组外，一般汽车空调压缩机都是通过其前端的皮带盘与发动机曲轴带轮进行连接的，压缩机的停、开是由电磁离合器的释放或吸合决定的。

2. 电磁离合器的结构

电磁离合器主要由前板、皮带盘（转子）及电磁线圈组成。如图20-8a）所示。

1）前板

前板主要由吸铁（离合器从动盘）、复位弹簧、轴套（带键槽）、平衡板等元件组成。电磁离合器是通过吸铁与电磁线圈共同来工作的，根据电磁线圈的通电与否产生吸合、释放两种状态。电磁线圈有电流通过、产生电磁力，吸铁与皮带盘吸合时，压缩机主轴与皮带盘一起转动，获得发动机的动力；电磁线圈没有电流通过时，电磁力消失，吸铁与皮带盘断开，压缩机主轴断开了动力。

复位弹簧有两类，一类是橡胶件，另一类是片簧，它们的作用是当电磁线圈不通电、电磁力消失时，让吸铁与皮带盘迅速分开，以免两个贴合平面因分离不及时造成摩擦烧坏。

轴套上有键槽与压缩机主轴相连，轴套铆合在平衡板上，又与吸铁通过铆钉连接成一体。

平衡板用以平衡压缩机内部产生的不平衡力，同时也作为复位弹簧的一个支撑点。

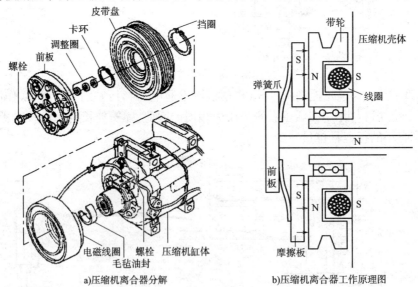

a) 压缩机离合器分解　　b) 压缩机离合器工作原理图

图20-8　压缩机离合器分解及工作原理图

2）皮带盘组件

皮带盘组件由带轮和轴承组成。皮带盘上有一侧平面是与吸铁相吸合的，冲有许多供磁力线通过的长槽，皮带盘内圈装有平面轴承，皮带盘有冲压件及铸件两种，皮带槽有单槽、双槽及齿形皮带槽三种。

3)电磁线圈

电磁线圈由线圈外壳、线圈及接线组成。

3. 电磁离合器的工作原理

电磁离合器的工作原理是当电流通过电磁线圈时,产生较强的磁场,使压缩机的电磁离合器从动盘和自由转动的带轮吸合,从而驱动压缩机主轴旋转。当把电流切断,磁场就消失,靠弹簧作用把从动盘和带轮分开,压缩机便停止工作。图20-8b)所示表示离合器的工作原理,图中左侧的电磁离合器从动盘与压缩机主轴是通过花键连接的,从动盘上固定了几个弹簧爪6,弹簧的另一端固定在摩擦板4上,线圈3固定在压缩机壳体2上,带轮1装在轴承上,自由转动。当电流接通时,摩擦板和带轮变为一体,压缩机就运转。当电流切断时,弹簧使摩擦盘和带轮分开,压缩机就不运转。

二、实训操作

(一)技术标准与要求(以卡罗拉1.6GL自动型轿车为例)

(1)正确合理地使用拆装工具。

(2)运用正确的拆装方法与步骤。

(3)拆下压缩机上的空调管后用聚氯乙烯绝缘带密封断开部件的开口处,防止湿气和异物进入。

(4)拆卸的零件清洗干净并用空气吹干以便检测和发现缺陷。一般用煤油、汽油或清洗剂来清洗有油和油垢的零件,使用时,应特别留意防火,并切忌用汽油、煤油清洗橡胶类零件,以防变形。常用砂布来磨掉零部件表面的硬垢、锈迹,使零件露出金属本色。

(5)拆卸的零件按顺序整齐摆放。

(6)拆卸过程中只允许用橡胶锤或木锤敲振零件凸缘,严禁用硬物敲击,以防零件变形或破损。

(7)装配过程中保持环境与零件的清洁,防止异物进入压缩机内部。

(8)装配时,在需要润滑的零件上涂抹干净的冷冻油。

(9)装配过程中严禁采用敲击方式,以防零件变形或损伤。

(10)装配好的压缩机应能灵活转动,无卡滞现象。

(11)皮带张紧力度要求:新皮带为637~735N;用过的皮带为392~588N。

(二)工具、设备和材料的准备

(1)举升机。

(2)卡罗拉1.6GL自动型轿车及维修手册。

(3)磁力护裙、转向盘护套、变速杆手柄套、脚垫和座椅套。

(4)真空泵,如图20-9所示。

(5)歧管压力表,如图20-10所示。

(6)制冷剂注入阀,如图20-11所示。

(7)R134a制冷剂。

(8)防护眼镜和手套,如图20-12所示。

(9)检漏仪,如图20-13所示。

图 20-9　真空泵

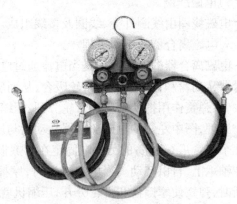

图 20-10　歧管压力表

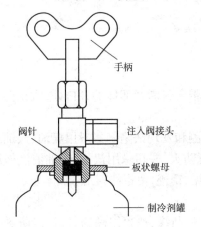

图 20-11　制冷剂注入阀

图 20-12　防护眼镜

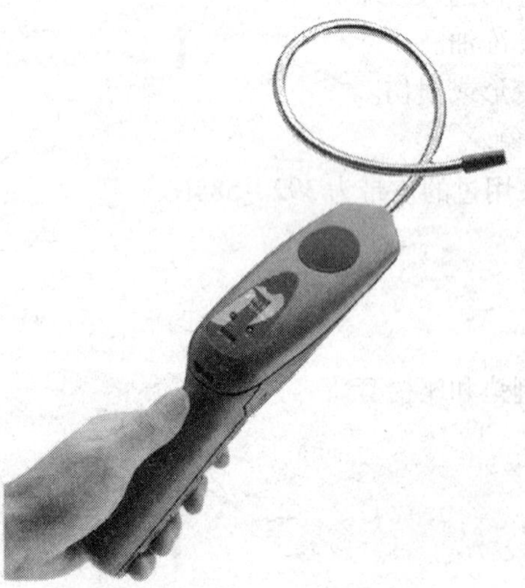

（10）常用工具及抹布。

（三）查询并填写信息

生产年份＿＿＿＿＿，车牌号码＿＿＿＿＿，行驶里程＿＿＿＿＿，发动机型号及排量＿＿＿＿＿，车辆识别代号（VIN）＿＿＿＿＿。

（四）作业前的准备（以丰田卡罗拉1.6GL自动型轿车为例）

（1）汽车进入工位前，将工位清理干净，准备好相关的器材。

（2）将汽车停驻在举升机中央位置。

（3）拉紧驻车制动器操纵杆，并将变速杆置于空挡或驻车挡（P位）位置。

（4）套上转向盘护套、变速杆手柄套和座椅套，铺设脚垫。

图 20-13　检漏仪

（5）在车内拉动发动机舱盖手柄，在车外打开并支撑发动机舱盖。

项目二十　空调压缩机的更换

(6)粘贴翼子板和前磁力护裙。

(五)空调压缩机的拆卸与安装

(1)如图20-14所示,拆下6个卡子和散热器上空气导流板。

(2)回收制冷系统中的制冷剂。

①启动发动机。

②打开空调开关。

③发动机以大约1000 r/min 转速运行5~6min,使制冷剂循环。这使得空调系统不同部件中的压缩机机油大部分都被收集到空调压缩机中。

④关闭发动机。

⑤使用制冷剂回收装置从空调系统中回收制冷剂。

(3)拆卸发动机后部右侧底罩。

(4)拆卸多楔带,如图20-15所示。

①松开螺栓A和B。

②松开螺栓C,然后拆下多楔带。

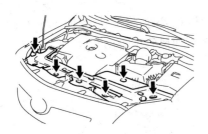　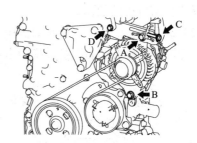

图20-14　拆卸散热器上导空气导流板　　图20-15　拆卸多楔带

◇特别提示:不要松开螺栓D。

(5)断开吸入软管分总成,如图20-16所示。

①拆下螺栓并将吸入软管分总成从压缩机和带轮上断开。

②将O形圈从冷却器1号制冷剂吸入软管上拆下。

(6)断开排放软管分总成。

①拆下螺栓并将排放软管分总成从压缩机和带轮上断开,如图20-17所示。

②从排放软管分总成上拆下O形圈。

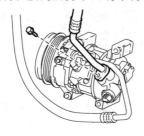　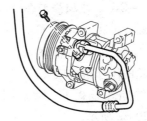

图20-16　断开吸入软管分总成　　图20-17　断开排放软管分总成

◇特别提示:用聚氯乙烯绝缘带密封断开部件的开口处,防止湿气和异物进入。

(7)拆卸带带轮的压缩机总成,如图20-18所示。

①断开插接器。

②拆下2个螺栓和2个螺母。

③使用"TORX"套筒扳手(E8)拆下2个双头螺柱和带带轮的压缩机总成,如图20-19所示。

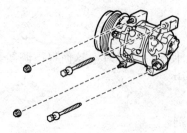 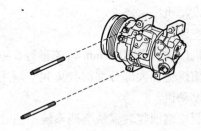

图20-18　拆下2个螺栓和2个螺母　　图20-19　拆下2个双头螺柱和带带轮的压缩机总成

(8) 如图20-20所示,用万用表检查压缩机电磁阀的电阻应为10~11Ω,如果电阻不符合规定,则更换压缩机和带轮。

(9) 调节压缩机机油油位。

如图20-21所示,在更换新的冷却器压缩机总成时,将惰性气体(氦)从维修阀中逐渐排出,并在安装前将剩余机油沿箭头指示方向从通风管中排出。

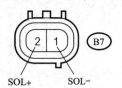 

图20-20　电磁离合器连接插头　　图20-21　调节压缩机机油油位

◇**特别提示**:①放油螺塞和垫圈能重复使用。

②如果安装新的压缩机时没有排出残留在车辆管路中的一些机油,油量将会过量。这会妨碍制冷剂循环的热交换,导致制冷系统失效。

③如果拆下的压缩机中残余的油量过少,检查是否漏油。

④确保使用 ND-OIL 8 或同等产品作为压缩机机油。

⑤标准:(新压缩机的机油容量:$90cm^3 + 15cm^3$) - (拆下的压缩机中的残余机油量) = (更换时需要从新压缩机中排出的机油量)

(10) 安装带带轮的压缩机总成。

①使用"TORX"梅花套筒扳手(E8),用2个双头螺柱安装带带轮的压缩机总成。力矩:9.8N·m,如图20-22所示。

②用2个螺栓和2个螺母安装带带轮的压缩机总成。按图20-23所示顺序拧紧螺栓和螺母,力矩:25N·m。

③连接插接器。

项目二十 空调压缩机的更换

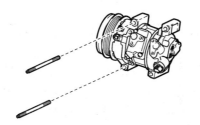
图 20-22 安装带带轮的压缩机总成

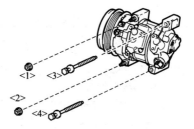
图 20-23 拧紧螺栓和螺母

（11）按拆卸相反的顺序连接排放、吸入软管分总成。
①将缠绕的聚氯乙烯绝缘带从软管上拆下。
②在新O形圈以及带带轮的压缩机总成的装配面上充分涂抹压缩机机油。
③将O形圈安装到排放、吸入软管分总成上。
④用螺栓将排放软管分总成安装到带带轮的压缩机总成上，力矩：9.8N·m。
（12）安装多楔带。
（13）调整多楔带，如图20-24所示。
①转动螺栓C，以调节多楔带的张紧力。
②紧固螺栓A和B。螺栓A力矩：19N·m；螺栓B力矩：43N·m。

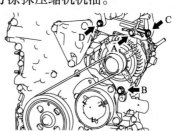
图 20-24 调整多楔带

◆**特别提示**：确认螺栓D没有松动。

（14）安装发动机后部右侧底罩。
（15）安装散热器上空气导流板。
（16）加注制冷剂。
（17）发动机暖机。
（18）检查制冷剂是否泄漏。
（19）结束工作。
作业项目完成后，拆除护裙和驾驶室内防护套，关闭发动机舱盖，清理器材，清洁地面卫生。搞好工位的清洁、整理工作。

三、评价与反馈

（1）对本学习项目进行评价，见表20-1。

评 分 表　　　　　　　　　　　　　　　　　表20-1

考核项目	评分标准	分数	学生自评	小组互评	教师评价	小 计
团队合作	是否协调	5				
活动参与	是否积极主动	5				
安全生产	有无安全隐患	5				
现场5S	是否做到	5				
任务方案	是否正确、合理	10				

续上表

考核项目	评分标准	分数	学生自评	小组互评	教师评价	小 计
操作过程	(1)空气导流板拆装;	5				
	(2)制冷剂的回收;	5				
	(3)多楔带的拆装与调整;	5				
	(4)拆装排放、吸入软管分总成;	5				
	(5)压缩机拆装;	5				
	(6)抽真空及加注冷冻机油;	5				
	(7)制冷剂的加注;	5				
	(8)制冷剂量的检查;	5				
	(9)制冷系统工作压力的检测;	5				
	(10)检查制冷剂是否泄漏	5				
任务完成情况	是否圆满完成	5				
工具和设备使用	是否规范、标准	5				
劳动纪律	是否能严格遵守	5				
工单填写	是否完整、规范	5				
总分		100				
教师签名:			年 月 日		得分:	

(2)在实施作业时每一个安全事项都注意到了吗?如没有,找出忽略的地方和原因。

四、学习拓展

汽车空调压缩机是汽车空调系统的重要组成部件,对于带电磁离合器的压缩机,电磁离合器是空调压缩机的重要组成部分,电磁离合器出现打滑、异响、无法啮合、无法分离等故障,将导致汽车空调不制冷或工作不良。如有上述故障发生,应当及时拆装并检修电磁离合器。下面介绍如何拆装维修电磁离合器。

(一)电磁离合器的检修

(1)用手转动皮带,检查带轮轴承的间隙和阻力,如图20-25所示。如果出现噪声或间隙过大、阻力过大,则更换离合器。

(2)用百分表测量带轮(A)与压盘(B)之间的间隙,如图20-26所示。将百分表归零,然后给压缩机离合器施加蓄电池电压。在施加电压时,测量压盘的位移。如果间隙不在规定的范围内(间隙为0.35~0.6mm),需要使用调整垫片进行调整。调整垫片有多种厚度可供选择,如0.1mm、0.3mm和0.5mm等。

(3)测量带轮(A)与压盘(B)之间的间隙(标准同步骤2),如图20-27所示。可以使用塞尺来测量,之后选择不同的垫片来增大或减小间隙。

(4)测量励磁线圈的电阻,如图20-28所示。如果电阻不符合技术要求,则更换励磁线圈。电阻为 4~5Ω,温度为20℃。

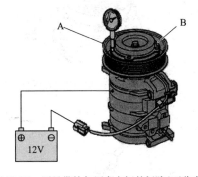

图20-25 检查带轮轴承的间隙和阻力　　图20-26 测量带轮与压盘之间的间隙(百分表)

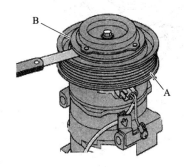

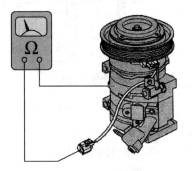

图20-27 测量带轮与压盘之间的间隙(塞尺)　　图20-28 检查线圈

(二)解体电磁离合器,如图20-29所示

1.拆卸空调压缩机皮带

如图20-30所示,用扭力扳手拆卸六角组合螺母,取出离合器吸盘。

2.拆卸内部轴承卡环

如图20-31所示,用图示卡簧钳将卡环取出。

3.拆卸皮带盘

如图20-32所示,将专用工具组合成图示二爪拉马形式,轻轻钩住皮带盘的下沿。注意两侧夹持部位应在同一水平面上。顺时针转动,使皮带盘脱出。

如图20-33所示,用图示卡簧钳将挡圈取出,取出电磁线圈。

安装时线圈凸缘须与压缩机前盖上凹槽相配,防止线圈移动,并正确放置导线。

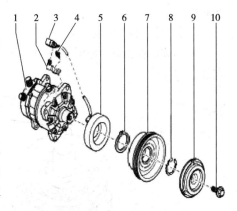

图20-29 拆卸电磁离合器

1-空调压缩机(型号:SE7PV16A R134a);2-插头固定支架;3-螺栓架;4-线束插头;5-电磁线圈;6-挡圈;7-皮带盘;8-卡环;9-离合器从动盘;10-六角组合螺钉

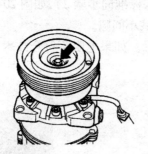
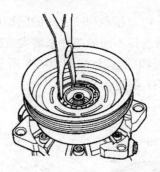

图 20-30　取出离合器吸盘　　　图 20-31　取出卡环

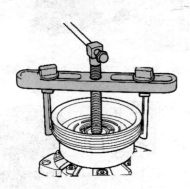
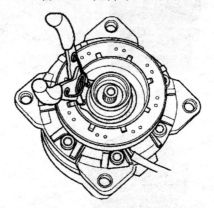

图 20-32　拆卸皮带盘　　　图 20-33　拆除前盖挡圈

(三)安装电磁离合器

安装顺序与拆卸顺序相反。

1. 安装皮带盘

如图 20-34 所示,将专用工具组合使用,并置于中心部位,用锤子轻击四周,使皮带盘安装到位。

2. 安装离合器吸盘

如图 20-35 所示,将图示工具压在离合器吸盘中心孔部位,用锤子轻击,使离合器吸盘安装到位。

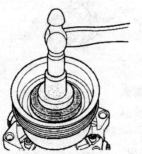
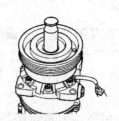

图 20-34　安装皮带盘　　　图 20-35　安装离合器吸盘

项目二十一　空调不制冷故障的检修

汽车空调系统的故障大致有以下几类:不制冷故障、制冷不足故障、间歇性制冷故障和异响故障等。其主要表现为制冷系统、电气系统和机械元件出现异常,只有及时诊断和排除,才能保证或维持系统的正常运行。制冷系统的故障,常见为制冷剂泄漏引起;电气系统方面的故障常见为电气元件损坏、熔断丝烧断、接线柱接触不良、过载烧坏等,这些故障使制冷循环停止工作,并且伴有异味、过热等现象;机械元件出现异常一般为压缩机、风机、带轮、压缩机、膨胀阀、轴封、轴承、阀片等出现故障。本项目的任务是要求学生掌握汽车空调制冷系统不制冷故障的诊断与排除。

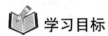

学习目标

完成本项目学习后,你应当能:
1. 知道汽车空调制冷系统不制冷故障检查的方法和程序;
2. 使用智能检测仪进行 DTC 代码检查与清除;
3. 使用万用表进行空调系统各电器元件检测;
4. 正确使用歧管压力表对汽车空调系统进行故障检测;
5. 正确使用检漏仪对汽车空调系统进行测漏。

 建议学时:16 学时。

一、资料收集

(一)卡罗拉轿车空调各部件的位置(图 21-1,图 21-2)

(二)卡罗拉轿车自动空调电路图(图 21-3)

1. 供电电路

蓄电池电压经 10A ECU-B2 熔断丝后供电给空调放大器的 B1 脚,这是一条常电源供电电路,即使点火开关置于 OFF 位置,也提供电源用于故障码存储等。

当点火开关置于 ON(IG)挡时,主电源电压→10A HTR-IG 熔断丝→空调放大器的 A8 脚,此电源用于操纵空调放大器和伺服电动机等。

2. 输入信号

1) 空调压力传感器

空调放大器的 A1、A4、A6E 脚外接空调压力传感器,空调压力传感器检测制冷剂压力,并将其以电压变化的形式输出到空调放大器,空调放大器根据该信号以控制压缩机。

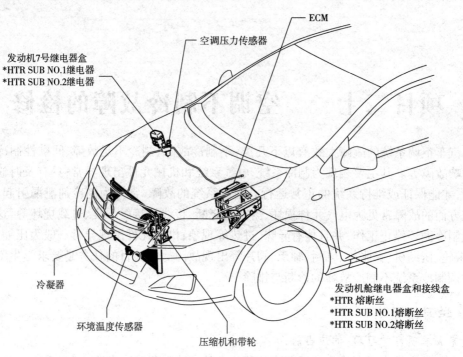

图 21-1　卡罗拉轿车空调各部件的位置

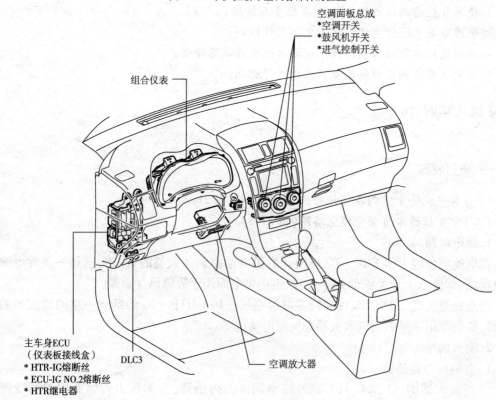

图 21-2　卡罗拉轿车空调各部件的位置

项目二十一 空调不制冷故障的检修

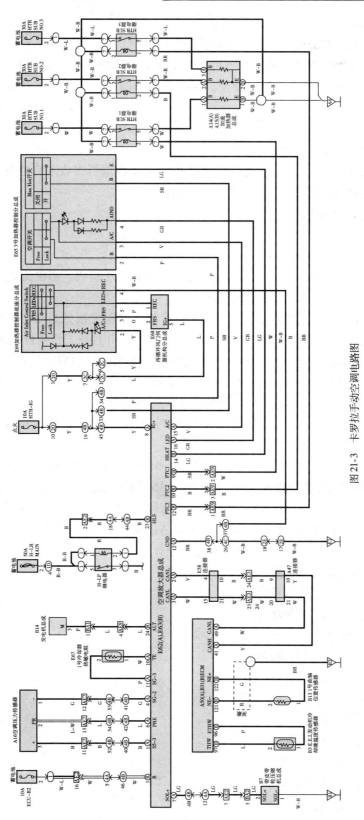

图 21-3 卡罗拉手动空调电路图

2）其他输入信号

驾驶员通过调节面板上的按钮来进行各种设定。

空调放大器的B24脚外接发电机E14的3脚，发动机启动时，发电机转动并产生脉冲电压信号，该信号由空调放大器使用。发电机输出的信号是PTC加热器线路控制的一个影响因素。

3. 执行器

1）压缩机电磁阀电路

空调放大器的A7脚个接空调压缩机B7。空调压缩机接收来自空调放大器的制冷剂压缩请求信号，根据信号，压缩机改变输出量。

2）空调鼓风机电路

空调鼓风机电路见项目二十。

3）PTC加热器电路

PTC加热器由一个PTC元件，一个铝散热片和铜片组成。当电流施加在PTC元件上时，会产生热量来加热通过装置的空气。

PTC加热器安装在加热器装置内，它在冷却液的温度很低且正常加热器效率不足时工作。空调控制总成切换PTC继电器内电路的通断，并且在工作条件满足（冷却液的温度低于65℃，设置温度为MAX.HOT、环境温度低于10℃且鼓风机开关没有置于OFF位置）时操作PTC加热器。PTC加热器根据电气负载或交流发电机的输出控制PTC加热器线路。因此，应在其他电气部件关闭的情况下执行故障排除。

当空调放大器总成的B9脚输出信号时，HTR SUB1号继电器线圈得电，其触点闭合。

蓄电池电压→30A HTR SUB1号熔断丝→HTR SUB1号继电器触点→快速加热器总成A14的A1→快速加热器总成A14的B1脚→A6搭铁。此时，A14部分电路加热。

同理，当空调放大器总成的B10脚输出信号时，快速加热总成A14的A2脚得电；当空调放大器总成的B12脚输出信号时，快速加热总成A14的A3脚得电。

(三) 丰田卡罗拉轿车不制冷故障原因分析

(1) 压缩机电磁阀故障。

(2) 压缩机皮带断裂或太松。

(3) 膨胀阀冰堵或脏堵。

(4) 蒸发器泄漏。

(5) 压缩机吸、排气阀损坏。

(6) 压缩机轴封损坏。

(7) 储液干燥器内过滤器堵塞。

(8) 熔断丝烧断。

(9) 风机电动机损坏。

(10) 风机开关损坏。

(11) 配线松脱或断落。

(12) 风机控制电阻器损坏。

(四)丰田卡罗拉轿车不制冷故障原因分析,如图21-4所示

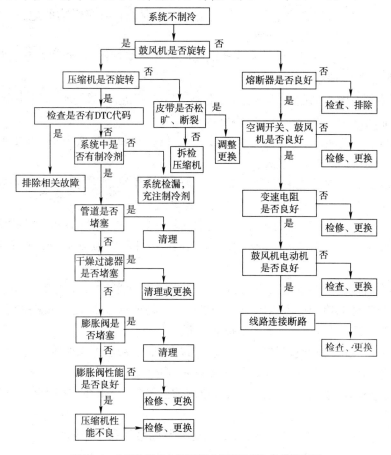

图21-4 卡罗拉轿车空调不制冷故障诊断与排除流程图

二、实训操作

(一)技术标准与要求(以卡罗拉1.6GL自动型轿车为例)

(1)空调制冷系统中加注R134a制冷剂。

(2)加注制冷剂时,应佩戴防护眼镜和手套,以免制冷剂进入眼睛和溅到皮肤上,如制冷剂不慎进入眼睛或溅到皮肤上,应立即用清水冲洗。严重者送医院进行专业处理。

(3)禁止对制冷剂容器进行加热,否则会有发生爆炸的危险。

(4)制冷剂加注应适量,否则制冷效果不良。

(5)从低压管路加注制冷剂时,禁止将制冷剂容器倒置,防止液击压缩机。

(6)空调低压管和高压管中的真空度不低于750mmHg,并保持5min不下降。

(7)空调运行时,低压管压力0.15~0.25MPa为正常;高压管压力1.37~1.57MPa为正常。

(8)通过高压管路加注制冷剂时,严禁压缩机运行且关闭低压侧阀门。

(9)制冷剂加注后,应进行泄漏检查。

(10)卡罗拉轿车制冷剂加注量为410~470g。

(11)处理制冷剂罐时,应小心注意。不得用力碰撞制冷剂罐。不准将制冷剂罐置于高温处,应将其存放在凉爽的地方。避免将制冷剂罐存放在有腐蚀物的地方,如蓄电池酸液附近,因为制冷剂罐会因此发生腐蚀。

(12)当制冷剂暴露于明火,吸入发动机或用卤素检漏灯进行检漏时,都会生成有毒的光气,所以要保持工作区域的通风。

(13)制冷剂系统内的制冷剂不足时,不要运行压缩机,如果空调系统中制冷剂不足,则会缺少机油润滑,并且可能损坏压缩机。

(14)压缩机工作期间,不得打开高压歧管阀,仅打开和关闭低压阀,如果高压阀打开,制冷剂反向流动,会导致加注罐破裂。

(15)禁止在没有制冷剂的情况下操作发动机和压缩机,否则会损坏压缩机内部,因为不论空调系统打开或关闭,压缩机部件始终在运转。

(16)本车装备有 SRS(辅助全气囊、前排乘客安全气囊、侧气囊和窗帘式安全气囊)。若不按正确顺序执行维修操作,会导致 SRS 在维修过程中意外展开,并可能引起严重事故。

(17)不要将制冷剂的罐底对着人,有些制冷剂罐底有紧急放气装置。

(18)如果液体制冷剂进入眼睛或碰到皮肤,不要揉,要立即用大量的冷水冲洗,要立即到医院找医生进行专业处理,不要试图自己进行处理。

(19)在未连接的管路或零件要插上塞子,以免潮气、灰尘进入系统。

(20)对于新的冷凝器、储液干燥器等零件不要拔了塞子放置。

(21)在拔出新压缩机塞子之前要从排放阀放出氮气,否则在拔塞子时,压缩机油将随氮气一起喷出。

(22)滴几滴压缩机油到 O 形密封圈上,可使紧固容易和防止漏气。

(二)工具、设备和材料的准备

(1)举升机。

(2)卡罗拉1.6GL 自动型轿车及维修手册。

(3)磁力护裙、转向盘护套、变速杆手柄套、脚垫和座椅套。

(4)真空泵(图 21-5)。

(5)歧管压力表(图 21-6)。

图 21-5 真空泵

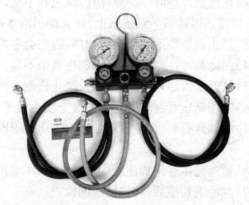

图 21-6 歧管压力表

(6)制冷剂注入阀(图21-7)。
(7)R134a 制冷剂。
(8)防护眼镜和手套(图21-8)。

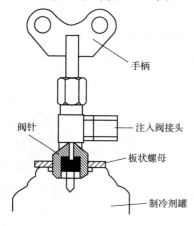

图21-7　制冷剂注入阀　　　　　图21-8　防护眼镜

(9)检漏仪(图21-9)。
(10)丰田专业智能检测仪(图21-10)。

图21-9　检漏仪　　　　　图21-10　丰田专业智能检测仪

(11)常用工具及抹布。

(三)查询并填写信息

生产年份_____,车牌号码_____,行驶里程_____,发动机型号及排量_____,车辆识别代号(VIN)_____。

(四)作业前的准备(以丰田卡罗拉1.6GL自动型轿车为例)

(1)汽车进入工位前,将工位清理干净,准备好相关的器材。
(2)将汽车停驻在举升机中央位置。
(3)拉紧驻车制动器操纵杆,并将变速杆置于空挡或驻车挡(P位)位置。
(4)套上转向盘护套、变速杆手柄套和座椅套,铺设脚垫。
(5)在车内拉动发动机舱盖手柄,在车外打开并支撑发动机舱盖。
(6)粘贴翼子板和前磁力护裙。

(五)不制冷故障的诊断与排除

(1)检查鼓风机是否正常旋转。接通点火开关,控制鼓风机开关的不同位置,查看出风是否正常,否则按项目二十鼓风机不转故障诊断与排除。

(2)检查压缩机能否正常旋转。启动发动机,将鼓风机开关开到最大,温控开关调到最冷,反复按下接通 A/C 开关,观察压缩机能否正常旋转,如能正常旋转,则进行下一步,如不能正常旋转,则关闭发动机,查看皮带是否松旷或断裂,若皮带松旷或断裂,按要求调整或更换皮带,否则压缩机故障,更换压缩机。

◆特别提示:如图 21-11 所示,调节多楔带的张紧力。
①松开螺栓 A 和 B。
②转动螺栓 C,以调节多楔带的张紧力。
③紧固螺栓 A 和 B。
④力矩要求:螺栓 A 为 19N·m。
螺栓 B 为 43N·m。
⑤确认螺栓 D 没有松动。

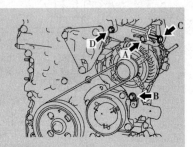

图 21-11 调节多楔带的张紧力

(3)检查蓄电池电压。利用万用表检查蓄电池电压,如果电压低于 11V,在继续操作前,对蓄电池充电或更换蓄电池。

(4)故障码(DTC)的读取。
①将智能检测仪连接到 DLC3。
②将点火开关置于 ON(IG)位置。
③打开检测仪。
④进入以下菜单项:Body / Air Conditioner / DTC。
⑤显示 B1423 代码。

◆特别提示:诊断故障码见表 21-1。

诊 断 故 障 码　　　　　　　　表 21-1

DTC 代码	检测项目	故障部位
B1412(*1)	环境温度传感器电路	(1)环境温度传感器; (2)环境温度传感器和组合仪表之间的线束或插接器(8.5min 或更长时间)*2; (3)组合仪表; (4)空调放大器; (5)CAN 通信系统
B1413	蒸发器温度传感器电路	(1)蒸发器温度传感器; (2)蒸发器温度传感器与空调放大器之间的线束或插接器(8.5min 或更长时间)*2; (3)空调放大器

续上表

DTC 代码	检测项目	故障部位
B1423	压力传感器电路	(1)压力传感器; (2)压力传感器和空调放大器之间的线束或插接器; (3)空调放大器; (4)膨胀阀(堵塞、卡滞); (5)冷凝器(由于污垢而引起的制冷功能堵塞或失效); (6)冷却器干燥器(制冷剂循环的水分无法吸收); (7)冷却风扇系统(冷凝器无法冷却); (8)空调系统(泄漏、堵塞)
B1451	压缩机电磁阀电路	(1)空调压缩机(压缩机电磁阀); (2)空调压缩机(压缩机电磁阀)和空调放大器或车身搭铁之间的线束或插接器; (3)空调放大器
B1499	多路通信电路	CAN 通信系统 存储

注:(1) *1:如果环境温度大约为 -52.9℃(-63.22°F)或更低,即使系统正常也可能输出 DTC B1412/12。
　　(2) *2:如果在括号中指出的时间内出现故障,空调放大器存储各故障的 DTC。

(5)压缩机电磁阀电路(DTC 代码为 B1451)的检测。

①检查空调压缩机(压缩机电磁阀)。断开空调压缩机(压缩机电磁阀)插接器。如图 21-12 所示检测压缩机电磁阀 B7-1(SOL-)与 B7-2(SOL+)端子间的电阻应为 10～11Ω,否则更换空调压缩机。

②检查线束和插接器(空调压缩机与车身搭铁)。断开空调压缩机(压缩机电磁阀)插接器。如图 21-13 所示检测压缩机电磁阀线束插头 B7-1(SOL-)与车身搭铁,应始终小于 1Ω,否则维修或更换线束或插接器。

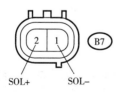

图 21-12　压缩机电磁阀接头　　图 21-13　压缩机电磁阀线束插接器前视图

③检查线束和插接器(空调压缩机与空调放大器)。如图 21-14 所示,断开空调压缩机(压缩机电磁阀)插接器,断开空调放大器插接器,测量 E62-7(SOL+)与车身搭铁之间的电阻应始终大于 10kΩ 或更大,测量 E62-7(SOL+)与 B7-2(SOL+)之间的电阻应始终小于 1Ω,如能满足上述条件说明空调放大器故障,需更换空调放大器。

④清除故障码(DTC)。

◇**特别提示**:故障排除后,应清除 DTC。

a.将智能检测仪连接到 DLC3。

b. 将点火开关置于 ON（IG）位置。

c. 进入以下菜单项：Body / Air Conditioner / DTC / Clear。

d. 按下"YES"按钮。

(6) 压力传感器电路（DTC 代码为 B1423）的检查。

①检查线束和插接器电路。将插接器从空调压力传感器上断开，点火开关置于 ON（IG）位置，如图 21-15 所示测量 A16-3（+）与车身搭铁电压应为 5V。测量 A16-1（-）与车身搭铁电阻应小于 1Ω。

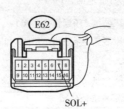

图 21-14 空调电磁阀及放大器线束接头前视图　　图 21-15 空调压力传感器线束插接器前视图

②检查空调压力传感器。安装歧管压力表组件，将插接器从空调压力传感器上断开，如图 21-16 所示，将 3 节 1.5V 干电池的正极（+）引线连接到端子 3，并将负极（-）引线连接到端子 1，将电压表正极（+）引线连接到端子 2，负极（-）引线连接到端子 1。测量电压应满足表 21-2。

表 21-2 测量端子 2—1 电压

测量端子	制冷剂压力	标准电压
2—1	0.39～3.187MPa	1.0～4.8V

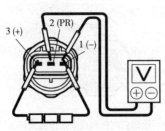

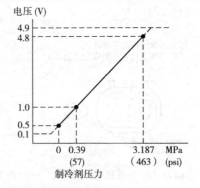

图 21-16 空调压力传感器检测

③清除 DTC 代码。

a. 将智能检测仪连接到 DLC3。

b. 将点火开关置于 ON（IG）位置。

c. 进入以下菜单项：Body / Air Conditioner / DTC / Clear。

d. 按下"YES"按钮。

(7) 检查系统中的制冷剂量。启动发动机，打开所有车门，将鼓风机开关开到最大，温控开关调到最冷,接通 A/C 开关,检查空调管路和附件上的观察孔,如图 21-17 所示。

◇**特别提示**:通过观察孔可能会看到下列几种现象,见表 21-3。

检查制冷剂量　　　　表 21-3

项目	症　状	制冷剂量	纠正措施
1	有气泡	不足	(1)检查有无漏气,必要时进行维修; (2)重新加注适量制冷剂
2	不存在气泡	空、不足或过量	参见 3 和 4
3	压缩机的进气口和出气口没有温差	空或很少	(1)有无漏气,必要时进行维修; (2)排空空调系统,重新加入适量制冷剂
4	压缩机的进气口和出气口没有温差	适量或过量	参见 5 和 6
5	空调关闭后立即变清澈	过量	(1)重新加注冷却液; (2)排空空调系统,重新加入适量制冷剂
6	空调关闭后立即起泡,然后变清澈	适量	

注:车内温度高于 35℃(95°F)时,如果冷却充分,则观察孔中有气泡可视为正常。

(8)用歧管压力表组件检查制冷剂压力。按图 21-18 方法连接歧管压力表。

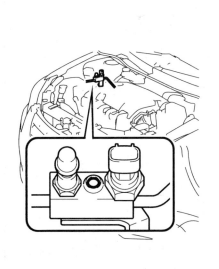
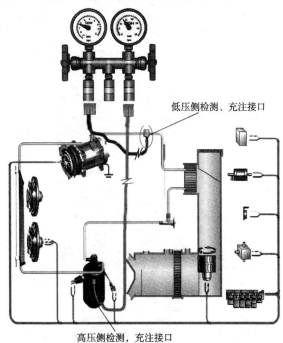

图 21-17　卡罗拉轿车观察孔位置　　　图 21-18　连接歧管压力表

为了保证歧管压力表能够正确显示汽车空调系统的内部压力,为故障诊断提供准确的依据,在进行检测前,被检查的汽车应满足以下条件:

①将开关置于 RECIRC 位置时,进气口的温度为 30~35℃。

②鼓风机转速控制开关置于"HI"位置。
③温度调节旋钮置于"COOL"位置。
④空调开关打开。
⑤车门全开。
⑥点火开关置于可使空调压缩机运转的位置。

当空调系统功能正常时,歧管压力表的正常读数如下:

R134a空调系统:低压侧压力指示0.15~0.25MPa,高压侧压力指示1.2~1.6MPa。

◇**特别提示**:压力指示值随气温、散热条件、转速等因素略有浮动。各种类型的压缩机高、低压压力值有所不同,以生产商技术资料为准。

当空调系统功能不正常时,见表21-4。

空调系统功能不正常时的故障现象及解决措施　　　　　表21-4

歧管压力表读数		故障现象、原因及解决措施	
高压侧、低压侧压力指示值都高出正常值		故障现象	空调的制冷效果差,冷凝器散热不良,通过观察孔也看不到气泡
		故障原因	系统内制冷剂过多
		解决措施	排出多余制冷剂,使留下的制冷剂达到标准量
高压侧、低压侧压力指示值瞬间压力上升,再降回,同时压力指示值偏高		故障现象	没有制冷或制冷不足
		故障原因	制冷系统有空气
		解决措施	继续进行抽真空并重新充注。如在抽真空中仍然出现上述症状,更换储液干燥器及冷冻机油,并清洗制冷系统
高压侧、低压侧压力指示值都低于正常值,但都稳定指示,压缩机排气温度低于正常值		故障现象	没有制冷或制冷不足;观察窗可见较多气泡,泡沫不断流过
		故障原因	系统泄漏,制冷剂不足
		解决措施	用检漏仪测漏,并进行修理;补足制冷剂
高压侧压力指示低于正常值,低压侧压力指示高于正常值。且高、低压压力指示摆动		故障现象	没有制冷或制冷不足,压缩机排气温度不高,压缩机伴有噪声
		故障原因	压缩机不良,活塞或高、低压阀片损坏
		解决措施	更换压缩机,并重新抽真空和充注

续上表

歧管压力表读数		故障现象、原因及解决措施	
高压侧压力指示低于标准值。但稳定指示,低压侧压力指示低,甚至真空		故障现象	制冷不良,压缩机排气温度不高,膨胀阀结霜
		故障原因	制冷剂循环在节流管或膨胀阀处堵塞,膨胀阀关闭
		解决措施	更换节流管或膨胀阀,清洗制冷系统,并重新抽真空和充注
高压侧压力指示,时而正常,时而偏低或偏高。低压侧压力指示,时而正常,时而偏高		故障现象	制冷不良,压缩机电磁离合器频繁吸、放。压缩机电磁离合器打滑有杂声
		故障原因	电磁离合器不良;电磁离合器电压偏低,电磁离合器打滑
		解决措施	修理或更换电磁离合器
高压侧压力指示,时而偏低,时而正常。低压侧压力指示,时而真空,时而正常,且低压指示会摆动		故障现象	制冷不良,观察窗可见雾状制冷剂
		故障原因	制冷剂循环系统有水分,储液干燥器超饱和
		解决措施	更换储液干燥器及冷冻机油,重新抽真空和充注制冷剂
高压侧压力指示略低.低压侧压力指示略低		故障现象	制冷不良,压缩机排气温度开始正常而后变暖,出风口风量小
		故障原因	蒸发器表面结冰,蒸发器表面结灰尘,翅片碰伤,温控开关损坏,鼓风机损坏
		解决措施	修理或更换蒸发器、温控开关、鼓风机
高压侧压力指示正常。低压侧压力指示过高。车辆急速运转时,低压压力超过正常值		故障现象	制冷不良,关闭车辆门窗,发动机转速200r/min,时间达5min,空调调至最冷,鼓风机低转速挡,此时低压压力不在常规范围内。
		故障原因	变排量压缩机压力控制阀损坏
		解决措施	检修变排量压缩机

续上表

歧管压力表读数	故障现象、原因及解决措施	
高压侧压力指示过低，低压侧压力指示低	故障现象	制冷不良，储液干燥器两边有明显温差
	故障原因	储液干燥器堵塞
	解决措施	更换储液燥器
高压侧、低压侧压力指示值都正常	故障现象	压力表指示值都正常，但出风口温度不低
	故障原因	暖风控制失控；风道泄漏；车辆密封性能不好
	解决措施	检修热水控制阀，检查空调通风系统的密封性
高压侧，低压侧压力指示值相等	故障现象	不制冷，压缩机停转
	故障原因	压缩机损坏；空调控制电路、空调基本电路故障；制冷剂泄漏，低压侧压力低于低压开关的控制值；电磁离合器损坏
	解决措施	检修压缩机和电磁离合器，检查控制电路和高低压开关，检查制冷剂量

(9)通过观察孔及歧管压力表的检测,判定空调系统中是否有制冷剂,如没有制冷剂再按照项目十九进行抽真空、检漏、加制冷剂,如有制冷剂进行下一步。

(10)使用4mm六角扳手,拆下2个六角头螺栓,从而拆卸冷却器膨胀阀,如图21-19所示。

(11)利用高压气清理管路,确保畅通,更换冷却器膨胀阀。

①拆下散热器上空气导流板。
②回收制冷系统中的制冷剂。
③更换空调冷却器膨胀阀。
④加注制冷剂。

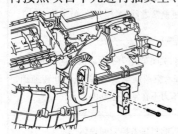

图21-19 拆卸冷却器膨胀阀

⑤发动机暖机。
⑥检查制冷剂是否泄漏。
⑦安装散热器上空气导流板。

(12)结束工作。

作业项目完成后,拆除护裙和驾驶室内防护套,关闭发动机舱盖,清理器材,清洁地面卫生。搞好工位的清洁、整理工作。

三、评价与反馈

(1)对本学习项目进行评价,见表21-5。

评 分 表　　　　　　　　表21-5

考核项目	评分标准	分数	学生自评	小组互评	教师评价	小 计
团队合作	是否协调	5				
活动参与	是否积极主动	5				
安全生产	有无安全隐患	10				
现场5S	是否做到	10				
任务方案	是否正确、合理	15				
操作过程	(1)故障诊断过程是否正确; (2)抽真空及加注冷冻机油; (3)制冷剂的加注; (4)制冷剂量的检查; (5)制冷系统工作压力的检测; (6)万用表的使用; (7)智能检测仪的使用	30				
任务完成情况	是否圆满完成	5				
工具和设备使用	是否规范、标准	10				
劳动纪律	是否能严格遵守	5				
工单填写	是否完整、规范	5				
	总分	100				
教师签名:				年 月 日	得分:	

(2)在实施作业时每一个安全事项都注意到了吗?如没有,找出忽略的地方和原因。

(3)能否向车主解释不制冷的原因,如不能,分析原因并找出答案。

四、学习拓展

桑塔纳3000"超越者"的空调电路及其分析

(一) 桑塔纳3000"超越者"的空调电路

桑塔纳3000"超越者"的空调电路如图21-20~图21-24所示。

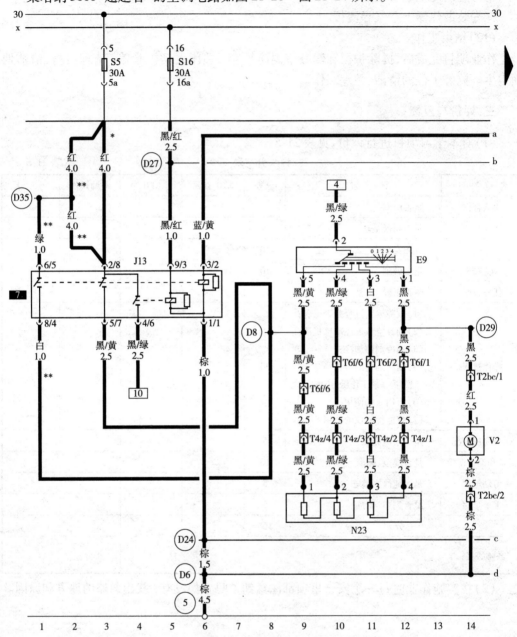

图21-20 桑塔纳3000"超越者"的空调电路（一）

E9-风速开关，在仪表板中间中央通道上；J13-新鲜空气鼓风机继电器，在支架上7号位(13继电器)；N23-鼓风机电动机减速电阻，在发动机舱内落水槽中间；S5-熔断丝5，30A，在继电器-熔断丝支架上；S16-熔断丝16，20A，在继电器-熔断丝支架上；T2bc/2 针插头，白色，在鼓风机电动机旁；T4z/4 针插头，黑色，在空调进风罩前方(O号位)；V2-鼓风机电动机，在仪表板内；D6-搭铁连接线，在仪表板线束内；V8-连接线，在仪表板线束内；D24-搭铁连接线，在仪表板线束内；D27-正极连接线(X)，在仪表板线束内；D29-连接线，在仪表板线束内；⑤-搭铁点，在左A柱上

项目二十一 空调不制冷故障的检修

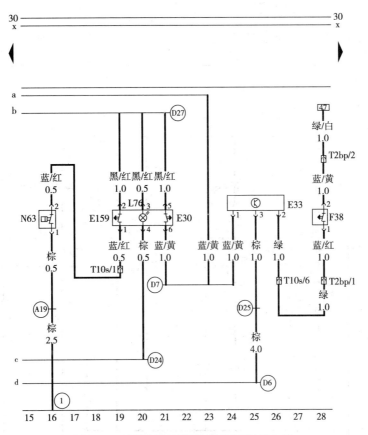

图 21-21 桑塔纳 3000"超越者"的空调电路(二)

E30-空调 A/C 开关,在仪表板中间,中央通道上;E33-冷量开关,在仪表板左侧下方;E159-内循环开关,在仪表板中间,中央通道上;F38-环境温度开关,在发动机舱左侧落水槽内;L76-按钮显示灯,在空调 A/C 开关内;N63-进风门电磁阀,在落水槽中间上方;T2bp/2-针插头,黑色,在空调进风口左侧;T10s/10-针插头,棕色,在继电器-熔断丝支架顶面上(J号位);A19-搭铁连接线,在发动机线束内;D6-搭铁连接线,在仪表线束内;D7-连接线,在仪表线束内;D24-搭铁连接线,在仪表线束内;D25-搭铁连接线,在仪表线束内;D27-正极连接线(X),在仪表板线束内;①-搭铁点,在发动机控制单元旁车身上

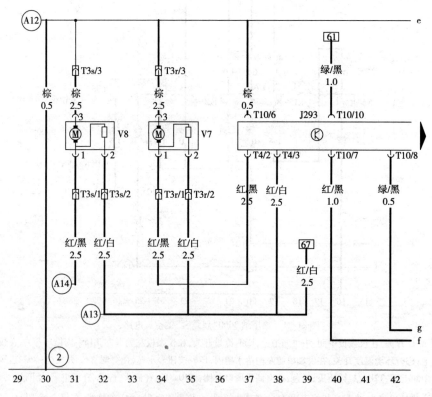

图21-22　桑塔纳3000"超越者"的空调电路(三)

J293-散热风扇控制器,在发动机舱左侧;T3s/3-针插头,黑色,在右散热风扇上;T3t/3-针插头黑色在左散热风扇上;T4/2-针插头,黑色,在散热风;T10/7-针插头,黑色,在散热风扇上;V7-左散热风扇;V8-右散热风扇;A12-搭铁连接线,在发动机线束内;A13-连接线,在发动机线束内;A14-连接线,在发动机线束内;②-搭铁点,在发动机舱的左面,车身左纵梁上

项目二十一 空调不制冷故障的检修

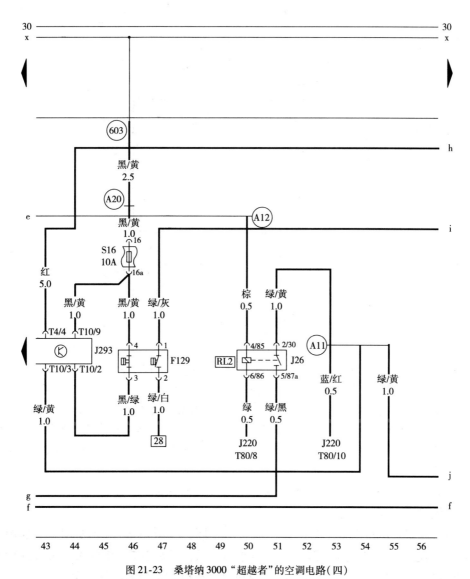

图 21-23 桑塔纳 3000"超越者"的空调电路(四)

F129-空调组合开关;J26-压缩机切断继电器,在发动机舱继电器-熔断丝盒内 RL2 号位(147B 继电器);J220 - Motronic 发动机控制单元,在空调进风罩右侧;J293-散热风扇控制器,在发动机舱左侧;S16-熔断丝 16,10A,在继电器-熔断丝支架上;T4/4-针插头黑色在散热风扇控制器上;T10/12-针插头,黑色,在散热风扇控制器上;T80/8-针插头,黑色,在发动机控制单元上;(A11)-连接线,在发动机线束内;(A12)-搭铁连接线,在发动机线束内;(A20)-正极连接线 X,在发动机线束内;(603)-正极螺栓连接点(X),在继电器-熔断丝支架上

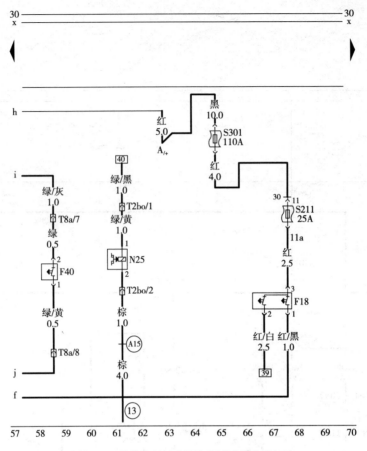

图 21-24　桑塔纳 3000 "超越者" 的空调电路（五）

A-蓄电池；F18-冷却液风扇热敏开关，在散热器左侧；F40-空调冷却液温度控制开关；N25-电磁离合器；S301-熔断丝301，110A，在发动机舱继电器-熔断丝盒内；S211-熔断丝211，25A，在发动机舱继电器-熔断丝盒内；T8a/8-针插头，黑色，在发动机舱中间支架上；T2bo/2-针插头，黑色，在空调压缩机左侧；(A15)-搭铁连接线，在发动机线束内；(13)-搭铁点，在右前照灯后方，右侧纵梁上面

（二）桑塔纳3000"超越者"空调主要部件控制电路的分析

1. 鼓风机控制电路的分析

鼓风机除了在制冷系统工作时将冷风吹向车厢内各个角落外，还要用于车厢内的通风与暖气以及前风窗玻璃的除霜去雾等功能的吹风，所以它应该在点火开关接通后即可进行控制操作。根据鼓风机工作情况，鼓风机电动机电路可分为两种工况进行分析。

1）点火开关接通后满足通风或去雾除霜功能的电路分析

根据车辆通风或去雾除霜功能的要求，无论发动机处于熄火状态还是工作状态，都应进行车辆通风或去雾除霜功能的基本操作。为此，只要点火开关接通，中央继电器板内 X 线就应有电，使空调继电器的一组触点进入工作状态，即图中 J13 的（3—1）插脚之间的线圈所对应控制的触点（8—6）插脚导通，当风速开关处于接通挡时，从而使鼓风机转动，其鼓风机电路是：30 线→S5→J13→E9→V2。当鼓风机处于各工作挡时，通过操作空调面板上的出风方向控制旋钮，即可改变出风的流动方向，以实现通风取暖和除霜去雾等不同功能。

2)空调开关 E30 接通后鼓风机运转的电路分析

发动机启动后,如果直接接通空调开关 E30,即使并没有接通鼓风机开关 E9 电路,但鼓风机仍将以最低转速自动运转,以保证汽车空调在制冷系统工作后,有循环风吹过蒸发器散热片表面,从而防止蒸发器表面因温度过低而结霜,同时也不会使蒸发器内制冷剂由于吸收不到热量而以液态形式进入压缩机。空调开关 E30 接通后,鼓风机运转的电路为:X 线→S16→E30→J13,J13 的(2—1)插脚之间线圈有电,从而使 J13 的(8—7)插脚导通,其鼓风机电路是:30 号线→S5→J13 的(8—7)插脚→N23 的(1—4)插脚→V2,鼓风机以最低转速运转。此时操作鼓风机的风速开关 E9,仍可改变 V2 的转速。对于桑塔纳 3000"超越者"的空调操作开关,在 E30 不工作时可单独操作内循环开关 E159(在图中 16—19 位置上),如果要进行取暖或除霜去雾工作时,可进行内外循环工作方式的切换。

2. 冷凝器散热风扇控制电路的分析

冷凝器散热风扇的运转及其对应转速受到发动机冷却液温度以及空调运转工况的双重控制。

1)当发动机冷却液温度达到 95℃时

安装在发动机散热器上的热敏开关 F18 的低温挡触点闭合,电路中 68 号位置上的 F18 的(2—3)插脚接通,V7、V8 低速挡的电路为:A→S301→S211→F18→V7 和 V8,于是冷凝器散热风扇 V7、V8 以低速运转。

2)当发动机冷却温度达到 105℃时

F18(1—3)插脚之间的高速挡触点闭合,于是高速挡信号传至 J293,图中 37 - 44 位置 J293 是空调的散热风扇控制器,主要起到功率放大与控制作用,用于控制冷凝器散热风扇 V7、V8 及压缩机电磁离合器 N25。当 J293 的 T10/7 插脚接到 F18 高速挡运转信号后,J293 的 T4/3 输出高电压信号并送至 V8 和 V7,于是 V7、V8 高速运转。

3)当空调开关 E30 接通时冷凝器散热风扇会低速旋转

空调开关 E30 接通后,其信号通过 E33、F38、F129、F40 至 J293,当 J293 的 T10/3 脚接到信号后,J293 的 T4/3 输出端输出高电压信号至 V7、V8,使 V7、V8 以低速挡运转。

4)运行中的空调系统当高压压力达到 1.77MPa 时冷凝风扇会高速旋转

如果运行中的空调系统当高压压力达到 1.77MPa 时,则安装在储液干燥器上的压力组合开关 F129 的(4—3)插脚接通,于是 J293 的 T10/2 接受到信号,就会控制其输出端 T4/2 输出高电压,该高电压通至 V7、V8 使其高速旋转,以加大冷凝器的散热速度,直至系统压力下降到 1.37MPa 时,F129 的(4—3)脚断开,冷凝风扇又恢复低速挡运转。

3. 空调压缩机电磁离合器控制电路的分析

1)空调继电器 J32 的控制电路

空调开关 E30 接通后,使鼓风机以最低转速运转,其中电路前面已有介绍。

2)内循环进风门电磁阀 N63 控制电路

当空调开关 E30 接通后,当按下内循环开关 E159,此时进风门电磁阀 N63 控制电路为:X 线→S16→E30→N63。于是 N63 接通控制进气门真空电动机的真空气源,真空电动机通过拉杆驱动进气风门,使进风门从外循环位置转向内循环位置。

3）空调开关 E30 至散热风扇控制器 J293 的信号电路

当空调开关 E30 接通后，E30 空调开关的信号电流通至散热风扇控制器 J293，其电路如下：X 线→S16→E30→E33→F38→F129→F40→J293 的 T10/3 插脚。

F38 为环境温度开关，在 2℃ 以上为接通状态，2℃ 以下断开状态。E33 为冷量开关。F40 为冷却液温度控制开关，当发动机冷却液温度在 120℃ 以上时切断，120℃ 以下则接通。F129 是安装在储液干燥器上的压力组合开关，其中 1 号与 2 号脚是在空调系统制冷剂压力大于 0.196MPa 及小于 3.14MPa 时接通，而 3 号与 4 号脚则在系统制冷剂压力大于 1.77MPa 接通，而小于 1.37MPa 时又切断。此时尽管散热风扇控制器 J293 的 T10/3 脚已经收到 E30 开关的工作信号，然而 J293 对于压缩机电磁离合器 N25 的控制信号并不马上在 J293 的 T10/10 脚输出，它还要受到另外一个信号的控制，所以有下面第 4 方面的电路。

4）与发动机控制单元 J220 相联系的控制电路

发动机控制单元 J220 不仅与空调开关 E30 相连，还通过空调压缩机切断继电器 J26 与散热风扇控制器 J293 的 T10/8 的脚相连接，对空调实现如下的控制功能：

在发动机正常工况下，如果接通空调开关 E30，发动机控制单元会在接到空调 E30 信号后 40ms 内接通压缩机电磁离合器线圈电路，空调便开始工作。由于空调工作要引起发动机输出功率和转速的变化，为此发动机控制单元通过节气门控制器 J338 来维持发动机的怠速稳定。

另外，发动机在下列工况下，发动机控制单元将切断空调压缩机的工作：

(1) 当驾驶人将加速踏板突然踩到底时。

(2) 当发动机节气门控制器 J338 处于紧急运行模式时。

(3) 当发动机冷却液温度超过 120℃ 时。

当发动机工作后，接通空调开关 E30，如果发动机控制单元不允许空调电路工作，则 J220 的 T80/8 脚就会输出低电信号至 J26/86；否则 J220 的 T80/8 脚将会输出高电压信号至 J26/86，控制 J26 的触点保持闭合，使信号传至 J293 的 T10/8 插脚，并在其 T10/10 插脚输出高电压至压缩机电磁离合器线圈 N25，使压缩机电磁离合器吸合，制冷系统进行循环工作。

空调冷凝散热风扇控制器 J293 的顶面一端有两个熔断器，都是 30A 的规格，其中一个是冷凝风器散热风扇 V7、V8 的短路保护控制，另一个是压缩机电磁离合器 N25 短路保护控制。

参考文献

[1] 雷小勇,袁永东.汽车电气设备与维修[M].北京:人民交通出版社,2011.
[2] 蔡北勤.汽车车身电器维修工作页[M].北京:人民交通出版社,2008.
[3] 唐晓丹,上海景格软件开发有限公司.汽车空调构造与检修彩色图册[M].北京:人民交通出版社,2007.
[4] 潘承炜.汽车电气设备构造与维修[M].杭州:浙江科学技术出版社,2006.
[5] 李春明,丁卓.汽车车身电子技术[M].北京:北京理工大学出版社,2003.